建设用地节约集约利用研究丛书

建设用地节约集约利用机理研究

宋 娟 江曼琦 张 伟 著

南开大学出版社

天 津

图书在版编目(CIP)数据

建设用地节约集约利用机理研究 / 宋娟，江曼琦，
张伟著. —天津:南开大学出版社,2015.8
（建设用地节约集约利用研究丛书）
ISBN 978-7-310-04867-0

Ⅰ.①建… Ⅱ.①宋… ②江… ③张… Ⅲ.①城市土
地—土地利用—研究 Ⅳ.①F299.2

中国版本图书馆 CIP 数据核字(2015)第 181026 号

南开大学出版社出版发行
出版人:孙克强
地址:天津市南开区卫津路 94 号　　邮政编码:300071
营销部电话:(022)23508339　23500755
营销部传真:(022)23508542　　邮购部电话:(022)23502200
*
天津午阳印刷有限公司印刷
全国各地新华书店经销
*
2015 年 8 月第 1 版　　2015 年 8 月第 1 次印刷
230×155 毫米　16 开本　16.75 印张　238 千字
定价:45.00 元

如遇图书印装质量问题,请与本社营销部联系调换,电话:(022)23507125

建设用地节约集约利用研究丛书编委会

主　编：刘子利　蔡云鹏

副主编：路　红　张志升　张志强

编委会成员：张晓洁　马廷富　赵元强　李红军

　　　　　　阮柏林　张振东

序

　　随着工业化和城镇化进程的不断加快，我国人多地少、资源相对稀缺的基本国情使得建设用地的供给与需求两者之间的矛盾日益尖锐。尤其在生态环境日益脆弱的今天，节约集约利用土地资源是化解这一矛盾的必然选择，也是摆在我们面前的重要课题。

　　国家高度重视土地资源的节约集约利用问题，2004 年《国务院关于深化改革严格土地管理的决定》（国发〔2004〕28 号）提出"实行强化节约和集约用地政策"，2008 年《国务院关于促进节约集约用地的通知》（国发〔2008〕3 号）指出"切实保护耕地，大力促进节约集约用地"，同年，《中共中央关于推进农村改革发展若干重大问题的决定》（党的十七届三中全会通过）中明确提出实行最严格的耕地保护制度和最严格的节约用地制度。为了更好地落实国家的战略部署，国土资源部开展了大量工作，包括积极建立土地利用评价考核制度，定期开展开发区土地集约利用评价和城市建设用地节约集约利用评价等，这些工作成果已经作为科学用地管地、制定相关用地政策的重要依据。

　　近年来，天津市先后开展了 3 轮开发区土地集约利用评价和 2 次城市建设用地节约集约利用评价工作，为摸清开发区和中心城区建设用地集约利用情况奠定了坚实基础。更重要的是，在上述实践过程中，天津市围绕节约集约利用土地，不断进行理论思考、实践探索和总结提升。天津市国土资源和房屋管理研究中心组织骨干力量完成的"建设用地节约集约利用研究丛书"，就是其近年来理论思考和实践研究的结晶。

　　该套丛书以科学发展观为指导，以经济学分析为基础，揭示了建设用地节约集约利用的内在机理、实现路径，探究了建设用地节约集约利用评价和潜力测算的理论与方法，通过天津实践，系统总结和反思天津市建设用地节约集约利用评价实践经验，并进一步尝试研究构建了城市建设用地节约集约利用的制度建设体系。丛书由 4 本构成，分别是《建设用地节约集约利用机理研究》《建设用地节约集约利用评价和潜力测算的理论与方法研究》《天津市建设用地节约集约利用评价的实践与反思》以及《城市建设用地节约集约利用制度体系建设与实践》，既包括建设用地节约集约利用的基础理论研究，也涉及相应的评价实践工作，并系统研究了制度保障和体系建设问题，彼此间既相对独立又互为联系。整套丛书所呈现的理论研究和实践成果不但有效呼应和验证了国家系统部署开展的建设用地、开发区土地节约集约利用评价工作，也结合天津实际系统地、理性地进行探索实践，既承接国家要求，又体现地方特色。

作为最早开展建设用地节约集约利用评价的试点城市之一，天津市积累了大量的实践经验，通过本套丛书系统性地探索和反思土地节约集约利用的相关理论和方法，对我国指导建设用地节约集约利用实践和研究具有重要的意义。衷心希望该套丛书出版，能够吸引更多有识之士投身到土地节约集约利用的理论与实践研究中来，在全国范围内涌现出更多的优秀成果。

林　坚

于北京大学

2015 年 2 月 8 日

目 录

第1章 导 论

　　土地是民生之本、发展之基，是人类生存发展必不可少的要素。17 世纪的英国经济学家威廉·配第在《赋税论》中指出："劳动是财富之父，土地是财富之母。"[①]马克思充分肯定了配第的论断，并进一步指出："土地是一切生产和一切存在的源泉。"[②]土地的不可再生性，决定了保护土地、促进土地的节约集约利用对保障国家粮食安全，维护社会和谐稳定，促进经济社会全面、协调、可持续发展都具有十分重要的意义。

1.1 问题的提出与现实意义

1.1.1 愈加尖锐的人地矛盾对建设用地节约集约利用提出了严峻的挑战

　　我国国土面积约 960 万平方公里，仅次于俄罗斯和加拿大，是世界上第三大国，其中陆地面积仅次于俄罗斯居世界第二位，但山地多、平地少，约 60% 的陆地为山地和高原，是一个土地辽阔、适宜生产生活的陆地国土较少、可供大规模高强度开发的国土有限的国家。根据全国主体功能区规划，适合大规模、高强度工业化、城镇化开发的陆地国土面积只有约 180 万平方公里。[③]同时，我国又是一个人均耕地

---

① 威廉·配第. 赋税论[M]. 北京：商务印书馆，1972：71.

② 马克思，恩格斯著. 马克思恩格斯全集（第 12 卷）[M]. 中共中央马克思恩格斯列宁斯大林著作编译局，译. 北京：人民出版社，1962：757.

③ 国务院. 国务院关于印发全国主体功能区规划的通知.（国发〔2010〕46 号）[EB/OL].[2011-06-08]. http://www.gov.cn/zwgk/2011-06/08/content_1879180.htm.

少、优质耕地少、耕地后备资源少的国家。截止到 2009 年 12 月 31 日，全国耕地 135.385 万平方公里，园地 14.812 万平方公里，林地 253.95 万平方公里，草地 287.314 万平方公里。[①]尽管第二次调查耕地数据比基于第一次调查数据逐年变更到 2009 年的耕地数据多出 13.587 万平方公里，但是我国人均耕地少、耕地质量总体不高、耕地后备资源不足的基本国情没有改变，中国人均耕地已降至 1.52 亩，不到世界人均水平的一半。有相当数量耕地需要根据国家退耕还林、还草、还湿和耕地休养生息等安排逐步调整；有相当数量耕地受到中、重度污染，大多不宜耕种；还有一定数量的耕地因开矿塌陷造成的地表土层破坏，或因地下水超采，正常耕种已受到影响。近几年我国粮食产销和供求的结构性矛盾依然尖锐，对国际市场的依赖性也越来越大，耕地保护的约束依然很紧。除农业用地外，第二次调查数据显示，全国因草原退化、耕地开垦、建设占用等因素导致草地减少 10.667 万平方公里；具有生态涵养功能的滩涂、沼泽减少 10.7%，冰川与积雪减少 7.5%；局部地区盐碱地、沙地增加较多，生态承载问题比较突出。[②]随着我国环境问题的愈加突出，完善生态修复制度，持续加大生态文明建设力度，扩大绿色国土空间，增强固碳能力，必须对具有生态功能的耕地、林地、草地等予以全面管护，生态用地对于建设用地的约束也愈加凸显。按照国家的规划测算，扣除必须保护的耕地和已有建设用地，今后可用于工业化、城镇化开发及其他方面建设的面积只有 28 万平方公里左右。[③]

此外，尽管自 20 世纪 70 年代来，我国实行了严格的计划生育政策，但因人口基数庞大，总人口仍然持续增长，2012 年末总人口达 13.54 亿。未来我国人口仍将保持一段长期的增长，总人口将在 2033 年达到峰值 15 亿左右，[④]人口增加必然带来对生活居住用地需求的增加。与

---

① 胡其峰. 第二次全国土地调查成果公布[N]. 光明日报，2013-12-31（04）.
② 胡其峰. 第二次全国土地调查成果公布[N]. 光明日报，2013-12-31（04）.
③ 国务院. 国务院关于印发全国主体功能区规划的通知（国发〔2010〕46 号）[EB/OL]. [2011-06-08]. http://www.gov.cn/zwgk/2011-06/08/content_1879180.htm.
④ 国家人口发展战略研究课题组. 国家人口发展战略研究报告 2012[R/OL]. [2007-01-11]. http://www. gov.cn/gzdt/2007-01/11/content_493677.htm.

此同时，我国目前整体上处于城镇化、工业化快速推进阶段，经济发展对于产业用地的需求依然强劲，对能源安全保障、便捷物流服务和各类生活、生产设施保障要求越来越高，对城镇用地需求将持续上升。随着人口的增长和经济总量的扩大，人多地少、人地矛盾、资源环境压力将日益突出。特别是近几年，人口、工业化和城镇化 3 个高峰期的同时到来，更加剧了土地需求的矛盾。

我国适宜建设用地空间的稀缺，各类用地与建设用地相争的矛盾加剧，对于建设用地的节约集约利用提出了严峻的挑战。在这种情况下，珍惜和合理利用土地，一方面要依法保护耕地、保障基本农田、保护农民合法权益；另一方面还要千方百计保障我国经济社会发展对建设用地的合理需求。针对这些问题和人多地少的国情，如何高效集约利用有限的土地资源，协调好土地利用与人口增长、经济发展、城市化、粮食安全和生态环境这些因素之间的关系成为焦点和核心问题。我国土地资源的国情决定了我国必须走空间节约集约的发展道路，只有充分地了解土地利用的规律，提高土地利用效率，走节约集约用地之路，才能应对国土开发空间不足的严峻挑战。

1.1.2 全面深化改革对土地管理制度和政策体系创新提出了新的要求

人地矛盾是中国社会经济发展中一直存在的问题，为此，新中国成立之初，党和国家就高度关注建设用地节约集约利用问题。1953 年《中央人民政府政务院关于国家建设征用土地办法》第四条规定："凡征用土地，均应由用地单位本着节约用地的原则，提出征用土地的计划量。"[①]随后在 20 世纪 50 年代后期的社会主义建设时期，建设用地节约利用一直被作为中央政府施政的重点。如在 1956 年《国务院关于纠正与防止国家建设征用土地中浪费现象的通知》中，就要求节约用地，并纠正和防止土地资源浪费；在 1958 年国务院颁布的《国家建设征用土地办法》中，再次强调了"国家建设征用土地，必须贯彻节约

---

① 新华社. 中央人民政府政务院关于国家建设征用土地办法[J]. 新黄河，1953（12）：12～14.

用地的原则"。在随后的"大跃进"和"文革"时期，受"左"的思想影响，我国社会经济秩序受到严重破坏，建设用地节约利用问题亦被长期搁置。

1978 年改革开放之后，我国社会经济发展步入正轨，土地节约集约问题再次成为国家发展中重点关注的问题。1986 年颁布的第一部《中华人民共和国土地管理法》中明确规定，"国家建设和乡（镇）村建设必须节约使用土地"。其后，1995 年党的十四届五中全会提出"转变经济增长方式"，实现经济增长由粗放型向集约型转变，其中对土地资源利用方式的转变是经济增长方式转变中的重要内容。1998 年修订的《中华人民共和国土地管理法》明确了整体管控的规划机制，采取以耕地保护为目标、用途管制为核心的土地管理模式，这一约束机制根据我国人多地少的基本国情，把粮食安全和耕地保护摆在首要地位。

进入 21 世纪后，随着我国经济的高速增长、人口不断增加以及城市化进程加快，土地资源紧约束和需求日增的矛盾更为凸显。为此，党中央和国务院更为重视节约集约用地的问题，陆续发布了一系列的通知、条例和法规。2004 年《国务院关于深化改革严格土地管理的决定》（国发〔2004〕28 号）中，第十六条规定提出要"实行强化节约和集约用地的政策"，并把节约用地放在首要位置，严格控制建设用地增量，盘活存量。文件强调要"切实保护耕地，大力促进节约集约用地，力争走出一条建设占地少、利用效率高的符合我国国情的新型土地利用道路"。2008 年《国务院关于促进节约集约用地的通知》（国发〔2008〕3 号）指出"切实保护耕地，大力促进节约集约用地"。同年，《中共中央关于推进农村改革发展若干重大问题的决定》（党的十七届三中全会通过）中明确提出实行最严格的耕地保护制度和最严格的节约用地制度，并且要求建立土地利用评价考核制度，定期开展开发区土地集约利用评价和城市建设用地节约集约利用潜力评价，作为科学用地管地、制定相关用地政策的重要依据。2009 年，国土资源部等部委发布和实施《单位 GDP 和固定资产投资规模增长的新增建设用地消耗考核办法》，同时积极开展国土资源节约集约模范县（市）创建活动，有力促进了建设用地节约集约利用激励机制的形成。2013 年 10 月，国土资源部在《节约集约利用土地规定（草案）》中规定："国家对新增建设用地实行总量控制。下级土地利用总体规划确定的新增建设用地总量不得突破上级土地利用总体规划确定的控制指标。"

总的来看，在改革开放至今 30 余年的探索与实践中，我国通过不断减少土地行政划拨，增加有偿出让体系，逐步建立起了以市场机制为基础的土地资源配置方式，大大提高了建设用地的利用效率。然而，过去的 30 年中，伴随着社会经济发展与工业化进程的加快，我国建设用地增长趋向于快速扩张的趋势，土地开发呈外延平面式扩张趋势，忽视了内涵立体的综合开发与利用，带来土地的低效率利用。1996～2012 年，全国建设用地年均增加 724 万亩，其中城镇建设用地年均增加 357 万亩；2010～2012 年，全国建设用地年均增加 953 万亩，其中城镇建设用地年均增加 515 万亩。2000～2011 年，城镇建成区面积增长 76.4%，远高于城镇人口 50.5% 的增长速度；农村人口减少 1.33 亿人，农村居民点用地却增加了 3045 万亩。[①] 土地利用粗放的状况并没有得到根本的遏制。面对日益严峻的人地矛盾和环境问题，需要进一步完善土地管理制度，建立起良好的促进土地节约集约利用的机制。

土地具有民生之本、发展之基的重要性，使得国家将节约集约用地作为加强生态文明建设、全面深化改革的重要抓手。2013 年 5 月 24 日，习近平总书记在中央政治局第六次集体学习时，明确提出"坚持节约资源和保护环境基本国策，努力走向社会主义生态文明新时代"，再次要求大力节约集约利用资源，推动资源利用方式根本转变，加强全过程节约管理。与此同时，我国正进入一个全面深化改革的新时期。按照中国共产党第十八届中央委员会第三次全体会议通过的《中共中央关于全面深化改革若干重大问题的决定》，在新一轮改革中，"经济体制改革是全面深化改革的重点，核心问题是处理好政府和市场的关系，使市场在资源配置中起决定性作用和更好发挥政府作用"。[②]按照

---

① 新华社. 国家新型城镇化规划（2014～2020 年）[EB/OL]. [2014-03-16]. http://www.gov.cn/ xinwen/2014-03/16/content_2639841.htm.

② 中国共产党第十八届中央委员会第三次全体会议公报. 中共中央关于全面深化改革若干重大问题的决定. 北京：人民出版社，2013.

国务院发展研究中心制定的"383"方案^①，未来改革中，土地改革是 8 个重点改革的领域之一。一方面，这种改革会对未来建设用地的利用产生较大的影响；另一方面，如何抓住这次改革的机遇，建立一个良好的促进建设用地节约集约利用的机制是土地管理工作者和研究者面对的新任务。为此，迫切需要我们深入分析建设用地节约集约利用的机理，为土地改革提供理论支撑。

1.2　国内外研究状况

1.2.1　国外研究

由于建设用地是中国所具有的独特概念，建设用地中的城市建设用地也称之为城市土地，因此，客观地讲，国外没有专门针对建设用地的研究，而是针对农业土地和城市土地进行研究。国外对土地利用的研究最早始于农业土地，西方古典经济学中的边际报酬递减理论、地租理论、资源稀缺理论以及马克思的级差地租理论均涉及对农业土地集约利用的研究。此外，经典的农业区位论、工业区位论以土地的空间布局为研究对象，也涉及土地节约集约利用问题。

西方与建设用地联系密切的研究主要是针对城市土地的研究，而对城市土地的系统研究源于 20 世纪 20 年代兴起的生态学派。随后，空间经济学、行为分析和政治经济学等方法的引入，又出现了城市土地利用研究的经济区位学派、社会行为学派和政治经济学派。西方对城市土地利用的专门性研究主要表现为上述四个学派的理论研究：

第一，基于历史形态学方法的生态学派。该学派运用描述性的历史形态学方法对城市土地利用的历史增长趋势进行概述，并归纳出以轴向增长理论、同心圆理论、扇形理论和多核理论为代表的城市土地

---

① 所谓"383"改革方案是指包含"三位一体改革思路、8 个重点改革领域、3 个关联性改革组合"的新一轮改革的基本思路和行动方案。详见：国务院发展研究中心. 新一轮改革的战略和路径[M]. 北京：中信出版社，2013：89～91.

利用空间分异规律理论。[①] 生态学派对揭示城市土地利用的空间分异规律与演变模式作出了重要贡献，但是其简单的圈层模式并不符合现实情形，而且描述性的归纳方法限制了其理论解释力。

第二，基于空间经济学方法的经济区位学派。经济区位理论以理性经济人假设和市场平衡理论为基础，运用空间经济学理论和数理分析方法来推演和构建城市土地利用的理论模型，分析和解释了城市土地利用的区位决策和空间模式。经济区位理论的经典模型有：研究城市土地利用区位空间差异的古典单中心模型，研究城市外在性对城市土地利用影响的外在性模型，以及研究城市土地利用动态发展的动态模型。[②] 经济区位理论对揭示城市土地利用空间结构内在经济规律有重要作用，为企业投资区位选择提供了理论指导，但同时也存在忽视社会因素、经济人行为不完全理性等因素的缺陷。

第三，基于行为分析方法的社会行为学派。出于生态学派和经济区位学派对人理想化假设的反思，行为学派提出行为人非完全理性假说，将人的价值观、意识和能动性等社会因素纳入城市土地利用的研究。行为学派主要理论是决策分析模型和城市土地利用的互动理论。[③] 与经济区位模型相比，行为分析方法对城市土地利用社会因素的考察更为切合实际，但是建立在选择不确定性和随机性基础上的推测则削弱了其理论解释能力。

第四，基于政治经济学方法的政治经济学派。20 世纪 70~80 年代出现了运用政治经济学理论和方法来研究城市土地利用空间模式和内在动力机制的政治经济学派，结构主义、冲突学派和管理学派是其主要代表。[④] 客观上说，政治经济学派从政治权力结构、社会生产结

---

① Brain J. L. Berry. Internal Structure of the City [J]. Law and Contemporary Problems, 1965:111-119.

② William C. Wheaton. Urban Residential Growth under Perfect Foresight [J]. Journal of Urban Economics, 1982（1）: 1-12.

③ Suttles, Gerald D. The Social Construction of Communities [M]. Chicago: University of Chicago Press, 1972.

④ Harvey D. The Urban Process under Capitalism [J]. International Journal of Urban and Regional Research, 1978（1）: 101-131.

构等更广、更深的角度拓宽和加深了对城市土地开发和空间结构内在动力机制的研究，但它存在模型和分析范式的简单化倾向，有待于同城市经济学理论融合，以增强其解释力。

此外，20 世纪 80 年代，西方城市规划界提出的城市精明增长理念，把城市增长边界理念融入城市土地的利用之中，它对解决西方城市蔓延问题发挥了一定作用，同时也提供了一条实现城市土地节约集约利用的重要途径。

1.2.2 国内研究综述

客观来讲，国内学术界针对建设用地节约集约利用的研究较少，仅有的文献也是以建设用地节约集约利用形势、政策介绍居多，缺少针对建设用地节约集约利用系统而深入的研究。国内与建设用地节约集约利用密切相关的学术研究主要围绕城市土地节约集约利用而展开。

在计划经济时代，我国城市土地的配置完全由政府按计划无偿划拨，相应地，学术界对城市土地利用的研究也仅限于马克思主义级差地租理论的应用，因而并未展开对城市土地节约集约利用的系统研究。改革开放以后，随着社会经济的发展、城市化的推进，我国城市土地利用面临经济结构转换、资源限制、生态环境等诸多问题，相应地，学术界也对城市土地节约集约利用展开了系统研究。

改革开放以来，国内对城市土地节约集约利用的研究集中在以下几个方面：

1.2.2.1 城市土地节约集约利用含义的界定

城市土地节约集约利用概念的界定是土地节约集约相关问题研究的基础。早期具有代表性的认识有马克伟（1991）对"城市土地集约经营"的定义，他认为，"城市土地集约经营是通过对单位面积土地多投放活劳动和物化劳动，来提高土地资源利用率，增加建筑物层数，以期提高土地的经济功能和负荷能力"；[①]毕宝德（1991）认为，"城

---

① 马克伟. 土地大辞典[M]. 长春：长春出版社，1991：838～839.

市土地集约利用就是在单位面积上增加资本和劳动投入，以期获得最大收益"。[①]可以看出，早期的研究认为城市土地集约利用的核心是投资强度的增加，以获得更高的土地利用效率。但是城市土地利用非常复杂和多元化，承载着多样的社会、经济、文化等功能。因此，众多学者对城市土地节约集约利用的概念提出了多种意见，对此问题的争论表现在：首先，对"节约""集约"以及"节约集约"利用三个概念的认识。其次，集约用地的效益表征是侧重于经济效益范畴，还是必须具备经济、社会、环境的综合效益范畴的问题。一些学者认为不能只从增加非土地要素投入单方面定义，还应包含土地利用结构、合理的布局、可持续发展的前提，[②]并最终取得良好的经济效益、社会效益和生态效益的过程。[③] 最后，集约利用是褒义词还是中性词的问题。对于概念认识上的不清晰导致了对于城市土地节约集约利用评价系统的混乱。

1.2.2.2　城市土地节约集约利用的动力和机制研究

对于城市土地节约集约利用动力和机制的研究主要有五个视角：

第一，对城市土地节约集约利用的动力和机制的一般性考察。

刘盛和[④]（2002）研究了西方不同城市学派的城市土地利用扩展的空间模式，如历史形态模式、区位经济模式、决策行为模式和政治经济学模式，并把城市土地利用扩展的动力机制归纳为"自然"机制、市场机制、社会价值机制和政治权力机制等。这从文献归纳的角度较全面概括了城市土地利用的动力机制，但是其中的"自然"机制、社会价值机制却由于缺乏充分的经济分析而很难形成较强的解释力。

---

① 毕宝德，土地经济学[M]. 北京：中国人民大学出版社，1991：139～141.

② 龚义，吴小平，欧阳安蛟. 城市土地集约利用内涵界定及评价指标体系设计[J]. 浙江国土资源，2002（1）：46～49.

③ 王国恩，黄小芬. 城镇土地利用集约度综合评价方法[J]. 华中科技大学学报（城市科技版），2006，23（3）69～74.

④ 刘盛和. 城市土地利用扩展的空间模式与动力机制[J]. 地理科学进展，2002（1）：43～50.

　　黄继辉、张绍良[1]等（2007）从自然因素、社会因素、经济因素和环境因素等方面来研究城市土地集约利用的动力。周江、高崇辉[2]等（2008）把经济发展、人口增长、土地资源禀赋约束和城市存量建设用地视为城市土地集约利用的内部动力，而技术进步、土地制度与政策、城市规划等则是外部动力。陈云风、武永祥等[3]（2008）基于系统动力学理论，构建了一个包括城市人口子系统、住宅子系统、就业子系统和土地子系统的系统动力学模型，对城市土地节约集约利用展开研究。

　　吴郁玲、曲福田（2007）从经济驱动力、生态驱动力和制度变量驱动力三方面研究城市土地集约利用的影响因素，并基于对城市土地集约利用影响机理的实证分析得出：市场化发育水平是影响我国城市土地利用集约程度的关键性和根本性原因；政府对农地的保护制度在一定程度上激励用地者集约利用土地；而对生态环境的保护是控制土地利用集约度的限制性因素。[4]

　　王家庭、季凯文（2008）将城市土地集约利用的内在动力机制分为聚集效应机制和要素替代机制，而外生动力则有市场驱动机制、政府导向与激励机制和技术创新机制。[5]

　　渠丽萍、张丽琴（2009）从城市土地利用的供给机制、需求机制、城市土地利用制度与规划三方面对城市土地集约利用变化的动力机制展开分析。[6]

　　上述研究从宏观的角度出发对城市土地节约集约利用展开全面性

---

① 黄继辉，张绍良，侯湖平. 城市土地集约利用驱动力系统分析[J]. 广东土地科学，2007（1）：21～24.

② 周江，高崇辉，龙福堂. 城市土地集约利用系统驱动机制初探[J]. 科技经济市场，2008（7）：111～113.

③ 陈云风，武永祥，张园. 中国城市化进程中土地集约利用的系统动力学模型[J]. 建筑管理现代化，2008（5）：13～16.

④ 吴郁玲，曲福田. 中国城市土地集约利用的影响机理：理论与实证研究[J]. 资源科学，2007（6）：106～113.

⑤ 王家庭，季凯文. 城市土地集约利用动力机制研究[J]. 城市问题，2008（8）：9～13，39.

⑥ 渠丽萍，张丽琴. 城市土地集约利用变化的动力机制分析[J]. 国土资源科技管理，2009（5）：44～48.

分析，有利于从整体角度解释城市土地节约集约利用的影响机理，但是也存在对机理的考察较为粗浅、不够深入的问题。

第二，对城市土地节约集约利用的市场机制、价格微观作用机制的考察。

王家庭、张换兆（2008）基于我国城市化和工业化的约束条件，通过构建一个城市土地有效供给—需求均衡模型来研究城市土地集约利用问题，认为城市空间土地利用的紧凑型发展、城市化的空间多元化和城乡统一土地市场的建立是实现城市土地集约利用的重要途径。[①]

王家庭、季凯文（2009）从微观经济视角出发，通过运用无差异曲线和预算线、等产量曲线和等成本线分析居民和厂商的经济决策，研究了城市土地价格效应对城市土地集约利用的影响机理。[②]

以上对我国城市土地市场供求模型和微观决策分析的研究从经济学角度系统阐述了城市土地节约集约利用的经济学机理，对健全城市土地市场机制和探索城市土地集约利用的最优途径具有启发意义。

第三，对产业结构、产业布局与城市土地节约集约利用关系的考察。

徐霞（2006）从提高土地资源配置效率、产出效率等方面，分析了产业结构优化对城市土地资源集约利用的重要意义，并提出减少或避免城市间产业结构的"同构化"有利于实现城市土地集约利用。[③]

马涛（2008）在分析城市土地利用与产业选择、产业布局关系的基础上，得出：产业部门的合理布局、产业结构的优化有助于实现城市土地集约利用；相应地，科学的产业规划是推动城市产业空间布局优化，进而实现城市产业用地集约利用的有益途径。[④]

---

① 王家庭，张换兆. 工业化、城市化条件下我国城市土地供求均衡分析[J]. 财经问题研究，2008（9）：125～129.

② 王家庭，季凯文. 城市土地价格效应对城市土地集约利用的影响机理研究[J]. 城市，2009（1）：7～11.

③ 徐霞. 论产业结构优化与城市土地资源集约利用[J]. 安徽农业科学，2006（24）：6593～6594.

④ 马涛. 产业规划：城市产业用地集约利用实现途径及其经济机理分析——基于土地空间特性的视角[J]. 上海交通大学学报（哲学社会科学版），2008（6）：75～80，88.

项锦雯等（2012）从区域产业转移与土地集约利用耦合关系的角度，研究了皖江示范区承接产业转移与实现城镇土地集约利用的耦合机理，得出结论：皖江示范区土地集约利用与区域产业转移耦合处在颉颃时期，协调关系有较大提升空间；部分城镇处在土地集约利用滞后阶段，土地集约利用潜力较大。[①]

从产业结构优化和城市产业合理布局等角度考察城市土地资源的节约集约利用问题，重点在于城市土地结构优化，这有助于将城市产业布局和发展与城市土地节约集约相结合，突破了就土地而土地的视角。

第四，对城市土地节约集约利用的制度经济学角度的考察。

郑曦、韩立达（2007）从制度经济学视角研究我国城市土地的集约与合理利用，对城市利用制度的成本与收益进行分析，并认为，制度的路径依赖导致我国城市土地利用制度的变迁是一个长期的、渐进的过程。[②]

王文革（2009）对节地配额交易制度进行研究，从外部性问题、公地悲剧、资源稀缺论角度分析其理论基础，认为它是一种实现城市土地节约集约利用的有效机制。[③]

杨志荣、尹奇等（2008）基于委托—代理模型对城市土地利用过程中中央政府与地方政府的博弈展开分析，得出中央政府应运用激励相容原理对地方政府实施有效的激励机制。[④]

高进田[⑤]（2003）基于可持续发展理念，构建了一个由市场机制、管制机制和投票机制组成的城市土地合理利用调控机制。

以上制度经济学角度的研究拓宽和加深了城市土地节约集约利用

---

①　项锦雯，陈利根. 产业转移与土地集约利用耦合机理及协调发展研究——以皖江示范区为例[J]. 农业经济问题，2012（6）：61～65.

②　郑曦，韩立达. 我国城市土地集约与合理利用的制度经济学分析[J]. 国土资源科技管理，2007（2）：56～60.

③　王文革. 论节地配额交易制度[J]. 湖北社会科学，2009（6）：102～106.

④　杨志荣，尹奇，靳相木. 基于委托—代理模型的中国城市土地集约利用的分析[J]. 四川农业大学学报，2008（3）：293～296.

⑤　高进田. 可持续发展理念下的城市土地利用合理调控[J]. 中国发展，2003（2）：36～39.

的深层次制度问题的考察，并对优化我国城市土地节约集约利用的制度环境以及设计良性激励机制，具有较强的现实意义。

第五，从实证角度研究城市土地集约利用的影响因素和时空变异规律。

吴郁玲、曲福田（2007）采用线性回归模型分析了市场发育水平、农地保护制度和土地市场建设对土地利用集约度的影响。韦东等（2007）以我国 30 个特大城市为例，研究了人地关系、经济发展水平等对城市土地集约利用水平的影响。[1]雷广海、刘友兆等（2009）在构建城市土地集约利用度评价指标体系的基础上，采取秩相关系数和聚类分析方法对江苏省 13 个地级市进行实证分析，得出苏南、苏中、苏北城市土地利用的时空差异趋势，并从区域经济环境、经济发展水平、城市性质职能与规模等方面进行剖析。[2]此外，罗雄飞、周勇[3]（2008），宋观平等[4]（2010），张富刚等[5]（2005），郑敏等[6]（2010）分别研究了湖北省、湖南省、全国和广东省的城市土地集约利用时空变异规律。

王中亚、傅利平等（2010）在对东部 3 个城市群 38 个城市的土地集约利用程度展开评价的同时，对城市土地集约利用程度与城市规模关系进行实证分析，得出两者大致呈正相关关系。[7]

---

① 吴郁玲，曲福田. 中国城市土地集约利用的影响机理：理论与实证研究[J]. 资源科学，2007（6）：106～113.

② 雷广海，刘友兆等. 江苏省 13 城市土地利用集约度时空变异及驱动因素[J]. 长江流域资源与环境，2009（1）：7～13.

③ 罗雄飞，周勇. 湖北省城市土地集约利用度时空变异分析[J]. 农机化研究，2008（10）：13～16.

④ 宋观平，冉瑞平. 湖南省城市土地集约利用空间差异研究[J]. 中国农学通报，2010（23）：446～450.

⑤ 张富刚，郝晋珉等. 中国城市土地利用集约度时空变异分析[J]. 中国土地科学，2005（1）：23～29.

⑥ 郑敏，陈健飞. 城市土地集约利用时空差异分析——以广东省 21 个地级市为例[J]. 广东农业科学，2010（3）：262～266.

⑦ 王中亚，傅利平等. 中国城市土地集约利用评价与实证分析——以三大城市群为例[J]. 经济问题探索，2010（11）：95～99.

1.2.2.3 对城市土地节约集约利用评价的研究

借助于国土资源部对开发区和城市建设用地开展的评估实践，对开发区、城市建设用地节约集约利用评价方法研究和评价指标体系设计是目前我国城市土地节约集约利用研究中的重点。

龚义、吴小平等（2002）以浙江省义乌市为例，分宏观层次（整个城市）、中观层次（城市功能区）和微观层次（地块）构建城市土地集约利用潜力评价指标体系。[①]

洪增林、薛惠锋（2006）从投入强度、使用强度、土地利用效率、土地利用结构和布局四方面来构建城市土地集约利用评价指标体系，并提出城市土地集约利用潜力评价应包括总体评价、区域评价、开发区评价及地块评价四部分。[②]

吴壮金、周兴等（2009）从城市土地集约利用的条件基础、土地投入强度、土地利用程度、土地利用效益、土地集约利用发展趋势等方面入手，构建城市土地集约利用评价体系，其中城市人口与用地弹性系数、城市国内生产总值与用地弹性系数的引入，考虑到了城市土地集约利用的动态因素。[③]

周子英、朱红梅（2008）运用人工神经网络技术，从时间和空间维度对长株潭城市土地集约利用进行评价研究，得出：从时间维度看，长沙、湘潭和株洲 3 个城市土地集约利用水平处于曲折上升状态；从空间维度看，长沙市的土地集约利用度高于株洲和湘潭。[④]

冯科、郑娟尔等（2007）综合应用 GIS 和 PSR 方法，从区域空间的角度对浙江省 11 个地级市的城市土地集约利用情况进行测度和评价，分析表明：浙东北部地区为城市土地集约利用区；因区位优势和

---

① 龚义，吴小平等. 城市土地集约利用内涵界定及评价指标体系设计[J]. 浙江国土资源，2002（1）：46～49.

② 洪增林，薛惠锋. 城市土地集约利用潜力评价指标体系[J]. 地球科学与环境学报，2006（1）：106～110.

③ 吴壮金，周兴等. 城市土地集约利用的内涵及其评价体系的构建[J]. 安徽农业科学，2009（13）：6120～6122.

④ 周子英，朱红梅等. 基于人工神经网络的长株潭城市土地集约利用评价[J]. 湖南农业大学学报（社会科学版），2008（6）：71～74.

产业结构的差异，城市间土地集约利用状况呈梯度分布。[①]

　　李雅兰（2009）以经济、社会、环境三者可持续发展为出发点，从投入强度、使用强度、承载程度、利用效益、结构布局和生态环境6个评价层构建了一个城市土地节约集约利用的综合评价指标体系。[②]

　　对城市土地节约集约利用的评价和实证分析，有助于我们进一步了解城市土地节约集约利用的特征，但是由于对城市土地节约集约内涵的认识差异和评价的标准不同，评价的结果存在差异，缺乏可比性。

1.2.2.4　基于多个视角研究对城市土地节约集约利用的影响

　　首先是城市化对城市土地节约集约利用的影响。何芳、魏静（2001）对城市化不同阶段城市形态的演变进行研究，认为城市土地利用最佳集约度与城市化水平相关；在城市化的不同阶段，城市土地利用的集约强度、利用形式和类型也不同。[③]周颂红（2007）认为，在一定条件下，城市化进程与城市土地集约利用具有互为促进的关系。[④]这些研究对于剖析城市化阶段我国城市土地节约集约利用的影响因素，以及探寻切合我国实际的城市土地利用节约集约道路具有启发意义，但同时也存在过于注重宏观分析、忽视微观机制考察的缺陷。

　　其次是制度对城市土地节约集约利用的影响。王慎刚、夏明月（2007）从国家（地区）层面研究城镇化集约用地，认为国家城镇化战略、城市（镇）的具体规划和国家土地制度是影响我国城镇化集约用地的主要因素。[⑤]侯玉亭（2004）从政府行为、土地使用制度和城市规划三方面，对我国城市化进程中土地粗放型利用症结进行剖析。[⑥]

　　此外，马新成、李世平（2006）从空间经济学视角出发，以城市

　　① 冯科，郑娟尔等. GIS 和 PSR 框架下城市土地集约利用空间差异的实证研究——以浙江省为例[J]. 经济地理，2007（5）：811～814.

　　② 李雅兰. 基于可持续发展的城市土地集约利用综合评价指标体系研究[J]. 广东土地科学，2009（10）：9～12.

　　③ 何芳，魏静. 城市化与城市土地集约利用[J]. 中国土地，2001（3）：24～26.

　　④ 周颂红. 城市化进程中的土地集约利用[J]. 中州建设，2007（7）：10～11.

　　⑤ 王慎刚，夏明月. 城镇化中集约用地的影响因素研究[J]. 中国国土资源经济，2007（1）：29～32.

　　⑥ 侯玉亭. 城市化进程中的土地集约利用[J]. 江西农业大学学报（社会科学版），2004（4）：66～69.

经济内部的知识外溢、集聚经济和空间区位成本差异等为因子研究城市土地节约集约利用，认为城市土地不同空间功能的叠加是实现土地集约利用的有益途径。

综合目前的研究来看，学术界对于土地集约利用的基本概念、基础理论以及土地利用集约评价等方面已经进行了较多的研究，但是对建设用地节约集约利用的内涵界定还存在较大争议，而对于建设用地节约集约利用机理的系统研究更是一个空白，加强对于建设用地节约集约利用机理研究，对于促进建设用地节约集约利用是当前急需解决的理论课题。

1.3 研究内容与结构

本书的目的在于通过对建设用地节约集约利用的机理研究，探寻解决我国建设用地资源浪费和城市粗放式扩张问题的有益途径。因此本书利用经济学的理论，首先辨析了建设用地节约集约利用的概念，分析了市场竞争中土地资源配置的机理；其次研究了构成建设用地主体的城市建设用地在市场竞争中静态的节约集约的特征和动态的节约集约过程；再次分析提出了确定建设用地节约集约利用临界点的标准，以及这种价值标准对于建设用地节约集约利用的影响；然后研究了政府管制对于建设用地节约集约利用的必要性，并分析了政府土地管制常用手段对于建设用地节约集约的影响；最后总结了建设用地节约集约利用中市场与计划的关系。全书由八章构成，各章主要内容如下：

第1章导论。本章通过对我国土地利用现状的分析和建设用地利用研究的文献综述，提出研究的现实意义和理论意义，介绍全书的内容和结构。

第2章建设用地与建设用地节约集约利用概念与内涵。本章分析总结了建设用地的内涵、特点和类型，通过对马克思和西方经济学中的节约理论和集约理论的回顾，以及国内学者对于建设用地节约利用和建设用地集约利用的概念的定义，重新阐述了建设用地节约利用和建设用地集约利用的概念、二者的联系和区别，以及测度的指标。

第 3 章土地市场竞争中建设用地节约集约的机理。经济学中，对任何资源配置的研究都离不开最基本的分析方法——供给需求分析法。建设用地的节约集约利用问题归根结底也是一定土地供求环境下的资源配置问题。建设用地作为一种特殊的生产要素，因其特殊的性质，导致其供给与需求和其他生产要素的供求情况有所差异。因此，本章首先讨论了建设用地供给与需求的特点，其次分析了由土地供应与需求决定的地租、土地价格与建设用地节约集约的关系，以及土地市场中建设用地节约集约利用的路径。

第 4 章城市建设用地节约集约利用的特征与运行机理。城市建设用地是建设用地的重要组成部分，是区域建设发展的关键。而其中的居住用地、商业服务业设施用地和工业用地是城市用地的核心用地，按照用地主体、提供产品性质和用地目的分类，这些用地属于经营性的建设用地，它们的配置主要由市场机制来调控。同时城市建设用地的利用是一个动态的过程。因此本章首先从静态的视角利用阿朗索的竞标地租曲线分析了城市建设用地的集约利用特点；其次依次通过对居民和厂商的行为分析，研究了居住用地、商业服务业设施用地和工业用地的土地利用状况；再次分析了经济发展、产业结构演变对土地集约利用的影响，以及城市人口规模、收入和房价对居住用地节约集约利用的影响；最后从动态角度研究了城市建设用地的再开发时机。

第 5 章基于科学发展观的建设用地节约集约利用临界点。建设用地的节约集约利用存在着一个合理的限度，过度的土地集约利用将可能造成要素投入的不经济，带来区域社会效益与环境效益的下降，不利于城市与区域的可持续发展。因此，建设用地节约集约利用的水平存在着一个临界点，而这一临界点的决定取决于人们的价值观。本章首先探讨了市场竞争中土地节约集约过度所导致的经济效益、社会效益和环境效益损失，其次基于科学发展观的标准研究了建设用地节约集约利用的目标；最后分析了在生态环境保护、城乡统筹发展、可持续发展等价值观指导下，对于建设用地节约集约利用的影响，进而提出建设用地节约集约利用的临界点。

　　第6章建设用地资源配置中政府作用的边界。资源的稀缺性要求人类在各种可相互替代的资源的方法使用中进行择优，即优化配置资源。一般资源优化配置的基本方式有市场和计划两种，在逐步建立和完善土地市场的过程中，选择哪种方式的问题的本质就是市场与政府在土地资源配置上的"边界"问题。本章从介绍资源配置的基本理论入手，分析了土地资源配置中的市场失灵、政府失灵的原因，以及中国土地市场的特点，从而明确了政府在土地资源配置中的地位、作用及其职能。

　　第7章土地规划与管理对建设用地节约集约利用的作用与绩效。土地规划与管理是政府干预土地市场，调配土地资源的重要工具，本章在整体分析土地规划对于土地市场的影响，反思我国土地规划的内容及其手段的基础上，重点分析了建设用地总量控制、容积率管制和土地用途管制对于土地节约集约利用的作用和效果，以求为政府的土地管理改革提供理论的支持。

　　第8章结论，是对全书主要观点的总结。

第2章 建设用地与建设用地节约集约利用概念和内涵

2.1 建设用地的内涵、特点和类型

2.1.1 建设用地的内涵

建设用地是一种土地利用的用地类型，它是利用土地的承载力，把土地作为生产基地和生活场所，而不是以取得生物产品为主要目的的用地。根据《中华人民共和国土地管理法》，国家编制土地利用总体规划时将土地分为农用地、建设用地和未利用地三大类，其中建设用地是指建造建筑物、构筑物的土地，包括城乡住宅和公共设施用地、工矿用地、交通水利设施用地、旅游用地、军事设施用地等。同时，中华人民共和国住房和城乡建设部 2010 年 12 月 24 日颁布，2012 年 1 月 1 日开始施行的《城市用地分类与规划建设用地标准》（GB 50137-2011）中将城乡用地分为建设用地和非建设用地。其中的建设用地包括城乡居民点建设用地、区域交通设施用地、区域公用设施用地、特殊用地、采矿用地等类型。

2.1.2 建设用地的特点

建设用地相对于农用地来讲，存在着显著的、本质的差别。主要具有以下特点：

第一，建设用地区位的重要性。农用地在利用的时候，更多考虑的是其肥力因素，而建设用地则不同。选择建设用地，区位起着十分

重要的作用，如商业用地多配置在交通便捷、人口密集、地质条件良好的城市繁华地段。当然，位置的优劣只是一个相对的概念，不同类型的社会经济活动对区位的要求不同，比如说临街的土地对于商业服务来说是很好的位置，但对居住来说可能并非最佳选择。同时区位的优劣也会随着周围环境的变化而变化。

第二，建设用地利用逆转的困难性。一般来讲，只要地质条件达到工程建设的标准，再加以必要的开发和配套建设就可以作为建设用地，农业用地转变为建设用地较为容易。但农业用地是依赖于土地的肥力，直接从耕作层中生产农作物，它对土壤、气候等自然条件有十分严格的要求，具有生态利用性。因此，肥力低的土地难以用于农业生产。所以，土地作为建设用地后想再转变为农用地就非常困难（即使可以，也要付出极大的代价）。因此，在决定将农用地转为建设用地前要十分谨慎，应充分论证，科学决策。

第三，建设用地的高度集约性。与农用地相比，建设用地因其建设空间可以立体开发，其单位面积上投放的劳动力和资本远高于农用地，其土地可以产生更高的经济效益。就具体地段来说，建设用地的地价上升有时可以达到几倍、几十倍，甚至上百倍。这也是人们热衷于将农用地转变为建设用地的一个原因。为了保护农用地，世界各国都采取严格的控制措施。

第四，建设用地的承载性。从利用方式上看，建设用地是利用土地的承载功能，建造建筑物和构筑物，作为人们的生活场所、操作空间和工程载体，以及堆放场地，而不是利用土壤的生产功能，它与土壤肥力没有关系。

第五，建设用地的非生态利用性。土地对于建设建筑物和构筑物来说，发挥了地基和场所的作用，这一特性决定了在选择建设用地时，主要是考虑土地的非生态因素，而与土地肥力等生态因素关系不大。因此，在建设用地与农用地发生争地矛盾时，应把土壤质量好的土地优先用于农业。

第六，建设用地的外部性。农用地价值总体上仅受自身土地肥力的影响，但建设用地的价值和利用都受到周围环境的影响，一块住宅用地会因为周围有公园等公益性用地而提升本身的土地价格，这时公益性用地就将自身价格的一部分转移到了建设用地上。

第七，建设用地的保值增值性。土地资源的稀缺，使得建设用地的经济价值一般较高，而随着周边建设用地上聚集的人口和产业增加，以及各项设施的改善，建设用地的财富价值往往呈上升的趋势，与农用地和未利用土地相比，建设用地对土地的保值增值影响最大，增值性也最高。

2.1.3　建设用地的分类

2.1.3.1　按建设用地承担的社会经济功能分类

按照建设用地所承担的社会经济功能，中华人民共和国质量监督检验检疫总局和中国国家标准化管理委员会联合发布的《土地利用现状分类》（GB/T 21010-2007）中，将建设用地分为 7 大类、31 个小类，而中华人民共和国住房和城乡建设部第 880 号关于发布国家标准《城市用地分类与规划建设用地标准》（GB 50137-2011）的公告中，城乡建设用地被分为 5 个中类、12 个小类，具体的分类如表 2-1 和表 2-2 所示。

表 2-1　建设用地的分类

土地利用现状分类			
一级类		二级类	
类别编码	类别名称	类别编码	类别名称
05	商服用地	051	批发零售用地
		052	住宿餐饮用地
		053	商务金融用地
		054	其他商服用地
06	工矿仓储用地	061	工业用地
		062	采矿用地
		063	仓储用地
07	住宅用地	071	城镇住宅用地
		072	农村宅基地

土地利用现状分类			
一级类		二级类	
类别编码	类别名称	类别编码	类别名称
08	公共管理与公共服务用地	081	机关团体用地
		082	新闻出版用地
		083	科教用地
		084	医卫慈善用地
		085	文体娱乐用地
		086	公共设施用地
		087	公园与绿地
		088	风景名胜设施用地
09	特殊用地	091	军事设施用地
		092	使领馆用地
		093	监教场所用地
		094	宗教用地
		095	殡葬用地
10	交通运输用地	101	铁路用地
		102	公路用地
		103	街巷用地
		105	机场用地
		106	港口码头用地
		107	管道运输用地
11	水域及水利设施用地	113	水库水面
		118	水工建筑物用地
12	其他土地	121	空闲地

资料来源：中华人民共和国质量监督检验检疫总局和中国国家标准化管理委员会. GB/T 21010-2007 土地利用现状分类 [S]. 北京：中国标准出版社，2007.

表2-2 城乡建设用地的分类

类别代码			类别名称	范围
大类	中类	小类		
H			建设用地	包括城乡居民点建设用地、区域交通设施用地、区域公用设施用地、特殊用地、采矿用地等

类别代码			类别名称	范围
大类	中类	小类		
	H1		城乡居民点建设用地	城市、镇、乡、村庄以及独立的建设用地
		H11	城市建设用地	城市和县人民政府所在地镇内的居住用地、公共管理与公共服务用地、商业服务业设施用地、工业用地、物流仓储用地、交通设施用地、公用设施用地、绿地
		H12	镇建设用地	非县人民政府所在地镇的建设用地
		H13	乡建设用地	乡人民政府驻地的建设用地
		H14	村庄建设用地	农村居民点的建设用地
		H15	独立建设用地	独立于中心城区、乡镇区、村庄以外的建设用地，包括居住、工业、物流仓储、商业服务业设施以及风景名胜区、森林公园等的管理及服务设施用地
	H2		区域交通设施用地	铁路、公路、港口、机场和管道运输等区域交通运输及其附属设施用地，不包括中心城区的铁路客货运站、公路长途客货运站以及港口客运码头
		H21	铁路用地	铁路编组站、线路等用地
		H22	公路用地	高速公路、国道、省道、县道和乡道用地及附属设施用地
		H23	港口用地	海港和河港的陆域部分，包括码头作业区、辅助生产区等用地
		H24	机场用地	民用及军民合用的机场用地，包括飞行区、航站区等用地
		H25	管道运输用地	运输煤炭、石油和天然气等地面管道运输用地
	H3		区域公用设施用地	铁路、公路、港口、机场和管道运输等区域交通运输及其附属设施用地，不包括中心城区的铁路客货运站、公路长途客货运站以及港口客运码头

类别代码			类别名称	范围
大类	中类	小类		
	H4		特殊用地	特殊性质的用地
		H41	军事用地	专门用于军事目的的设施用地,不包括部队家属生活区和军民共用设施等用地
		H42	安保用地	监狱、拘留所、劳改场所和安全保卫设施等用地,不包括公安局用地
	H5		采矿用地	采矿、采石、采砂、盐田、砖瓦窑等地面生产用地及尾矿堆放地

资料来源:中华人民共和国住房和城乡建设部和中华人民共和国国家质量监督检验检疫总局. GB 50137-2011 城市用地分类与规划建设用地标准[S]. 北京:中国标准出版社,2011.

2.1.3.2 按附着物的性质分类

(1)建筑物用地:所谓建筑物,是指人们在内进行生产、生活或其他活动的房屋或场所。如工业建筑、民用建筑、农业建筑和园林建筑等。

(2)构筑物用地:所谓构筑物,是指人们一般不直接在内进行生产、生活或其他活动的建筑物。如水塔、烟囱、栈桥、堤坝、挡土墙和囤仓等。

建筑物和构筑物又统称建筑,因此,国外和我国港台地区又将建设用地称为建筑用地。这里所指的用于建筑物和构筑物的土地,实际上是建筑物的基地,与国外所称的建筑用地只是名称的差别,其含义是一样的。

2.1.3.3 按建设用地的来源分类

(1)新增建设用地:指新近某一时点以后由其他非建设用地转变而来的建设用地。增量部分,主要通过农地转为建设用地的供应,即所谓"一级市场"。新增建设用地一般将利用重点放在节约利用上。

（2）存量建设用地：指新近某一时点以前已有的建设用地。存量部分通过现有土地使用者之间的交易供应，即所谓"二级市场"。存量建设用地一般将利用重点放在集约利用上。

2.1.3.4　按用地主体、提供产品性质和用地目的分类

（1）公益性建设用地：指以公共利益为目的，建造建筑物、构筑物的公益事业和公共设施用地。该类用地的主体为全体社会大众和公益主体代表，提供的产品为纯公共物品。公益性用地一般具有非营利性特点，主要包括：国家机关、人民团体办公用地；交通、水利等公共设施用地；城市供排水、供电、供气、供热、邮政、消防、环境卫生设施和城市广场、公共绿地、公园、名胜古迹、革命遗址等公用设施用地；公共文化、体育、教育、科研、医疗卫生、社会福利等公益事业设施用地；军事设施、各国驻华使领馆用地以及宗教设施、监教场所和公益性公墓、殡葬设施等特殊用地。公益性建设用地是公共利益的物质载体，为公共利益服务，承担社会公平、增进公众福利，保障城市的可持续发展等多种任务，追求的是社会效益和生态效益的最大化，而不追求经济效益，不具有盈利性，因此，这类用地土地使用权往往通过划拨方式取得。

（2）经营性建设用地：指纯粹以盈利为目的，用来建筑建筑物和相应设施的土地。用地主体为私人、普通企业或处在竞争行业的国有企业。提供的产品为私人产品。这类用地至少包括：商业、餐饮旅馆业、旅游业、娱乐业及其他经营性服务业建筑及相应附属设施用地、商品住宅用地等。对于经营性建设用地，土地使用权是通过有偿方式取得。

（3）准公益性建设用地：用地主体是为公共利益而存在的企业和机构，这类用地提供的产品的受益主体不是全体社会成员，而是介于私人产品和纯公共产品之间的准公共产品。准公益性用地存在营利性的目的，但是其所得主要用于回报社会或大众，与非公益性用地的营利性存在区别。[①] 它主要包括建成后进行经营的大型基础设施和国家

① 吴小红，叶艳妹. 试论被征用地的性质界定[J]. 农业经济，2005（7）：38～40.

重点工程建设。

2.2　建设用地节约利用的含义

　　要了解节约的概念，就要从根本上弄清节约的本质与理论基础。经济学的研究是以资源稀缺为前提的，研究如何对有限资源进行最佳配置。稀缺的概念暗示了节约的意义，因此，节约问题历来受到经济学家的关注，古今中外形成了多种节约理论。下面，从马克思主义政治经济学和西方经济学经典理论出发，探讨节约利用土地的基本含义。

2.2.1　马克思主义政治经济学中的节约思想

　　马克思关于节约的思想涉及社会经济活动的众多方面，对节约的内涵有着深刻的认识，概括起来主要有三个方面：一是生产资料的节约；二是劳动时间的节约；三是资本财富的积累与节约的关系。由于当时的人口少，科学技术也落后，人口与资源和环境的矛盾并不十分突出，马克思研究政治经济学的目的也不是为了研究如何提高人的生活水平和质量，而是要揭示资本主义生产关系产生、发展和必然灭亡的规律。因此，他把一切节约归结为劳动时间的节约，认为节约劳动时间等于发展了社会生产力，认为劳动时间节约规律是人类社会经济发展的首要经济规律。尽管劳动时间节约规律是马克思节约理论的核心内容。但其中关于生产资料的节约，以及构成不变资本物化劳动的节约思想对于我们认识土地节约利用具有重要的指导意义。

　　土地作为劳动资料和劳动对象，在人们的生产生活中起着极其重要的作用。在对劳动资料的节约方面，马克思在《资本论》第一卷中指出："经济学上所说的土地是指未经人的协助而自然存在的一切劳动对象。"[①] 马克思指出土地是一种重要的劳动资料，"它们不直接加入劳动过程，但是没有它们，劳动过程就不能进行，或者只能不完全进

---

　　① 马克思著. 资本论（第 1 卷）[M]. 中共中央马克思恩格斯列宁斯大林著作编译局，译. 北京：人民出版社，1975：497.

行"。[①]在生产资料使用上需要有节约的理念，这种"节约"，就是"要做到一点也不损失，一点也不浪费，要做到生产资料只按生产本身的需要来消耗"。[②]这一论述明确地表明：其一，节约是相对浪费而言的；其二，在经济运行中对生产资料需要实行减量化，要尽可能少地利用资源。

2.2.2　西方经济学中的节约理论

节约是经济学研究的一个核心问题。因此，从古典政治经济学的代表人物亚当·斯密（Adam Smith）一直到当代西方经济学的许多重要人物，如美国的萨缪尔森[③]（Paul A. Samuelson）、劳埃德·雷诺兹[④]（Lloyd Reynolds），英国的希克斯（Hicks）、哈罗德[⑤]（Harold）等都对节约问题有过论述。

亚当·斯密在他的代表作《国民财富的性质和原因的研究》中，对节约问题进行了大量的论述。斯密分析节约对资本主义经济发展的作用，认识到节约对资本主义扩大再生产的作用。斯密认为，资本总量增大的重要途径是节约，"奢侈都是公众的敌人，节俭都是社会的恩人"。[⑥]

现代西方经济学从人类面临资源短缺的实际出发，研究如何解决资源稀缺性与需求无限性之间的矛盾。美国经济学家劳埃德·雷诺兹曾经指出，"稀缺性是经济学的根本。如果所有物品，都像空气一样，自由免费取用，那就没有必要节省资源，也就没有经济问题"，"经济学是研究节省的，这是我们每天都在干的事。我们不得不节省，因为

---

① 马克思著. 资本论（第 1 卷）[M]. 中共中央马克思恩格斯列宁斯大林著作编译局，译. 北京：人民出版社，1975：205.

② 马克思，恩格斯著. 马克思恩格斯全集（第 25 卷）[M]. 中共中央马克思恩格斯列宁斯大林著作编译局，译. 北京：人民出版社，1974：99.

③ 保罗·A. 萨缪尔森，威廉·D. 诺德豪斯著. 经济学（第 12 版）（上）[M]. 高鸿业等，译. 北京：中国发展出版社，1992：45.

④ 劳埃德·雷诺兹著. 宏观经济学[M]. 马宾，译. 北京：商务印书馆，1983：3.

⑤ 梁小民等. 经济学大辞典[M]. 北京：团结出版社，1994：104.

⑥ 亚当·斯密著. 国民财富的性质和原因的研究（上卷）[M]. 郭大力，王亚南，译. 北京：商务印书馆，2009：322.

我们缺乏"。①萨缪尔森也指出，"经济学的精髓之一在于承认稀缺性是一种现实存在，并探究一个社会如何进行组织才能最有效地利用其资源。这一点，可以说是经济学伟大而独特的贡献"，②而"效率是经济学所要研究的一个中心问题（也许是唯一的中心问题）。效率意味着不存在浪费"。③

尽管现代西方经济学研究的对象和中心内容是节约，研究实现节约的方法和政策，但是并没有明确地给出节约的含义，而只是分析研究如何在资源稀缺的条件下，通过有效的选择，使资源得到合理的利用，从而使耗费最小、收益最大。但这里的节约隐含着效率，对应着减少浪费。

2.2.3 国内学者关于节约的认识

勤俭节约是中华民族传统的美德，对于"节约"的认识，国内学者研究的重点放在了"节约"的意义和如何实现节约的问题上，只有少数学者针对这一问题提出了明确的定义。中国科学院国情分析研究小组认为，节约一词中的"节"，是指节制、限制，与浪费相对立；而"约"则是指控制（约束）、要求、集约，与粗放相对立。④ 广东省委党校的黄铁苗教授认为：节约不仅仅是对人、财、物的节省或限制使用，而且还包含了如何使用才能合理、恰当和高效等方面的含义。⑤节约在本质上是人类在促进社会进步活动中,对稀缺性资源的合理使用。一切节约归根到底是资源的节约。他认为节约是个褒义词；节约是以其对象的稀缺性为前提的，它不只是一味节省、减少、惜用，它强调的是合理使用。

① 劳埃德•雷诺兹著. 宏观经济学[M]. 马宾，译. 北京：商务印书馆，1983：4～16.
② 萨缪尔森，诺德豪斯著. 微观经济学（第 19 版）[M]. 萧琛，译. 北京：人民邮电出版社，2012：4.
③ 保罗•A. 萨缪尔森，威廉•D. 诺德豪斯著. 经济学（第 12 版）（上）[M]. 高鸿业等，译. 北京：中国发展出版社，1992：45.
④ 中国科学院国情分析研究小组. 开源与节约[M]. 北京：科学出版社，1992：41.
⑤ 黄铁苗. 节约是经济实践的永恒主题[J]. 当代经济研究，2002（12）：40～43.

2.2.4　建设用地节约利用的含义

土地资源是一种不可再生的稀缺资源，土地成本在生产成本中占有较大的比重，因此，无论是从微观角度还是从宏观角度看，节约利用土地资源都具有其内在动力。对建设用地节约的内涵认识也比较一致，即通过政策、措施或技术手段，减少社会经济发展对土地造成不可逆的消耗，换言之，在不降低用地效率的前提下，各项建设均要本着节省的原则，尽量不占或少占耕地，这主要是针对"增量"用地而言的，体现减量化的原则。①具体来说，我们认为，建设用地的节约包含了四方面的含义：

第一，建设用地节约是指土地使用者因生产和生活的需要，在利用土地的过程中，节省或限制使用土地，避免或者减少浪费土地的一种土地利用方式。

第二，节约用地并不是吝啬，不是一味节省、减少，而是在不降低综合效益的前提下，珍惜每寸土地，尽量减少土地的使用，体现减量化的原则。

第三，建设用地节约利用主要体现在对新增土地量的控制上，但也涉及对建设用地存量土地的复垦，将建设用地变为非建设用地，从而达到节约用地的效果。

第四，鉴于耕地资源的珍贵和稀缺，节约用地不仅在于尽可能地减少土地占用量，也包括尽量少占或不占耕地（尤其是优质耕地）。

时任国土资源部副部长孙文盛提出，我国节约用地的表现形式主要体现在以下 7 个方面：凡是国家规定不得占用的土地不占用；凡是国家对产业用地有规定的用地标准的，严格执行国家规定的标准；凡是按照规划和用途管制的要求，应当用于利用率和集约化高的土地用途，不用于利用率低和集约化程度低的用途；凡是能利用原有土地、存量土地和废弃、闲置土地的，不再新增加用地；凡是能少用地的，不多用地；凡是能用劣地或次地，不用好地或优质地；凡是能不占用

---

① 林坚，张沛，刘诗毅等．论建设用地节约集约利用评价的技术体系与思路[J]．中国土地科学，2009（4）：4～10.

耕地的，就不占或者少占耕地。节约用地要求部门、单位或个人在使用或管理土地的过程中依据"十分珍惜、合理利用土地和切实保护耕地"的基本国策要求，认真执行和遵守国家的有关规定，时时处处精打细算，尽量不占或者少占土地，不得有"宽打窄用、占而不用、少批多用、低效利用、优地劣用"等浪费土地的行为。[①]

节约的本质是在经济社会运行中对资源需求进行减量化，即在生产、流通、分配、消费的各个环节中以最少的消耗创造更多的社会财富，获得最大的经济和社会效益，从而实现社会经济的可持续发展。因此，建设用地节约的意义不仅在于少利用土地资源，更重要的在于发展和增效。节约是提高劳动等要素生产率的重要措施。

2.3　建设用地集约利用的内涵

2.3.1　集约与土地集约利用

集约及土地集约利用的概念均最早来自农业生产经营过程，与粗放经营和广种薄收相对应，指的是集约经营和精耕细作。"集约经营"一词在《辞海》中的解释为："粗放经营"的对称，是指在一定面积的土地上投入较多的生产资料的劳动，采用新的技术措施，进行精耕细作的农业经营方式。集约经营是用提高单位面积产量的方法来增加产品总量的。[②]

早在两千多年以前，我国农业发展中就有集约经营的思想。最早的农书《齐民要术》提到："凡人家营田，须量己力，宁可少好，不可多恶。"[③] 强调土地的经营不能广种薄收，宁可少而精，直接表达了精耕细作、集约经营的思想。明代《沈氏农书》指出，"以二亩之壅力，

---

① 孙文盛. 节约集约用地知识读本[M]. 北京：中国大地出版社，2006：22~26.

② 辞海编辑委员会. 辞海[M]. 上海：上海辞书出版社，1999：5690.

③ 转引自：林坚，张沛，刘诗毅等. 论建设用地节约集约利用评价的技术体系与思路[J]. 中国土地科学，2009（4）：4~10.

合并于一亩"可以"一亩兼二亩之息",①即提高单位面积的投入,可取得更好的收益,体现了集约发展的效益。

按照这种不同的发展方式,苏联经济学家在面对 20 世纪 50 年代末期经济增长率开始下降,表现出恶化趋势,而同时又保持了非常高的物质资本和人力资本投资率的情况,根据马克思在《资本论》中的粗放经营和集约经营提示,把增长方式分为两种基本类型,一种是依靠投入实现产出量增长的"粗放增长",另一种是依靠提高效率实现产出量增长的"集约增长"。并且指出,苏联过去的高速度增长是粗放型经济增长方式,是倾全力动员资源和增加要素投入的结果,然而由于资源的有限性,随着可动员资源的日益减少,在忽视提高要素生产率的情况下,必然导致经济增长水平的下滑。② 显然,集约发展是指依靠科技进步和现代化管理,降低物质消耗和劳动消耗,实现生产要素的合理配置,讲求经济效益和生产效益的生产经营方式。粗放发展是一种只追求数量,强调外延扩散,牺牲效率的落后经营管理方式。经济发展应由粗放的经营管理模式向集约化的方向转化。

土地集约利用的概念起源于农业土地集约利用研究,是大卫·李嘉图(David Ricardo)等古典经济学家在地租理论对农业用地的研究中提出的。农业土地集约经营是指在一定面积的土地上,集中投入较多的生产资料和劳动,使用先进的技术与管理方法,以求在较小面积的土地上获取高额收入的一种农业经营方式,可以分为资本密集型、劳动密集型和技术密集型。③德国农业经济学家布林克曼(Brinkmann)给出了土地经营集约度的公式:I=(A+K+Z)/F,其中 I 为土地经营集约度,A 为工资,K 为资本,Z 为经营资本利息,F 为土地面积。这一公式虽然是针对农用土地的集约经营而设计的,但是对于非农用地的集约经营也同样适用。农地和非农用地的集约度都是通过单位面

---

① 转引自:林坚,陈祁晖,晋璟瑶. 土地应该怎么用——城市土地集约利用的内涵与指标评价[J]. 中国土地, 2004(11):4~7.

② 吴敬琏. 怎样才能实现增长方式的转变[J]. 经济研究, 1995(11):8~12.

③ 陶志红. 城市土地集约利用几个基本问题的探讨[J]. 中国土地科学, 2000, 14(5):1~5.

积上的工资、资本和利息的耗费量来表示的。[①]

马克思在《资本论》的地租理论中也论及粗放经营和集约经营的内容，他指出"可以耕作的土地面积很大……对耕作者来说不用花费什么，或者同古老国家相比，只花极少费用"。这种"只需投资很少的资本，主要的生产要素是劳动和土地"的经营方式"就是粗放经营"。[②] "在经济学上，所谓耕作节约化，无非是资本集中在同一土地上，而不是分散在若干毗邻的土地上"。[③]

此外，著名的土地经济学家理查德·T. 伊利（Richard T. Ely）在其所著的《土地经济学原理》中指出："对现在已利用的土地增加劳力和资本，这个方法叫做土地利用的集约。"[④]

目前，我国面临着人多地少的基本国情以及快速城镇化造成的人地矛盾加剧，这使得土地集约利用问题成为许多学者热切关注的问题，集约概念与内涵不断发展。国内学者主要共同的观点为：土地集约利用就是增加在土地上的投入，以获得更多产出的土地开发经营方式。大部分学者认为，土地集约经营是与土地粗放经营相对的，强调通过技术、资金、劳动力等要素的投入实现土地的高效化。这一定义侧重考查土地的经济效益。代表人物及其观点如下：马克伟主编的《土地大辞典》中认为，土地集约利用是指在科学技术进步的基础上，在单位面积土地上集中投放物化劳动和活劳动，以提高单位土地面积产品产量和负荷能力的经营方式。[⑤]毕宝德认为，"土地利用集约度是指在生产过程中，单位土地面积上所投放资本和劳动的数量。在其他条件不变的情况下，单位土地面积投放的资本和劳动的数量越多，则土地利用的集约度越高；反之，则越低。"[⑥]

──────────

① 特奥多尔·布林克曼著. 农业经营经济学[M]. 刘潇然，译. 北京：农业出版社，1984：4.

② 马克思著. 资本论（第3卷）[M]. 郭大力，王亚南，译. 北京：人民出版社，1975：756.

③ 马克思著. 资本论（第3卷）[M]. 郭大力，王亚南，译. 北京：人民出版社，1975：760.

④ 伊利·莫尔豪斯著. 土地经济学原理[M]. 滕维藻，译. 北京：商务印书馆，1982：31.

⑤ 马克伟. 土地大辞典[M]. 长春：长春出版社，1991：838～839.

⑥ 毕宝德. 土地经济学（第6版）[M]. 北京：中国人民大学出版社，2011：84.

2.3.2　建设用地集约利用的内涵与特点

土地集约利用的概念被引入非农土地，即建设用地（大部分研究的为城市建设用地）的研究中，迄今为止，国内外学者对于它的概念和内涵尚存在一定的争论。对于建设用地集约利用内涵基本达成的共识是：建设用地集约利用是指在一定面积的建设用地上，通过增加投入来提高产出效益的土地利用方式，其集约利用水平是动态的，是随着经济发展而不断提高的。[①]这一共识与土地集约利用的内涵认识基本一致。其分歧在于两方面：

分歧一：集约用地的效益表征是侧重于经济效益范畴，还是必须具备经济、社会、环境的综合效益范畴。丘金峰主编的《房地产法辞典》在解释城市土地利用集约程度时指出："城市土地利用的集约程度指单位面积城市土地上的投资和使用状况。"这里并不涉及社会效益和环境效益，强调的是通过技术、资金、劳动力等要素的投入实现城市土地的高效化，主要是一种投入产出关系。而赵鹏军等[②]（2001）、龚义等[③]（2002）、杨树海[④]（2007）认为，土地节约集约利用必须具备综合效益范畴。其中，龚义（2002）提出，城市具有多种社会、经济功能，土地集约利用不能简单地局限于经济投入和产出效益提高，还应综合体现社会、环境效益。杨树海提出，城市土地集约利用就是在一定的自然、经济、技术和社会条件下，在经济、社会、环境效益相协调的前提下，单位面积城市用地承载更多的人口和经济社会活动。我们认为，不宜将集约用地的概念泛化，否则，可能成为一项无所不包的大杂烩，其结果势必是难以确定一个公认的量化指标体系和标准。

分歧二：建设用地集约利用是褒义词还是中性词。大部分研究者

---

① 林坚，张沛，刘诗毅等. 论建设用地节约集约利用评价的技术体系与思路[J]. 中国土地科学，2009（4）：4～10.

② 赵鹏军，彭建. 城市土地高效集约化利用及其评价指标体系[J]. 资源科学，2001（5）：23～27.

③ 龚义，吴小平等. 城市土地集约利用内涵界定及评价指标体系设计[J]. 浙江国土资源，2002（1）：46～49.

④ 杨树海. 城市土地集约利用的内涵及其评价指标体系构建[J]. 经济问题探索，2007（1）：27～30.

将其定义为褒义词。为此，在对集约利用的内涵解释时，提出其需要满足一定的前提条件。林坚、陈祁晖等认为，城市土地集约利用是以符合城市规划、土地利用总体规划及相关法规为导向，通过增加对土地的投入，不断提高土地的利用效率和经济效益的一种开发经营模式。[①]国土资源部的《建设用地节约集约利用评价规程》指出，城市建设用地集约利用是以符合有关法规、政策、规划为导向，通过增加对土地的投入，不断提高城市土地利用效率和经济效益的一种开发经营模式。[②]刘卫东认为，"城市土地集约利用是指整个城市土地的最佳利用，它要求加强对城市土地开发利用的宏观控制，使整个城市建成区土地单位面积土地利用效益得到提高，能够使经济效益、社会效益和生态效益相互协调统一。[③]汪波等[④]（2005）、谢敏等[⑤]（2006）等认为，城市土地集约利用包括土地产出的高效化、城市土地合理布局与结构优化和城市土地效益的综合化（经济、社会、环境效益的综合），而且城市土地集约利用是一个动态的过程。其中，谢敏提出，城市土地集约利用是动态的、相对的概念，是指现期或可预见的社会经济及技术发展条件下，在城市土地所能利用的立体空间范围内，通过改善经营、优化用地模式等措施，在不增加城市土地总量的前提下，加大土地利用程度，提高土地利用效率，以相对增加城市用地面积，提高社会经济和生态环境综合效益的城市土地利用方式。然而，我们认为，建设用地的集约利用存在着一个合理的限度，过度的土地集约利用将可能造成城市社会效益与环境效益的下降，不利于城市与区域的可持续发展。建设用地集约利用和建设用地集约利用的目标是两个概念，否则就没

---

① 林坚，陈祁晖，晋璟瑶. 土地应该怎么用——城市土地集约利用的内涵与指标评价[J]. 中国土地，2004（11）：4～7.

② 中华人民共和国国土资源部. TD/T 1018-2008 建设用地节约集约利用评价规程[S]. 中华人民共和国土地管理行业标准，2008：1.

③ 刘卫东，袁华宝. 城市土地集约利用——房地产开发与经营策略的转变[J]. 同济大学学报（社会科学版），1999，10（2）：56～61.

④ 汪波，王伟华. 城市土地集约利用的内涵及对策研究[J]. 重庆大学学报（社会科学版），2005，11（5）：16～18.

⑤ 谢敏，郝晋珉，丁忠义等. 城市土地集约利用内涵及其评价指标体系研究[J]. 中国农业大学学报，2006，11（5）：117～120.

有必要来研究、确定建设用地利用的理想值了。

分析建设用地集约利用的内涵具有如下特点：

第一，建设用地集约利用与粗放利用相对，它是以提高土地的容积率为基本途径，通过用地结构的合理配置、要素（资本、技术、人力）投入的增加，来达到提高土地的利用效率、增加经济效益的目的，属于经济学范畴，是一种土地开发经营和利用管理模式。

第二，建设用地集约利用是一个动态发展的概念和过程。这种动态性表现为建设用地集约利用的水平会随着社会经济发展而不断变化。不同经济发展阶段，不同技术发展条件下其土地集约利用程度均不相同。一般说来，在建设用地的初次开发中，人口产业聚集的程度较低，对于土地的需求较低，集约利用的动力也较低，随着建设用地上的产业和人口聚集越来越密集，土地资源的稀缺性增加，带来使用土地的成本增加。为了获得利益的平衡，在建筑技术不断突破的前提下，容积率不断增加，建设用地向资本技术集约型转变。因此，土地集约利用应是我们不断追求的一个长远的目标。同时建设用地的外部性特点，也会造成建设用地的集约状况随着周围社会经济的发展和技术进步而改变。当交通、市政等城市基础发生变化时，以前属于过度利用的城市或区域有可能成为适度利用或低度利用的城市或区域。因此，建设用地利用最佳集约度不是一个僵化的和固定数量的概念。由于不同的城市发展目标、经济结构、经济发展水平等方面的差异性以及外部约束条件的不同，建设用地集约利用状态的差别性也是十分明显的。

第三，土地集约利用的区位性，主要表现在城市地域空间结构上集约利用程度的差异，如城市城区与边缘区集约度的不同。随着与城市中心距离的加大，集约度呈下降趋势。另外，不同用地用于不同的发展用途、不同的经济发展结构也会使得集约水平形成差异。例如，天津与上海、北京相比较，由于这三个城市的功能、经济发展水平具有比较明显的差别，因而在评定这三个城市土地集约利用的水平时，在注意到某些方面具有一定程度的可比性的同时，也应该注意到三个城市的差异性，不应该简单地用同样的指标、同样的合理值来确定土地是否达到了集约利用。研究土地集约利用，必须关注区位的研究。

第四，建设用地集约利用水平理想值的确定取决于人们的价值观，当一个城市以经济发展或者说追求经济产出的最大化时，土地集约利用的目标为土地集约利用水平的最大化；而当城市发展目标作了相应调整时，如时下不少城市把"山水城市""园林城市""生态城市"等作为城市发展的目标定位时，则城市土地集约利用的评价方法乃至评价标准则应是环境效益和社会效益约束下的土地集约效益最大化。我国建设用地的节约集约利用应以合理的用地结构与布局、符合相关规划及法规为前提，是社会、经济和生态效益的统一。

第五，建设用地集约利用具有整体性。与农用地不同，由于经济活动运行的系统性，也由于城市活动的高度聚集效益所致，个别地块、区域的建设活动与其他地块、区域的建设活动是密切关联的。因此，建设用地集约利用达到的程度以及所具有的开发潜力，往往不能以一宗地、一个街坊甚至是一个区域来评价，而应该从区域发展的整体角度来进行认识和评价。有时，一定区域的高强度开发或者说"过度利用"是以其他区域的低强度开发或者说低度利用为条件和前提的。这一点，在建设用地集约利用中观和微观层次的评价时要给予适当的关注。

第六，建设用地集约利用的直接性与间接性。由于建设用地外部性的特点，建设用地的集约性不仅可以来自集约要素的直接投入，也有可能形成于集约要素的间接投入。这里所谓集约要素直接投入，是指在城市土地利用过程中，直接投入劳动、资本以及技术等要素，以提高土地产出效益。具体可以分为：劳动型集约、资本型集约以及技术型集约。所谓集约要素间接投入，是指城市土地利用过程中，对某一土地的投入可间接增加其他土地的产出效益，从而达到与其他土地直接投入等同的效果。[①]这就要求人们在城市土地的利用过程中不仅要注重直接的要素投入，也要关注各种布局和比例，使得正外部性得

① 谢敏，郝晋珉，丁忠义等. 城市土地集约利用内涵及其评价指标体系研究[J]. 中国农业大学学报，2006，11（5）：117~120.

到充分发挥。

2.4　建设用地集约利用与节约利用概念辨析

从上面的分析可以看出，建设用地集约利用与节约利用之间存在既相互联系又互相独立的关系。建设用地节约利用与集约利用两个概念的出发点、推进措施、发展与变化等方面存在共性：首先，两个概念都是基于土地利用中出现的某些问题而提出的，如建设用地的粗放利用、土地资源闲置等。其次，两者在实施过程中采取的手段和措施相近，如调整土地利用结构与布局、科学合理地编制用地规划、明晰土地空间权利等。最后，两者都是动态发展的，在区域发展的不同阶段，各自对应不同的内涵层次。同时，两者的发展均依赖于一定的经济发展水平和科学技术水平。

建设用地集约利用与节约利用之间的区别在于，节约用地是针对节省土地的"用地量"而言的，侧重的是用地的效果；而集约利用关注的是土地利用效率和经济效率的提高，侧重的是土地利用的方式。建设用地节约利用与集约利用两个概念所属的层次、所追求的目标、实施前提等方面也存在差异：首先，两个概念所属层次存在差异。节约利用更多地体现为一种用地理念，即尽量减少建设用地；集约利用则更多地体现为一种用地行为，即集中投入资金、技术等生产要素，提高单位土地的产投比。其次，两者的追求目标存在差异，这也是其本质的差异。节约是针对浪费而言，集约是针对粗放而言。因此，在建设利用过程中，节约利用的目标体现在以减量化的土地资源投入产生尽可能多的经济、社会效益，获得土地资源利用的高效率；集约利用的目标体现为集中资本、劳动力等生产要素，使单位面积的城市土地产出最大。再次，两者的实施前提存在差异。节约利用以理性确定城市范围为前提，集约利用以城市土地结构和布局合理化为前提。[①]

---

① 黄继辉，张绍良等. 城市土地节约利用与集约利用概念辨析[J]. 国土资源导刊，2006（6）：17～19.

最后，集约用地重在提高存量用地的利用效率，建设用地节约利用重在增量土地的控制和利用上，关注的是降低土地资源消耗，尤其是新增建设用地消耗，主要反映在以较少的土地消耗创造尽可能多的效益。

建设用地集约利用与节约利用两者的联系在于，集约用地是节约用地的基础，在土地资源利用实践中，虽然集约用地不是节约用地的唯一手段，但土地资源利用集约化必然会因为提高土地利用效率相应减少了用地需求。

事实上，由于城市化发展阶段的不同，两者的相互关系也不尽相同。在城市化初级阶段，城市的发展主要依靠工业企业扩大再生产来吸引资本、劳动力的集聚，工业企业对土地的需求直接导致了城市规模的扩张。在这个阶段，由于城市的集聚效应以及土地区位因素的差异，在中心区的土地利用中人们已经开始了集约用地的尝试，但是受资金、技术的制约，集约利用并没有得到充分发展；同时，该阶段基本上不存在资源、环境的压力，人们节约用地的意识较为淡薄。因此可以说，城市土地节约利用和集约利用都是经济水平与科学技术发展到一定阶段的产物。

在城市化中级阶段，经济和科技的发展使得资本密集型、劳动密集型工业扮演主要角色，同时生产社会化程度的不断提高，促使第三产业迅速发展，吸引劳动力到此领域就业，服务业的选址一般处于较为繁华的地段。因此，城市在外延扩张的同时，开始了内涵的进展。此时，也是节约用地和集约用地共存的一个时期。但是两者有着各自的侧重点，集约利用侧重于城市内涵挖潜，节约利用则重点体现在控制城市扩张上，从潜在的层次来理解，集约利用仍然是反映了节约利用的一个方面。

在城市化的高级阶段，由于城市的职能更加复杂多样，第三产业发挥主要作用，并且城镇体系的形成也使得城市发展主要是进行内涵的挖潜，此时，对于城市土地来讲，节约利用和集约利用实际已经统一起来了，两者的主要内容都是从城市内部土地优化配置入手，达到城市土地利用的高效率和高产出水平。因此，土地利用的形式可表现为各种土地利用类型的层叠，即多功能的土地利用。

2.5 建设用地节约集约利用水平的测度指标

关于如何评价建设用地节约集约利用的水平，从我国已经颁布实施的《建设用地节约集约利用评价规程》（TD/T 1018-2008）、《开发区土地集约利用评价规程》（TD/T 1019-2010）、《开发区土地集约利用评价数据库标准》（TD/T 1020-2010）等三项行业标准，可以看出节约集约利用的评价，在宏观、中观、微观等不同的层面其评价的测度指标和标准也不同，但这些指标和标准中并没有明确地区分出哪些是针对节约的评价指标，哪些是针对集约的评价指标，按照我们上面对土地节约和集约的认识，我们试着从已有的指标中区分出衡量节约和集约水平的关键评价指标。

2.5.1 建设用地节约利用的指标

指标 1 城乡建设用地人口密度：是指基准年的总人口规模与城乡建设用地总面积的比值，计量单位为人/平方公里。

指标 2 单位人口增长消耗新增城乡建设用地量：是指基准年的新增城乡建设用地量与人口增长量的比值。

指标 3 单位地区生产总值耗地下降率：是指基准年前一年的单位地区生产总值耗地与基准年的单位地区生产总值耗地的差值占基准年前一年单位地区生产总值耗地的比率。

指标 4 土地利用率：直接反映土地利用程度的高低，与土地闲置率互为逆指标，在理想的利用条件下，该指标的值应为1，若小于1，则意味着土地存在闲置情况，土地节约利用程度较低。

以上4个指标中，指标1是反映一个区域节约用地状况的核心指标，而指标2和3则反映了基准年后区域节约用地工作的成效。

2.5.2 建设用地集约利用的指标

对建设用地集约利用评价的指标可以从两个方面来考察：集约利用的水平和集约利用的合理度。

2.5.2.1　对建设用地集约利用的水平评价

根据前面的认识，既然土地集约利用就是增加在土地上的投入，以获得更多产出的土地开发经营方式，对其评价可以从对土地投入和土地产出效益两个角度来测度。

（1）土地利用投入指数

土地利用投入反映的是建设用地的开发利用状况，可以选用以下指标：

建设用地地均固定资产投资：是指基准年的固定资产投资与建设用地总面积的比值，反映土地的经济投入情况，其值越大，表明经济投入量越大，集约利用程度一般也越高。

单位面积建设资金投入：建设资金投入与建设用地面积的比值，其值越大，表明对建设用地的直接投入越大，一般对土地的集约利用程度也就越高。

单位面积就业人数：从业人数和建设用地面积的比值，反映了单位面积土地人力资源的投入情况，其值越大，集约利用程度一般也越高。

单位面积基础设施投入：年末基础设施投入与建设用地面积之比，地均基础设施投入的大小反映了一个地区对建设用地利用过程中基础建设的投入状况，其值越大，一般建设用地集约利用程度越高。

（2）土地利用产出指数

土地利用产出反映的是土地在利用过程中的经济、社会收益情况，直接体现了建设用地利用的状况，主要有以下指标：

人口密度：人口和土地面积的比值。单位土地容纳的人数越多，土地利用集约度越高，直接反映了单位面积的社会效率。

人均建设用地：建设用地面积和人口的比值，间接反映了土地利用的经济和社会效益。

容积率：房屋建筑面积与房屋建筑占地面积的比值，其值越大，建设用地的集约利用水平越高，间接反映土地利用的经济和社会效益。

单位面积生产总值：国内生产总值和建设用地面积比值，反映的是单位面积建设用地的经济效益，其值越大，代表单位面积建设用地经济效益的集约化程度越高。

单位面积工业产值：工业总产值和建设用地面积比值，主要反映建设用地工业聚集程度。工业聚集程度越高，经济效益越明显，能够从一定程度反映出建设用地集约利用程度。

单位面积商品零售额：社会消费品零售总额与建设用地面积比值。通过单位面积商品零售额能够反映商业聚集化程度，其值越大，表明建设用地的集约度越高。

2.5.2.2　土地利用合理度指数

土地的集约利用不是片面的追求经济、社会效益，还需要协同环境效益，合理配置土地资源，实现土地利用的可持续发展，为此，还需要考虑土地集约利用的水平是否合理、能否保证区域的可持续发展。

土地利用结构合理度：主要是用于判断用地结构与区域（或城市）性质是否协调，交通、居住、绿化、工业等用地间的结构是否合理。

土地利用布局合理度：对这一值的评价一般将现状与已经批复的城乡规划进行匹配，评价的前提是假定已经批复的城乡规划是合理的，其理想值为 1。

土地后备资源供应量：闲置地和未来通过土地的整理可以作为建设用地的土地，反映土地可持续利用程度的大小，其值越大，可持续利用程度越高。

第3章 土地市场竞争中的建设用地节约集约利用机理

供给和需求是经济思想中两个关键的概念。经济学中，对任何资源配置的研究都离不开最基本的分析方法——供给需求分析法。建设用地的节约集约利用问题归根结底也是一定土地供求环境下的资源配置问题。建设用地作为一种特殊的生产要素，因其特殊的性质，导致其供给和需求与其他生产要素的供求情况有差异，尤其是供给方面，建设用地与其他的商品和劳务的供给特性截然不同，因此，本章将首先讨论建设用地供给与需求的特点，然后分析由土地供应和需求决定的地租、土地价格与建设用地节约集约的关系，分析建设用地市场在土地市场中的地位和作用。

3.1 建设用地的供给

3.1.1 土地供给的含义与类型

"土地是地球上的一个特定的部分,是各种自然因子和经济因子的总和","土地包括未受人类活动影响而早就存在和受到了人类活动影响的土地","是一个'经济—自然'概念"。①土地的概念具有丰富的内涵。学者达成的较一致观点认为：土地是地球陆地表层部分的总体,它是由地貌、土壤、植被、地表水、浅层地下水、表层岩矿和作用于

---

① 于光远. 土地的定义[J]. 中国土地科学, 1994, 8 (5): 20～23.

地表的气候条件所组成的综合体，是自然历史的产物。[①]

经济学意义上的供给是指生产者（企业）在某一特定时期内，在每一价格水平时愿意而且能够供应的某种商品量，它是供给欲望与供给能力的统一。[②]土地供给是指地球所能提供给社会利用的各种生产和生活用地的数量。由于土地兼有自然和社会经济双重属性，土地的供给通常包括自然供给和经济供给两种。

3.1.1.1　土地的自然供给

土地的自然供给是自然实际提供的各种土地的数量，因此，土地的自然供给又称为土地的物理供给或实质供给，它是指地球供给人类可利用的土地的数量，这个数量包括已利用的土地资源和未来可利用的土地资源，即后备土地资源。由于土地的自然供给就某个地区或某个国家是相对稳定的，所以土地的自然供给是无弹性的固定供给，表现为垂直状 SS 供给曲线，如图 3-1 所示。[③]

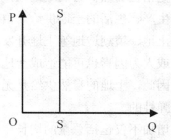

图 3-1　土地自然供给曲线

当然，土地的自然供给也非绝对毫无变化。例如，很多沿海国家和地区由于陆地资源匮乏，先后进行过填海造地工程，以增加发展空间。荷兰国土面积的 1/4（约 7000 平方公里）土地是依靠填海造地所得。在过去的 100 多年中，日本一共从海洋索取了 12 万平方公里的土地。花园岛国新加坡在过去的几十年里一直与海争地，已经填海造地100 多平方公里，相当于中国澳门面积的 4 倍，被誉为"世界上最壮

① 陈百明. 土地资源学概论[M]. 北京：中国环境科学出版社，1996：4～7.

② 高鸿业，吴易风. 现代西方经济学（下册）[M]. 北京：经济科学出版社，1990：10.

③ 毕宝德. 土地经济学[M]. 北京：中国人民大学出版社，2001：46～52.

观的机场"之一的樟宜机场、裕廊镇工业区等地都是填海而建，近 10 年来，中国也因围海造地失去了近 50%的湿地。[①]然而，这种变化相对于世界全部陆地来说，其所占的比例微不足道，而且随着人们对填海造地工程所带来的对海洋生态的严重影响和破坏，填海造地工程陆续放缓甚至放弃，故将土地的自然供给认为完全无弹性也没有实际上的不合理。

土地的自然供给属于资源范畴，其供给量的多寡与生产技术水平密切相关，主要受下列因素的制约：（1）适宜于人类生产生活的气候条件；（2）适宜于植物生长的土壤质地和气候条件；（3）具有可资利用的淡水资源；（4）具有可供人类利用的生产资源量；（5）具有一定的交通条件。[②]

3.1.1.2　土地的经济供给

土地的经济供给是指在自然供给的基础上，投入劳动开发以后，成为人类可直接用于生产、生活的土地供给。由于人们可以通过开垦荒地、开发利用闲置土地、填湖造地等土地开发活动来增加土地使用数量；同时自然灾害或人为因素也可能造成土地经济供给量的减少，如草原退化成沙漠，因此，土地的自然供给是无弹性的，但土地的经济供给是变化的、有弹性的。

土地经济供给的增加不仅包括总量的增长，更重要的是包括因用途转换而导致的土地利用结构的变化。新土地的开发、用地结构的调整等活动都会影响土地的经济供给，并且因各种土地使用目的的不同而使得其弹性存在较大的差异。例如，农业生产用地因受自然条件的限制较多，主要利用土地的肥力，单位面积所能产生的收益不高，其供给弹性较小，尤其是特种作物的栽培地，其供给弹性则更小；而建设用地主要利用土地的承载力，只要区位合适，大多数的土地都可供建设使用，经济供给弹性则较大。土地经济供给曲线如图 3-2 所示。

① 姜雅．"鱼"和"熊掌"难两全——填海造地国际经验与启示[N]．中国国土资源报，2013-09-06（7）．

② 张红．房地产经济学[M]．北京：清华大学出版社，2005：75．

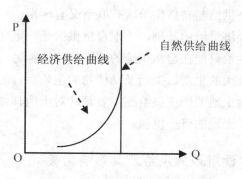

图 3-2　土地经济供给曲线

土地的经济供给还因时间长短的差异而表现出对价格反映的差异。在价格变化的瞬间，由于土地经济供给来不及随地价变化而变化，这时土地经济供给不变，供给曲线呈垂直状；而在价格变化的短期内，土地所有者或开发者只能在固定的机械设备和不变成本（如土地契约费用、折旧费、管理人员的工资、保险费等）之下，通过增加工人人数，提高机械工作台班次数等短期能够实现的因素来从事土地开发建设，或把后备可利用的土地投入市场，在这一时间内的土地供给的弹性较小；在长期，当地价变化时，土地所有者或开发者能够通过改变所有生产要素的组合来增加或减少土地供给的数量，土地经济供给曲线呈平缓变化状况，如图 3-3 所示。

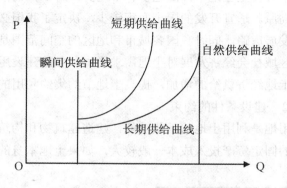

图 3-3　土地的瞬间、短期和长期经济供给曲线

土地的经济供给与自然供给既有联系又有区别。一方面，土地自然供给是土地经济供给的基础，土地自然供给是一定区域内经济供给的上限，经济供给只能在自然供给的范围内变动。另一方面，土地自然供给是针对人类的生产、生活及动植物的生长而言的，强调的是土地的资源性，而土地的经济供给则主要是针对土地具体的不同用途而言的，更侧重于土地的资产价值。

3.1.2　建设用地的供给及其影响因素

建设用地供给主要为城市、村镇居民生活用地，以及第二和第三产业的生产提供场所，是土地利用的一种用地类型，属于土地经济供给中的一部分。建设用地的供给主要受土地自然供给量、建设条件、技术发展水平、农业发展水平和政策因素的影响。

3.1.2.1　土地自然供给量的约束

建设用地是在土地自然供给的基础上，通过克服自然条件约束，提高土地利用技术，综合各项土地利用的机会成本而得到的。因此，城市和区域适宜建设用途的土地自然供给从根本上限定了该用途土地经济供给的变化范围，它是建设用地供给的基础和前提。

我国陆地国土空间面积广大，居世界第三位，但按人均占土地资源论，在面积位居世界前 12 位的国家中，中国居第 11 位。[①]而且在中国 960 万平方公里土地中，山地多、平地少，约 60% 的陆地国土空间为山地和高原。适宜开发的国土面积较少，决定了我国必须走土地节约集约的发展道路。同时我国各城市和地区的空间范围是一定的，随着城市与区域社会经济发展对土地需求增加，各地建设用地的供给只能依赖于土地经济供给的增加，提高土地节约集约利用的水平。

3.1.2.2　建设条件的约束

建设用地是利用土地的承载功能，建造建筑物和构筑物，同时建设用地上的固定资产投入成本一般较大，如果土地本身的自然条件较

---

① 自然资源[EB/OL]．[2005-07-27]. http://www.gov.cn/test/2005-07/27/content_17405. htm.

差，不能够满足社会经济发展所需要的基本条件，或者是建设成本太高，则难以被作为建设用地。例如，位于经常发生自然灾害的位置或本身地质条件较差，容易引发各种自然灾害，造成重大经济和生命损失。我国地貌类型众多，某些地区地质灾害频发。2012 年，全国共发生各类地质灾害 14322 起，其中滑坡 10888 起、崩塌 2088 起、泥石流922 起、地面塌陷 347 起、地裂缝 55 处、地面沉降 22 起。造成 292人死亡、83 人失踪、259 人受伤，造成直接经济损失 52.8 亿元。[①] 因此，基于技术经济水平的考虑，建设用地对自然条件的要求与非建设用地有所差别，除了水文、气候、地形、植被，以及地上地下的自然资源等组成自然环境的一般要素外，对工程地质、水文地质、地貌条件等自然条件的要求往往更加严格。

建设用地上的各项工程建设都由工程地质环境来承载。工程地质条件的好坏直接影响到建筑物的稳定性和工程造价，各种地表物质的承载力不同，各种建筑物对地基承载力的要求也不尽相同，如表 3-1所示。地基承载力过低的土地，如冲沟发育地带、容易产生滑坡与崩塌的地带、地震活动断裂带的地区（特别是断裂带的弯曲突出处和两端或断裂带的交叉处）等存在潜在地质灾害的土地，一般不适宜作为建设用地。

表 3-1 自然地基类别与建筑物承载力

类别	碎石（中密）	杂石（中密）	黏土（固态）	粗砂中砂（中密）	细砂（稍湿）（中密）	细砂（很湿）（中密）	大孔土	沿海地区淤泥	泥炭
承载力（t/m²）	40～70	30～50	25～50	24～34	16～22	12～16	15～25	4～10	1～5

资料来源：吴志强，李德华. 城市规划原理[M]. 北京：中国建筑工业出版社，2010：188.

地貌的几何形态和空间性能不仅制约用地布局，而且关乎工程难

---

① 中国国土资源部：2012 中国国土资源公报. [EB/OL].[2013-04-20]. http:// www.gov.cn/gzdt/2013-04/20/content_2382978.htm.

易程度。如地面坡度制约工程建设的工程量和费用。一般来说，地面坡度越大，平整土地所耗费的人力、勿力越多，同时，交通运输也就越不方便。同样，地表过于破碎，切割密度过大，也会扩大用地的相对高差，从而增加工程的建设量和费用。因此，各类建设用地存在一个适宜规划坡度，影响建设用地的供给，具体如表3-2所示。

表3-2　城市主要建设用地适宜坡度

用地名称	最小坡度（%）	最大坡度（%）
工业用地	0.2	10
仓储用地	0.2	10
铁路用地	0	2
港口用地	0.2	5
城市道路用地	0.2	8
居住用地	0.2	25
公共设施用地	0.2	20

资料来源：吴志强，李德华. 城市规划原理[M]. 北京：中国建筑工业出版社，2010：201.

3.1.2.3　农业发展水平的影响

根据中华人民共和国质量监督检验检疫总局和中国国家标准化管理委员会于 2007 年 9 月联合发布的《土地利用现状分类》（GB/T 20101-2007）[①]，我国土地按其用途可分为农用地、建设用地和未利用地。由土地自然供给所决定的土地既可以被用作为农用地，也可以被用作为建设用地。农用地的需求取决于农业发展的水平，单位用地的农业产量上升，一定量的产量需求下，所需要的农用地量下降，就可以有更多的用地被转化为建设用地，这是建设用地增量扩张的来源之一。

3.1.2.4　利用土地的知识和技术水平

从长远、发展的眼光看，任何土地都是有利用价值的，限于对土

---

① 中华人民共和国质量监督检验检疫总局和中国国家标准化管理委员会. GB/T 21010-2007 土地利用现状分类 [S]. 北京：中国标准出版社，2007.

地认识和科学技术的局限性，许多土地资源在当前还不能够被利用或不能够被更充分地利用。但是随着人类利用土地知识和技能的逐步提高，使得许多原来不适宜、不可能被作为建设用地的土地，或者利用效益不高的建设用地，可以被开发利用或变为效益较高的建设用地，从而增加建设用地的经济供给。例如，沿海地区通过科学围填海造地增加可利用的建设用地，利用现代技术对戈壁、荒滩和沙漠等未利用地开发利用。随着科学技术水平的不断发展，人类利用土地能力的不断提高，未利用土地转化为农用土地和建设用地的可能性越来越大。而随着建筑技术的发展，地上地下开发的可能性加大，对土地开发利用的程度也逐步提升。同时，技术发展还能提供替代品，从而减少对某些土地资源的需求，亦相对增加土地的经济供给。

3.1.2.5　制度因素的影响

除了上述自然和经济因素外，制度因素同样影响土地资源的供给，这些制度因素包括政府、法律、公共舆论和财产权的概念。例如，法律往往会限制一些人控制、开发和使用土地资源从事建设开发的机会，同时，城市总体规划、土地利用规划、区划条例和建筑法规被用来控制某些土地向新的用途转移，引导未来土地的开发。

3.2　建设用地的需求分析

3.2.1　建设用地需求的含义、类型与特征

3.2.1.1　建设用地需求的含义与类型

土地需求是人类为了生存和发展利用土地进行各种生产和消费活动的需求。从经济学意义上讲，土地需求是指投资者或开发者在一定价格条件下愿意购买且具有支付能力的土地数量。对于土地的需求可以分为对土地自身的需求和将土地作为生产要素时的派生需求两种。

对土地自身的需求即将土地视为一般产品，其需求曲线符合常规的产品需求量与其价格变化成负相关的需求规律，如图 3-4 所示。然而，建设用地由于是把土地作为生产基地和生活场所，因此，建设用

地的需求是一种引致需求或者说是一种派生需求，是由于对土地上产品的需求产生的需求。

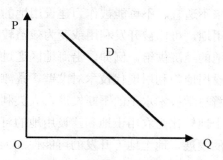

图 3-4 土地作为一般产品的需求曲线

在西方经济学中，生产要素市场的需求函数依据生产函数关系导出，生产者或投资者为了使利润最大化，生产者对要素的需求量取决于生产要素的边际产品，即遵循边际产品价值等于边际要素成本的原则。假设只有土地一种可变要素的情况下，生产者对土地的要素曲线就是土地的边际产品价值曲线（即 VMP 曲线）或边际收益产品曲线（即 MRP 曲线），如图 3-5 所示。在其他条件不变的情况下，地价上涨，人们对土地的需求将会减少；反之，地价降低，人们对土地的需求量会相应增多。

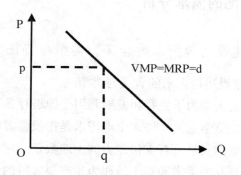

图 3-5 土地作为生产要素的需求曲线

土地是社会经济活动中不可缺少的生产要素之一，是重要的资源和资产。土地资源的有限性和稀缺性，使得土地特别是建设用地的供给呈弱弹性，土地投资的外溢性，使得土地容易成为投机者的追逐对象。当土地作为投资性或投机性产品出现时，尽管这是对土地自身的需求，但购买土地的目的是为了"囤积居奇"，土地需求曲线与土地价格会呈现正相关关系，造成土地资源的浪费，如图 3-6 所示。

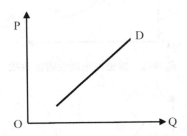

图 3-6　建设用地作为投机性或投机性产品时的需求曲线

现实中，建设用地的需求往往两者兼有，因此，建设用地的需求可以分为三种：作为生产要素的土地需求、作为投资的土地需求和混合性土地需求。

土地需求弹性是指地租的相对变化量与由地租变化引起的土地需求量的相对变化量的比率。用 E 表示需求弹性的数值，用公式表示为：

$$E=\frac{Q_2-Q_1}{Q_1}\left/\frac{P_2-P_1}{P_1}\right.$$

建设用地需求按照需求弹性的大小可以分为刚性需求和弹性需求。刚性需求是指商品供求关系中受价格影响较小的需求，这些商品一般指日常生活用品、家用耐耗品等，对建设用地的刚性需求主要指由于经济发展和人民生活所必须占用土地的需求，是不受价格因素影响的。建设用地刚性需求的弹性小，对地价的涨跌甚少引起反应，因此反映在需求曲线上时，需求曲线坡度较陡，如图 3-7 所示。与此相对应的弹性需求是指当产品或服务的价格有所变动时，市场对该产品或服务的需求也发生明显变动的状况。当人们将土地或房地产当作投资品，对土地需求就会发生明显的变化，如 3-8 所示。从促进建设用地节约集约的角度，降低这类建设用地需求最有效的办法是发挥价格杠杆作用。

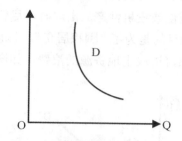

图 3-7 建设用地刚性需求曲线

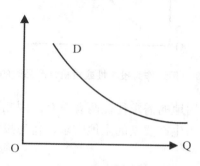

图 3-8 建设用地弹性需求曲线

3.2.1.2 建设用地需求的特点

建设用地需求的一个重要特点是土地需求是一种引致需求，或者说是一种派生需求。此外，建设用地的需求还具有以下特点：

（1）建设用地需求的地域性。由于房地产空间具有不可移动性和不动产的特性，这就决定了建设用地需求具有地区性强的特点，建设用地市场基本上是一个地方市场。因此，不同地区由于社会经济发展水平不同，土地市场产生和发展的动力也不完全相同，因而也就引起不同地区土地市场"冷热"不均衡的状况。

（2）建设用地需求的多样性。对建设用地的需求多种多样，既包括生产型、消费型和投资型用地需求，也涉及居住用地、商业用地、工业用地等各类用地的需求，因此，对于建设用地的需求不仅表现在总量上，还表现在结构上。

3.2.2　建设用地需求的动力机制与影响因子

建设用地是城乡存在和发展的基础，是发挥社会功能和从事经济活动的载体。对建设用地的需求来自对新的活动空间以及更多产品和服务的需求。城乡经济发展主要表现在人口和经济活动总量以及结构的变化，对建设用地的需求也主要包括这两个方面：一方面是人口增长和经济扩张对建设用地需求总量的增加；另一方面是社会经济发展和产业结构变化导致建设用地需求结构的变化。[①]图 3-9 显示了城乡社会经济发展对土地需求的机理和因子。同时，国家政策的变化和技术进步也直接影响建设用地需求的变化。因此，建设用地需求是受社会、经济、技术、政策等多方面因素共同作用的结果。

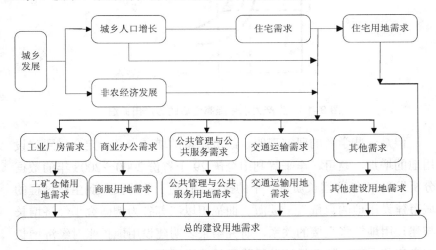

图 3-9　建设用地需求机理

3.2.2.1　经济发展

（1）经济总量

经济发展包括经济总量的增加和经济结构的调整。经济总量、投资规模和发展速度直接决定了建设用地的需求数量。如图 3-9 所示，经济的发展必然会带来对于工业厂房、商业办公、公共管理与公共服

---

① 张凤和. 城市土地需求的四大决定因素[J]. 中国房地产，2003（4）：26～28.

务设施需求的增加，进而带来对于建设用地规模的增加。经济的发展要以一定的要素投入为前提条件。如果将生产要素分为土地资源和非土地资源两类，土地资源和非土地资源按照一定比例投入组合之后就形成该经济水平下的产出。

图 3-10 表明在非土地资源投入一定的情况下，当等产量曲线由 L_1 上升到 L_2 时，单位产出产品数由 A 单位增加到了 C 单位，土地资源则需由 B_1 单位增加到 B_2 单位。

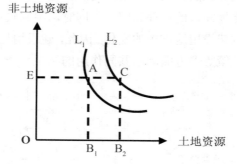

图 3-10　生产力水平提高之后的等产出曲线

但是一些学者的研究表明，经济总量的增加未必一定会导致建设用地的增加。赵可、李平等利用全国 29 个省份 2000～2008 年的数据分析发现："经济增长质量水平的提高，有利于节约投入到生产过程的城市建设用地的数量"。[1]姜海、曲福田以江苏省为例研究了经济增长与建设用地扩张直接的关系，研究结果表明建设用地扩张对经济增长的影响和贡献率随着经济发展阶段的演进逐渐减小，同时经济增长方式越集约，经济增长所驱动的建设用地扩张规模越小。[2]

（2）产业结构

相同经济总量下，不同的产业类型所需土地的面积也不相同。一般来说，第三产业，比如商业服务业、金融保险业、信息和科技产业，

---

[1] 赵可，李平，张安录. 经济增长质量对城市建设用地扩张的影响分析——基于全要素生产率视角[J]. 华中农业大学学报，2012（2）：53～57.

[2] 姜海，曲福田. 不同经济发展阶段建设用地扩张对经济增长的贡献与响应[J]. 中国人口·资源与环境，2009，19（1）：70～75.

具有发展空间小、可立体发展等特点，相对于需要厂房和机械设备的
第二产业，所需的土地面积较小。

　　不同类型的制造业，占地面积也有所不同。从图 3-11 可以看出：
对于烟草制造业、纺织业、娱乐用品制造业等轻工业，上海市规定的
容积率①相对较高；而石油加工、炼焦和燃料加工业、铁路船舶、航
空航天和其他运输设备制造业等重工业，其要求的容积率相对较低。
这既是上海市政府促进产业用地集约利用的举措，也是不同产业自身
特点决定的结果。

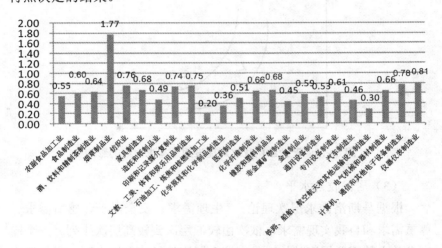

图 3-11　上海市部分制造业容积率示意图

　　资料来源：上海市经济信息化委等. 关于印发《上海产业用地指南（2012 版）》
的通知（沪经信区〔2012〕939 号）[EB/OL]. http://www.shanghai.gov.cn/
shanghai/node2314/node2319/node12344/u26ai34241.html.

　　目前，在世界范围内产业结构变化的总体趋势是第三产业的增加
值和就业人数占国民生产总值和全部劳动力的比重均呈上升趋势。与

---

　　① 容积率是指某一基地范围内，地面以上各类建筑的建筑面积总和与基地面积的比值。它表
达的是具体"宗地"内或一定面积内单位土地面积上允许的建筑容量。计算公式为：容积率=地
上总建筑面积÷可建设用地面积。

传统服务业相比，现代服务业能够在非常集约的空间内汇聚可观的人才、资金、信息，产生非常明显的财富效应与节地效应。改革开放以来，我国第三产业产值结构占 GDP 的比重大幅上升，1978 年该比重仅为 23.9%，在三次产业中最低；到 2011 年，第三产业的产值比重上升到 43.4%。[①]在产业结构优化的情况下，一般相同量的土地利用上产出增加，土地的需求曲线下移，如图 3-12 所示。

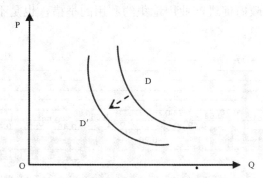

图 3-12　产业结构优化对建设用地需求曲线的影响

（3）居民收入水平

根据马斯洛需求层次理论，[②]生理需求、安全需求、感情需求、尊重需求和自我实现需求，依次由较低层次到较高层次排列。一个国家多数人的需要层次结构，是同这个国家的经济发展水平、科技发展水平、文化和人民受教育程度直接相关的。随着经济的发展，人们收入水平的提高，居民的生活方式、价值观念也在发生变化，居民的需求层次逐渐提高，对改善生活品质的要求不断提升，必然增加对道路广场用地、绿地等公共设施用地的需求。新设施的增加，居住条件、商业、文化和娱乐设施条件的改善都会引起对建设用地需求的增加，从而使建设用地的需求曲线从 D_0 向 D_1 移动，如图 3-13 所示。

---

① 国家统计局. 中国统计年鉴[DB/OL]. http://www.stats.gov.cn/tjsj/ndsj/.
② 亚伯拉罕·马斯洛著. 动机与人格（第三版）[M]. 许金声等，译. 北京：中国人民大学出版社，2007.

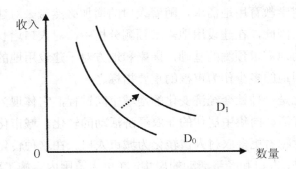

图 3-13　居民收入变化对建设用地需求曲线的影响

改革开放以来，我国城镇居民人均住房面积从 1978 年的 6.7 平方米增加到 2008 年的 28.3 平方米。图 3-14 显示，2003 年以来，我国城市人均可支配收入与市辖区建设用地面积基本保持相同的变化趋势，证实了居民收入变化与建设用地需求的正相关关系。

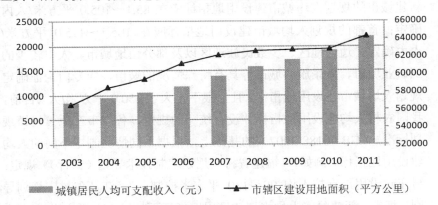

图 3-14　2003～2011 年我国城市人均可支配收入和市辖区建设用地面积

资料来源：国家统计局．中国统计年鉴[DB/OL]．http://www.stats.gov.cn/tjsj/ndsj/．

3.2.2.2　人口与城市化水平

建设用地是用来满足人类对空间效用追求的，人口规模的扩大不仅带动住宅用地需求，还增加娱乐休闲用地、交通设施用地、商贸服务用地及科学教育用地需求，随着人口的增加必然带来对建设用地的更大需求。因此，在建设用地需求预测分析中，对人口增长的预测一般是建设用地需求预测的基础，国家和地方对于建设用地的审批也把人均建设用地的多少作为审核的重要指标之一。

城市化是一种社会经济变化的地域空间过程，它体现为分散居住的农业经济活动向集中居住的非农经济活动的转化。城市化水平的不断提高，意味着更多农村人口转化为城市人口。在这种转化过程中，从理论上讲，人口和经济活动的聚集，在更大范围内实施了要素配置，使众多社会公共管理和公共服务设施获得聚集效应和规模经济效应，因而具有更高的资源配置效率，减少了对建设用地的需求。因此，就平均水平而言，一个农民所占用的建设用地会大于一个城市居民所占用的建设用地。根据中华人民共和国住房和城乡建设部 2010 年 12 月 24 日发布的《城市用地分类与规划建设用地标准》（GB 50137-2011），新建城市的规划人均城市建设用地指标应在 85.1～105.0 平方米/人内确定；首都的规划人均城市建设用地指标应在 105.1～115.0 平方米/人内确定；边远地区、少数民族地区以及部分山地城市、人口较少的工矿业城市、风景旅游城市等具有特殊情况的城市，应专门论证确定规划人均城市建设用地指标，且上限不得大于 150.0 平方米/人。目前，我国农村人均建设用地指标并没有统一的规定，各省市在原《村镇规划标准》（GB 50188-2007）的基础上，根据不同情况制定不同的人均建设用地指标。例如，《福建省村庄规划编制技术导则（试行）》规定：村庄建设用地宜按人均 90～130 平方米控制；[①]《江苏省村庄规划导则》规定：新建村庄人均规划建设用地指标不超过 130 平方米；[②]《山西省村庄建设规划编制导则》规定：山区或丘陵地区的村庄人均规划建设用地指标 130～150 平方米，平原地区的村庄人均规划建设用地指

---

① 福建省建设厅．福建省村庄规划编制技术导则[EB/OL]．[2007-07-25]. http://www.zzghj. gov.cn/news.aspx?NewsID=124.

② 江苏省建设厅．江苏省村庄规划导则[EB/OL]．（2004-8-1）[2008-6-11]. http://www. jscin.gov.cn./web/ showinfo/showinfo.aspx?InfoID=54c0a033-0ac7-4996-9a3a-25ae3749a789.

标 120～140 平方米。[①]显然，我国城市建设用地增量和农村建设用地的减量之间存在着后者大于前者的置换关系，从理论上讲，城市化有利于建设用地的节约和集约利用。然而，如果乡村人口转移并未与农村居民点用地缩减相挂钩，形成"两栖"占地、"一户多宅"现象，则会带来建设用地需求的增加，并出现大量的闲置居住用地。

3.2.2.3 技术进步

技术进步是把一种从来没有过的关于生产要素和生产条件的"新组合"引入生产体系，这既代表了新技术的产生，同时也意味着更高的效率和价值。技术进步也是影响建设用地需求的重要因素之一，从总体来说，一方面，技术进步通过建筑技术的提高，使地上、地表、地下三维空间范围内的开发力度不断加大，提高了土地的利用率，在一定程度上减少了城镇建设对土地的需求；另一方面，技术进步所带来的高效率，经济增长更多地依靠技术进步而不是资源投入，对建设用地的需求逐渐降低。[②]如图 3-15 所示，技术水平的进步和技术投入的增加，将会减少对建设用地的需求，需求曲线将会向左下方移动。

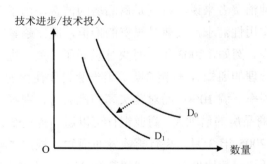

图 3-15 技术进步对需求曲线的影响

3.2.2.4 政策因素

对土地的调控中，除了对土地的供应采取政策外，一些国家和地

---

① 江苏省建设厅. 山西省村庄建设规划编制导则 [EB/OL]. （2005-5-8）[2008-4-10]. http://www.sxjs.gov.cn/ Article/DepartRead.aspx?CateLogId=99&&RefId=1878.

② 姜海, 夏燕榕, 曲福田. 建设用地扩张对经济增长的贡献及其区域差异研究[J]. 中国土地科学, 2009, 23 （8）: 4～8.

区还采取一些措施来调控不合理的土地需求，以促进土地节约集约利用。对土地需求的调控目前主要的手段是税收和信贷政策。税收和信贷政策主要通过影响土地开发投资利润的大小来影响土地的需求。杜新波的研究表明利用土地税费来调节社会总需求是西方国家调控经济最普遍的方式。[①]

对开发商来说，当税收增加时，土地利用的成本加大，开发商的利润就会降低，对土地的需求也会随之降低。而房地产开发商大部分从金融机构借贷来完成土地的开发经营，贷款利率上升，贷款额度减少，投资者的借贷成本增加，自然就会缩小开发规模，其对土地的需求量就会减少。目前对抑制土地需求影响较大、使用较多的税收种类有：土地闲置税、土地财产税和土地增值税。土地闲置会造成社会福利损失，土地闲置税的征收会降低对土地的需求，国土资源部于 1995 年颁布了《闲置土地处置办法》，但是由于很多地方对闲置土地的处置都没有给予足够的重视，土地闲置费也征收不到位，没有达到抑制土地需求的目的。

对于土地消费者来说，特别是商品房的消费，由于商品房既可以满足人们的实用性需求，又兼具投资的价值，国家趋紧的信贷政策将促其需求减少。例如，2003 年 6 月央行发布了《关于进一步加强房地产信贷业务管理的通知》，规定"购买第一套自住住房的，首付比例最低为 2 成，利率下调 10%；而对购买高档商品房、别墅或第二套以上（含第二套）商品房的借款人，商业银行可以适当提高个人住房贷款首付款比例"。2005 年 3 月，央行再次发布通知，规定"部分城市个人住房贷款最低首付款比例可由 2 成提高到 3 成"。[②] 由图 3-16 可以看出，在 2005 年无论是住房用地总和还是普通商品住房都降到一个低点。但之后的两年，住宅用地有显著上升趋势，2007 年 9 月央行颁布新规定：对于利用贷款购买住房、又申请购买第二套（含）以上住房

---

① 杜新波. 土地参与宏观调控的政策与手段分析[EB/OL]. http://www.tianyabook. com/jingji/0824035.htm.

② 2005 年中国人民银行发布《关于调整商业银行住房信贷政策和超额准备金存款利率的通知》。

的，贷款首付款比例不得低于 40%。因此在 2008 年各类住房用地均大幅降低，高档住房用地仅为 6.62 公顷。2008 年 10 月及 12 月中国人民银行[1]、财政部[2]和国务院办公厅[3]分别采取措施刺激房地产市场。因此在随后的两年间普通商品住房面积和住宅用地面积均迅速攀升。

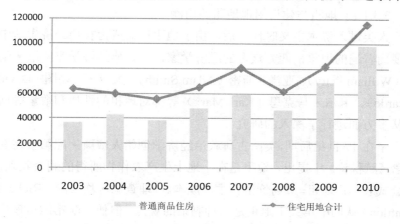

图 3-16　2003～2010 年各类住宅用地变化情况（单位：公顷）

资料来源：国土资源部.中国国土资源统计年鉴[M].北京：地质出版社，2004～2012.

注：2009 年之前《中国国土资源年鉴》中住房用地分类为：普通商品住房、经济适用住房、高档住房、其他住房；2010 年及其之后分类为：普通商品住房、经济适用住房、高档住房、廉租住房。

---

① 2008 年 10 月 27 日中国人民银行：商业性个人住房贷款利率下限扩大为贷款基准利率的 0.7 倍，最低首付款比例调整为 20%。央行同时宣布下调个人住房公积金贷款利率。

② 财政部宣布暂免征收购房印花税，并将契税下调至 1%。

③ 2008 年 12 月 21 日国务院办公厅发布的《关于促进房地产市场健康发展的若干意见》（业内称"国办 13 条"）加大对自住型和改善型住房消费的信贷支持力度。对已贷款购买一套住房，但人均住房面积低于当地平均水平，再申请贷款购买第二套用于改善居住条件的普通自住房的居民，可比照执行首次贷款购买普通自住房的优惠政策。

3.3   建设用地的地租与价格

3.3.1   地租与建设用地的地租

3.3.1.1   地租与建设用地地租的内涵

人类进入资本主义时代以后，由于地租日益成为社会经济生活中重要而普遍的现象，西方众多的经济学家，如古典经济学家威廉·配第（William Petty）、亚当·斯密（Adam Smith）、大卫·李嘉图（David Ricardo）、卡尔·马克思（Karl Marx）等都对地租的性质和数量等问题从多方面进行了深入的研究。

早在 17 世纪后期,英国古典政治经济学创始人威廉·配第就在其名著《赋税论》中提出，地租是在土地上生产农作物所得的剩余收入，以公式表示：地租=市场价格－生产成本。[①]理查德·坎蒂隆（Richard Cantilon）认同配第关于地租是一种剩余的观点，但他对配第地租理论作了重要补充，正确地指出了应从中扣除租地农场主的利润，即地租是剩余扣除利润的余额，用公式表示为：地租=市场价格－生产成本－利润。[②]

法国重农学派代表杜尔哥（Anne Robert Jacques Turgot）在 1766 年发表的《关于财富的形成和分配的考察》一书中指出，由于农业中存在着一种特殊的自然生产力，因此能使劳动者所生产出来的产品数量，扣除为自己再生产劳动力所必需的数量还有剩余，这是自然恩赐的"纯产品"，也是土地对劳动者的赐予。这种"纯产品"是由农业劳动者用自己的劳动向土地取得的财富，但却为土地所有者占有，这就是地租。土地所有者之所以能不劳而获地占有"纯产品"（地租），是因为他们拥有法律保护的土地私有权，从而初步揭示了地租与土地所有权的关系。

---

① 威廉·配第. 配第经济著作选集[M]. 陈冬野，马清槐，周锦如，译. 北京：商务印书馆，1981：45～51.

② 理查德·坎蒂隆. 商业性质概论[M]. 余永定，徐寿冠，译. 北京：商务印书馆，1986：22.

　　因此，通俗地说，地租是出租土地获得的经济报酬，或土地所有者凭借土地所有权向土地使用者索取的经济代价。但就其经济关系的本质来说，地租是直接生产者在生产中创造的剩余生产物被土地所有者占有的部分。地租是土地所有权在经济上实现的形式，是社会生产关系的反映。[①]

　　古典经济学家对于地租关注的重点集中在农业地租上，对于与建设用地相关的非农业用地的地租，斯密首先将地租的研究从农业用地扩充到非农业用地，认为非农业用地所产生的价值，必须高于原先种植作物所产生的地租，才有这种转化的可能，他还将房租区分为建筑物租和地皮租。[②]马克思特别论述了建筑地段的地租和矿山地租，认为建筑地段的地租是指工商业资本家为获得建筑多种建筑物所需土地而支付给土地所有者的地租。[③]矿山地租是指工业资本家为取得采掘地下矿藏的权利而向土地所有者支付的地租。建筑地段的地租同农业地租的明显区别在于，农业中土地的肥沃程度和位置对级差地租有决定作用，而对于建筑地租，位置起着决定作用。

　　从地租理论我们可以推出，建设用地的地租是居民和厂商为了建筑住宅、工厂、商店、银行等建筑物和构筑物，租用建设用地而交付给土地所有者的地租。在土地私有制的社会里，利用土地从事各种经济活动交付给土地所有者地租为人们所熟识。我国实行土地的社会主义公有制，即全民所有制和劳动群众集体所有制。在相当长的时期内，人们一直把地租看成土地私有制的产物而加以否定，实行城市土地无偿无限期使用制度。改革开放后，随着我国社会主义市场经济理论和体制的确立，人们逐渐认识到土地的所有权和使用权相分离的特征，使得土地所有权在经济上通过地租来实现。

　　在商品经济的条件下，地租按其形成条件和原因的不同可分解为

---

①　毕宝德. 土地经济学[M]. 北京：中国人民大学出版社，2011：375.

②　理查德·坎蒂隆. 商业性质概论[M]. 余永定，徐寿冠，译. 北京：商务印书馆，1986：150.

③　马克思. 资本论（第 3 卷）[M]. 郭大力，王亚南，译. 北京：人民出版社，1975：871～875.

级差地租和绝对地租两种基本形式，建设用地的地租也存在这两种基本形式。

3.3.1.2 建设用地地租与农业用地地租的差异

与农业地租相比，建设地租具有其特殊性：

第一，农业地租的形成与自然条件的差异关系密切，更多地依赖土地的自然条件，而建设用地是人们经过长时间的开发，投入大量土地资本改良后，土地资本与土地物质相结合的产品，其地租的形成更多地依赖社会条件。

第二，建设用地地租来源于平均利润形成之前的扣除。农业地租和建设用地的地租均来源于剩余价值。但在农业生产中，由于农业技术总是落后于工业技术，使农产品能按照高于生产价格的价值出售，由这种农产品价值高于生产价格部分而形成的超额利润，转化为农业绝对地租。而建设用地的使用者，由于资本的转移和利润的平均化，使那些有机构成低的部门的超额利润，不可能转化为建设用地的地租，因而只能在剩余产品的价值中先扣掉地租部分，然后再参加利润率的平均化，最后形成平均利润。

第三，农业用地的地租与其农产品相分割，而建设用地地租往往与其地上的构筑物和建筑物租金融为一体，难以分割。地产与房产不可分割的特点，决定了地租与房租、地价与房价的密切联系。商品房产权的买卖、租赁，包含着土地产权的买卖和租赁，地租、地价往往隐藏于房租、房价之中，地租、地价的变动又为房租、房价的变动所掩盖。

3.3.1.3 建设用地的绝对地租

一般而言，绝对地租是指土地所有者凭借土地所有权垄断所取得的地租。绝对地租的存在使得土地使用者无论租用何种等级的土地，都要向土地所有者交纳一定数额的租金。在土地所有权由国家和集体垄断的国家里，建设用地使用者以有偿方式（向国家和集体缴纳"地租"）取得土地使用权，这个地租内首先就包括了绝对地租。

农业用地的绝对地租既不是农业产品的社会生产价格与其个别生产价格之差，也不是各级土地与劣等土地之间社会生产价格之差，而是个别农业部门产品价值与生产价格之差。马克思认为：在资本主义经济发展过程中，农业技术总是落后于工业技术，因此农业的资本有机构成总是低于工业的资本有机构成，所以农产品的价值经常高于它的生产价格。[①]如果产品按照价值出售，在农产品的价值和生产价格之间，在农产品的剩余价值和平均利润之间，就会出现一个差额，正是这个差额形成了农业中的绝对地租。同样，建设用地绝对地租的实体仍然来源于企业提供的总剩余价值的一部分，即超过平均利润的那部分超额利润。所以，只要这些厂商为社会所必须的，那么这些厂商所生产的工业品和提供服务的市场价格，势必高于其成本价格加平均利润，二者之间的差额，就构成建设用地绝对地租的来源。在非农产业平均资本有机构成高于农业的条件下，这种绝对地租由农业地租来调节，确切地说是由毗邻建设用地的农业用地的地租调节，农业地租是建设用地绝对地租的基础。在我国，相对于农业用地，在它转为建设用地时，农村集体经济组织把土地所有权有偿出让给国家了，因而国家在出让其使用权时有权向土地使用者收取地租，这个地租就是绝对地租。

3.3.1.4　建设用地的级差地租

关于级差地租，斯密曾指出："不问土地的生产物如何，其地租随土地肥沃程度的不同而不相同。不问其肥沃程度如何，其地租又随土地位置的不同而不相同。"[②]马克思认为：级差地租是由经营较优土地而获得的归土地所有者占有的那一部分超额利润。[③]级差地租按其形成条件不同可分为两种形态：级差地租第一形态（级差地租Ⅰ）和级差地租第二形态（级差地租Ⅱ）。级差地租Ⅰ是指投到相等面积、不同地块的等量资本，由于土地肥沃程度和位置不同，所产生的超额利润转化的地租。尽管土地的肥沃程度会受人类活动的影响而有所改变，

---

① 马克思. 资本论（第三卷）[M]. 郭大力，王亚南，译. 北京：人民出版社，1975：843～870.

② 亚当·斯密. 国民财富的性质和原因的研究（上卷）[M]. 郭大力，王亚南，译. 北京：商务印书馆，1979：140.

③ 马克思. 资本论（第3卷）[M]. 郭大力，王亚南，译. 北京：人民出版社，1975：721～758.

但在一定时间内和一定技术条件下，不同地块的肥沃程度总是有差别的，这就决定了投入不同地块的等量资本会产生不同的生产率，从而使不同地块的单位产品的个别生产价格有所差别。级差地租Ⅱ是指在同一地块上连续追加投资形成不同生产率所产生的超额利润转化成的地租。

在建设用地中同样存在级差地租，但是，级差地租Ⅰ不表现为土地肥力的大小，而表现为所处区位的差异。由于地理位置差异将直接决定着占用该地块经营者的交通便利程度、市场大小、基础设施的完备等影响收益的因素，进而导致同一地区内各个不同地段具有不等的级差生产力，形成建设用地的级差地租Ⅰ。建设用地和农业用地一样也可以进行集约经营，即在同一块土地上进行连续追加投资，形成了级差生产力，这种级差生产力也必然转化为级差超额利润，进而转化为建设用地的级差地租Ⅱ。在区域经济发展过程中，这种连续不断的追加投资是经常发生的，而且是大量的。例如，城市建设用地用于地铁建设的追加投资，使地铁沿线的居民生活更加便利，由此形成的级差超额利润Ⅱ。要注意的是，与农业用地的级差地租Ⅱ不同的是，农业用地中在某块土地上的追加投资常常相应追加收益的也是同一地块；而建设用地，特别是城市建设用地，追加投资的土地收益变化既可能存在土地投入与土地收益地块一致的情况，例如，直接对某块土地进行新建、改建、扩建的投资；也可能出现土地投入与土地收益地块不一致的情况，如对于城市整体功能改善而进行的市政基础设施投入。

3.3.1.5　建设用地的垄断地租

马克思地租理论中，除了分析绝对地租和级差地租两种基本形式外，还存在一种特殊形式的地租，即垄断地租。就农业垄断地租而言，垄断地租是指由某一特殊地块产品的垄断价格带来的垄断超额利润所形成的地租。某些地块具有特别优越的自然条件，能够生产出某种名贵和稀有的产品。由此我们可以认为，建设用地的垄断地租，是指区域中由某些特殊地块的稀有功能带来的生产经营商品的垄断价格所形成的垄断超额利润转化来的地租。

　　马克思称垄断地租是一种以真正的垄断价格为基础的地租，这种垄断价格既不以生产价格为基础，也不以价值为基础，而是由购买者的需要和支付能力决定。这种垄断价格超过价值的部分，就构成垄断超额利润。土地所有权的存在，决定了这种垄断超额利润最终转化为垄断地租归土地所有者占有。[①] 马克思对于矿山地租的分析中表明，由于矿山的数量有限，存在着经营的垄断，使矿产品必须按劣等生产条件决定的生产价格出售，因而优中等矿山可以取得超额利润而转化为矿山地租。区域内某些特别繁华的中心地段、特别著名的旅游景点都在一定程度上存在着垄断地租。

3.3.2　建设用地的价格

3.3.2.1　土地价格

　　土地价格是与地租紧密相连的一对概念。地价理论一般认为，地价的本质是地租的资本化，"资本化的地租即土地价格"，[②]而地租是"价值增殖的形式"。[③]土地价格是出租土地的资本化收入，地租与地价在本质上具有同一性。在很大程度上，地价实际上就是土地经济价值的反映，是购买土地预期收益的权利而支付的代价，"把预期的土地年收益系列资本化而成为一笔价值基金，这在经济学上就称为土地的资本价值，在流行词汇中则称为土地的售价"。[④]因此，是先有地租后有地价。

　　从地价是地租的资本化定义出发，地价的计算公式是将地租与利息相比较的。由于各个国家的土地产权制度不同，土地价格有土地所有权价格和土地使用权价格之分。在土地私有制的国家，伴随土地所有权转移的交易，表现为土地所有权价格，购买土地所有权也就购买了获取地租的权利。所以所有权价格的实质仍然是土地地租的资本化。但在土地最终所有权归国家所有的国家，土地所有权不能买卖，土地

---

① 转引自：周京奎. 城市土地经济学[M]. 北京：北京大学出版社，2007：116～119.

② 马克思. 资本论（第 3 卷）[M]. 郭大力，王亚南，译. 北京：人民出版社：1975：904.

③ 马克思. 资本论（第 3 卷）[M]. 郭大力，王亚南，译. 北京：人民出版社：1975：698.

④ 伊利·莫尔豪斯. 土地经济学原理[M]. 滕维藻，译. 北京：商务印书馆，1982：225.

使用者为获得一定时期土地使用权而支付的一定经济代价为土地使用权价格，其实质仍然是地租。在土地所有权和使用权分离的情况下，土地使用权价格与一定的期限相联系，这样，一定年期（n）的土地使用权价格就是按现值计算的一定年期的地租的总和，即：

$$P= \frac{R}{r} \left[1-(\frac{1}{1+r})^n \right]$$

其中，P 为地价，R 代表按年收取的地租，r 代表利率。当 n→∞ 时，$P= \frac{R}{r}$ 表明无限年期的土地使用价格即土地所有权价格。我国目前有限的土地出让金,实质上是有限期的土地使用权价格来表示地价。

3.3.2.2 建设用地价格的特点

建设用地是一种特殊的商品，其价格形式与本质有着与一般商品价格不同的特点：

第一，按照马克思的劳动价值论，一般商品是人类劳动的产物，其价格基础是凝结在商品中的活劳动和物化劳动，所以一般商品的价格是商品劳动价值的货币表现。由于土地首先是一种自然物，不是人类劳动的产品，所以建设用地的价格是为购买建设用地而支付的用货币表示的交换价值，它一般包含土地物质价格和土地资本价格两个部分。两者的价格基础不同。

第二，一般商品的价格是由供给和需求相互影响的，与一般的商品相同，在一定时间内，当地价水平不太高时，地价升高，会引起土地经济供给的增加；反之，地价下降，会引起土地经济供给的减少。然而，正如前面分析指出的，由于土地的自然供给数量有限，土地经济供给量也不会随着地价的升高而无限制地增加；当地价超过某一水平后，土地经济供给量就不会再增加，因此建设用地价格主要由需求量所决定，价格变动主要受需求因素变动的影响。

第三，一般商品的价格可标准化，但是，因为没有两块建设用地的建设条件、自然条件完全一样，因此，建设用地的土地价格具有唯一性，一块土地一个价格，且差别较大。而且，由于土地位置的固定性，不同建设用地难以完全替代，土地的价格也很难相互影响，建设用地价格一般是在地域性市场内根据其供求关系，形成各自的市场价格。

第四，一般商品存在折旧现象，其价值随着时间的流逝而下降。随着区域社会经济发展和基础设施的不断完善，会给建设用地带来正的外部性，其价值或价格会逐渐升高，建设用地不仅没有折旧现象，而且一般会逐渐升高。

3.3.3　建设用地价格在土地资源配置中的作用

价格是商品的交换价值在流通过程中所取得的转化形式，价格是一种从属于价值并由价值决定的货币价值形式。在市场经济中，商品的价格由市场供求关系决定，对于一般的商品来说，价格除了标度职能外，对整个经济而言还存在着三方面的作用：传递信息、调节资源配置、调节收入。建设用地价格也不例外地在经济运行中发挥着这些作用。但同时，建设用地价格供给与需求的特殊性使得建设用地的价格在土地资源的配置中发挥着特殊的作用。

3.3.3.1　传递信息，引导土地资源供需双方决策土地资源的供应量和使用量

建设用地作为一种引致需求，建设用地的价格不仅能以其自身变动的方向和幅度灵敏地反映建设用地市场的供需状况、土地利用状况和土地市场动态变化等土地利用信息，而且传递了与其相关的社会经济发展状况等经济信息，从而引导经济活动的投资和需求，提高决策的效率。

在市场经济中，价格是具有高度灵敏性和灵活性的市场调节手段，是调控土地要素使用的有力杠杆。对于作为正常生产要素的土地来说，当价格上升时，会刺激对土地的供给，抑制需求和消费，导致土地要素的使用量下降，从而起到促进土地节约集约利用的作用；反之，当价格下降时，对土地要素的使用量会增加，就会刺激对它的需求和消费，可能会导致土地的闲置，从而出现浪费。

如图 3-17 所示，建设用地供给曲线 S 和需求曲线 D 在 A_0 点相交，在价格 P_0、数量 Q_0 处实现供求均衡；在供给一定的情况下，随着价

格由 P_0 上涨到 P_1，促进了土地使用者减少用地使用量，需求也从 Q_0
下降到 Q_1 处，达到节约用地的效果；反之，随着价格土地价格下降到
P_2，会诱使土地使用者增加 Q_2–Q_0 的土地使用量。当然，对作为投资
品的土地要素，价格上涨反而激起更高的购买热情，不利于节约集约
利用。

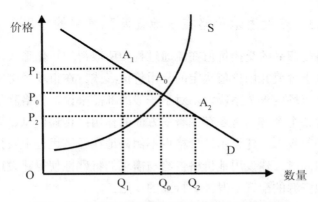

图 3-17　建设用地价格变化对土地需求量的影响

另一方面，如图 3-18 所示，在需求量不变的情况下，随着价格由
P_0 上涨到 P_1，会诱使土地供应者增加土地供应，土地供应量从 Q_0 增
加到 Q_1；反之，随着价格土地价格下降到 P_2，会诱使土地使用者减少
Q_0-Q_2 的土地供应量。

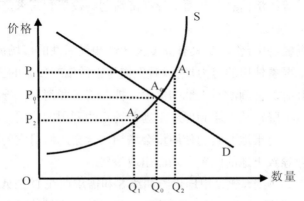

图 3-18　建设用地价格变化对土地供应量的影响

3.3.3.2　调节供需矛盾，实现建设用地资源的供需平衡

如图 3-19 所示，在价格 P_0 的水平下，供给曲线 S_0 与需求曲线 D_0 之间存在供求缺口。这样一方面会导致土地供给价格的上升，降低对土地的需求；另一方面由于受到土地自然供应量的制约或者土地规划等对土地供应者的严格控制，土地市场的供给小于需求，用地者难以获得新增的土地，则会促使土地供应者通过改进生产技术挖掘已经取得土地的潜力，提高土地容积率。这实际上增加了土地的经济供给，使土地供给曲线由 S_0 增加到 S_1，并与需求曲线 D_0 相交于 E_1 点，实现了土地市场新的均衡。

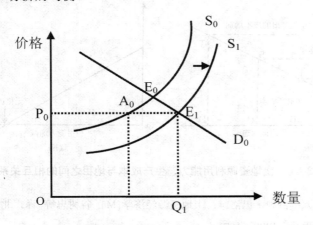

图 3-19　土地供给小于需求时的供需平衡过程

3.3.3.3　决定土地资源的分配结构，促使要素能流入发挥最大效能的使用者手中

雷利・巴洛维（1989）认为，土地利用能力是"包括土壤肥力在内的影响土地质量的各种因素，和包括位置因素的影响土地接近难易程度的诸项目的影响总和……具有最大利用能力土地通常价值最高，生产潜力最大，产出的地租也最多"。[①]根据他的土地利用转换边际理论，土地利用能力与地租之间的一般关系如图 3-20 所示。图 3-20（a）

[①] 雷利・巴洛维. 土地资源经济学[M]. 谷树忠等，译. 北京：北京农业大学出版社，1989：106.

中假设同一类用地从利用能力最高的 A 用途过渡到利用能力最低的 D 用途。由于经济社会的发展，需要开发土地利用能力较低的土地，导致土地利用的无租边际向右移动，①从而使得单位产出的成本逐渐增加，土地价格水平也上涨迫使人们开发土地利用能力较低的土地。当仅利用 A 与 B 之间的土地时，土地价格限定在 OL 水平上，这时的地租总额为△KLR；当土地利用的无租边际从 B 移到 C 时，价格上涨到 OM，地租总额从△KLR 扩大到△KMS。将地租三角形△KLR 和△KMS 倒转过来，就形成了图 3-20（b）。

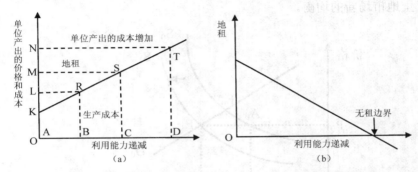

图 3-20 土地资源利用能力、生产成本与地租之间的相互关系

资料来源：雷利·巴洛维. 土地资源经济学[M]. 谷树忠等，译. 北京：北京农业大学出版社，1989：107.

图 3-21 描述了两类用地竞争时的状况，横轴表示土地利用能力水平，纵轴代表土地租金额。A 和 B 分别代表了两种不同的土地用途，△OGQ 和△OHR 分别为 A 和 B 两类土地用途的地租三角形。GQ 和 HR 分别代表 A 和 B 两类土地用途的集约边际线，GQ 和 HR 的交点 M 称为转换边际。A、B 用途集约边际线的交点对应横轴上的 P 点，到了这一点，对于单个土地经营者来说，转为经营 B 类用途比继续经营 A 类用途更为有利。在任何一个位置上，某一用途比任何其他用途

---

① 土地利用的无租边际并不等于没有地租，而是其最佳条件土地的产出也只能补偿生产成本。

都能有更高的地租报酬，从单个经营者的经济立场来看，这种用途就是该土地的最佳利用。以 P 点为分界线，OP 为 A 类用途的最佳经营区间，经营者在该区间内继续将其作为建设用途使用，直到粗放或无地租边际都能获利。转换边际与无地租边际之间的经营被称作其在转换带内的经营，在转换带内的经营尽管也会获利，但是其利益小于转入 B 类用途。PR 为 B 类用途的最佳经营区间。由此可以看出，地租决定了土地用途之间的竞争，和由此导致的土地资源在用途之间的分配。以此类推到更多类型土地用途竞争中，最终地租决定了土地资源在各竞争用途间分配的关系，如图 3-22 所示。

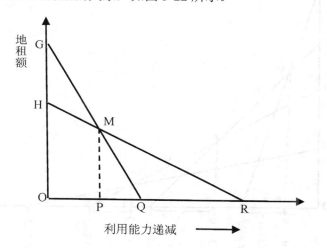

图 3-21　土地转换边际理论模型

现代土地经济学中，在自由市场竞争中，土地使用者为了某种用途而利用某块土地所愿意支付的最高费用被称为土地的竞标租金，按照土地使用的最高租金原则，对于土地所有者来说，谁的出价高土地使用权就归谁所有，而土地使用者按照在该土地上所能获得的收益来决定所愿意支付的最高费用，同一块土地用于不同的用途所产生的收益会有巨大的差别。例如，城市中心区的土地因为交通拥挤，对于某些有大运量的工业企业来说反而会增加运输成本。根据地租与土地价格的关系，可以将每块土地用于不同用途所产生的收益差别理解为土地的利用能力差别，将土地价格看成地租，因此，雷利·巴洛维土地转换边际理论与竞标最高租金原则都证明了建设用地的地租或者价格高低最终决定了每块土地资源的使用者，也就是建设用地的结构和分布，而建设用地与农业用地的竞争最终决定了建设用地的总规模，同时，由土地价格决定的土地资源的用途配置，使整个社会对要素的使用效率得以提高，区域建设用地的整体效益最大化。

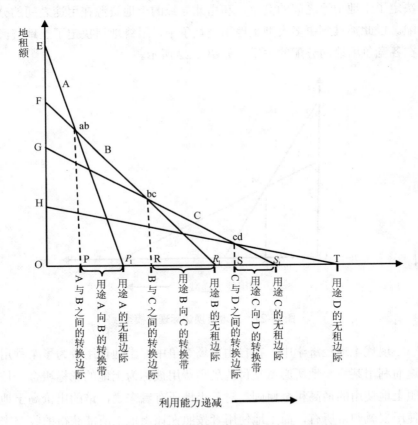

图 3-22　地租与土地资源在各竞争用途间分配的关系

资料来源：雷利·巴洛维. 土地资源经济学[M]. 谷树忠等，译. 北京：北京农业大学出版社，1989：114.

3.3.4　建设用地价格构成对建设用地节约集约利用的影响

构成建设用地价格的绝对地租和级差地租在建设用地资源的配置中发挥着不同的作用。

3.3.4.1　绝对地租促使建设用地高度集约利用

绝对地租的存在使得土地使用者无论租用何种等级的土地，都要向土地所有者交纳一定数额的租金。这样，为了减少支付的绝对地租量，必然把租用的土地面积减少到最低限度，并将在已租用的土地上追加投资，以提高单位面积土地的利用效率。这在客观上有利于土地资源的节约，土地集约化经营的实行，增加开发强度和增加经济供给，从而实现最高效率利用土地的目的。

3.3.4.2　级差地租调节建设用地的合理布局

由地理位置而形成的级差地租是建设用地级差地租的主要形式。由于不同的产业其生产过程和经营的特殊性，对土地位置的要求和敏感程度不同，因此在同一地块上创办不同的产业，会导致不同的产出效率，形成不同的经济效益。一般来说，商业等服务行业级差地租对土地位置最为敏感，而工业企业在城市中的位置，与其所获利润的相关性，就远远不如商业等服务行业那样明显、直接和密切。同时，各产业支付高低悬殊的级差地租的能力也有差别，由此就会自动形成一种产业建设用地的合理布局方式，从而促进土地资源的最优配置，使建设用地潜在的效率得到最大的发挥。级差地租的这种调节作用不仅存在于同一城市的不同区位上，也存在于不同规模的城市之间。一般来说，大城市的级差地租量总是要高于小城镇。级差地租的存在调节了建设用地的布局。

3.3.4.3　从级差地租 I 到级差地租 II 的过程是土地利用从粗放到集约的过程

马克思认为，级差地租 I 是级差地租 II 的出发点。[①]从历史上看，在生产力低下、未开垦的土地较多时，资本家首先进行粗放经营，级差地租主要采取 I 的形式。随着生产力发展和资本积累，土地大部分

---

① 马克思. 资本论（第三卷）[M]. 郭大力，王亚南，译. 北京：人民出版社，1975：731.

被开发时，资本家就主要进行集约经营，级差地租主要采取Ⅱ的形式。土地所有者在订立租约时，也是从级差地租Ⅰ出发，逐步追加到级差地租Ⅱ。不管级差地租Ⅱ与级差地租Ⅰ如何不同，它都要以决定级差地租Ⅰ的最劣等地农产品的个别生产价格为基础进行比较。从而表明了土地利用从粗放到集约的过程。

3.4　要素投入视角的建设用地节约集约利用路径

经典的生产函数理论表明，厂商对某种要素的需求不仅取决于该要素的生产能力，即所创造的价值，还取决于使用该要素给成本带来的影响。假定厂商生产某种产品的投入只有土地 L 和非土地 K 两种要素，生产函数可以表达为：

$Q=F（L，K）$

下面分别讨论一种可变投入（非土地要素）和两种可变投入（土地与非土地要素）的土地要素使用状况。

3.4.1　非土地一种可变投入的土地集约利用路径：级差地租Ⅱ的形成

假设某厂商所拥有的厂房和办公空间是固定的，但用来生产的劳动力、资本等非土地要素是可变的。对于任何产品的生产来说，由于可变投入和不变投入之间都存在着一个最佳的数量组合比例，在开始时，因为厂房和办公空间固定，而资本和技术等非土地要素投入为零，因此生产要素的投入量远远没有达到最佳的组合比例。随着非土地要素投入的逐渐增加，生产要素的投入量逐步接近最佳的组合比例，相应地，土地要素的边际产量呈现出递增的趋势。也就是说，用单位面积上的产出水平所代表的土地集约度，随着非土地要素 K 投入的增加而得到提升。这一过程如图 3-23 所示。

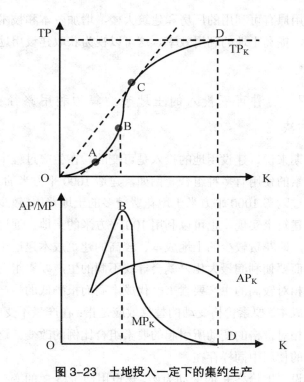

图 3-23　土地投入一定下的集约生产

图 3-23 中，B 点非土地要素的边际产出（总产出曲线的斜率）大于平均产出（OB 线斜率），必然导致平均产量上升，在利润最大化的追求中促使厂商由 B 向 C 的移动，在这一过程中，非土地要素的平均产出上升。在 C 点非土地要素的平均产出与边际产出相等，平均产量达到最大。

当然，一旦生产要素的投入量达到最佳的组合比例时，可变要素的边际产量达到最大值。在图中 D 点之后，随着非土地要素投入的继续增加，生产要素的投入量越来越偏离最佳的组合比例，相应地，可变要素的边际产量便呈现出递减的趋势。这时反而会出现土地经济产出的不集约。

一种可变投入的土地集约利用路径可以视为对于存量土地挖潜的一种方式，对于存量土地的集约利用，除了采取推倒重建的方式外，还可以利用原有可利用的厂房和建筑大楼，增加资本和技术等非土地投入要素，提高土地的利用效率。这可以视为获取建设用地级差地租 II 的过程。

3.4.2   两种可变投入的土地节约集约利用路径：土地开发强度的决定

从长期来说，建设用地的投入是可变的。在生产过程中，厂商对于生产要素的使用有多种组合。例如，建造 1000 平方米的办公空间，既可以通过购买 1000 平方米土地花费较多的土地费用、较少的建设资本建单层建筑来实现，也可以利用 100 平方米的土地，通过提高容积率的方式，即花费较少的土地成本、较高的建筑成本建造十层楼房来实现。厂商要使利润最大化，就会寻找不同的生产要素组合，用成本较低报酬相对较高的生产要素来替代成本高而报酬低的生产要素，以降低生产成本。要素价格变动的替代效应是指：在产量不变的情况下，由于要素相对价格的变动所引起的要素组合比例的改变。这种情况在建设用地的使用中同样存在。

以建设用地价格 R 的变动为例，建设用地价格 R 的变动对土地需求的影响可以看成两种效应的叠加：一方面在保持产出水平 y 不变的条件下，R 的变动会引致 L 的变动，产生替代效应；另一方面，由于 R 变动，从而产出水平 y 变动，引致 L 的变动，形成产出效应，两种效应相结合共同决定最优的土地需求对土地价格变动的反应。如图 3-24 所示，当土地要素比较稀缺，建设用地的价格 R 上涨时，作为理性的经济人，会倾向于以非土地要素替代土地，使得土地的使用量从 L_A 减至 L_B，以弥补土地要素价格过高而对总产出造成的削减，此时就会呈现非土地要素替代土地的现象。而同时带来的 R 上升，即由 R_0 提高至 R_1，意味着企业生产成本相应提高，受此影响，企业用于生产的资本投入将相应减少，从而企业生产规模受到影响，产出也会出现一定程度地减少。最终会使等产量线后移，要素组合点由 B 移至 C，这时使土地的使用量进一步减至 L_C，租金也下降，由 R_1 降至 R_2，产出效应发生。如图 3-24 所示。

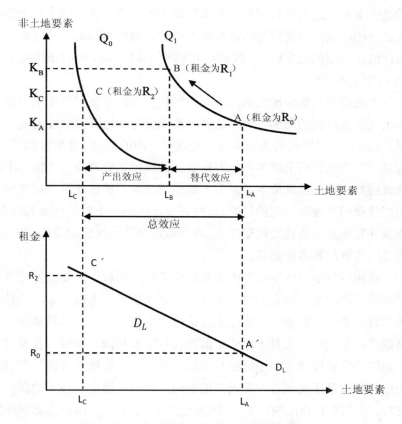

图 3-24　替代效应、产出效应与土地的需求

在自由价格机制的作用下，企业会随投入要素相对价格变化而改变投入品的比例。土地和非土地要素作为两类生产要素，两者间的相对价格以及投入比例在很大程度上就决定了土地的集约利用水平。在非土地要素短缺时，人们会倾向于用较多的土地替代非土地投入品（资本、劳动、原材料），以弥补非土地要素价格过高而对总产出造成的削减。比如资本短缺、技术落后时，人们会利用土地替代资本和技术，但随着经济的发展，资本短缺问题相对缓解，土地因为经济的发展及人口、产业的集聚，稀缺程度大为加剧，此时就会呈现非土地要素替代土地的现象。在土地与非土地要素投资的这种替代关系中研究最多的是资本与土地的替代关系。众多学者采用不同方法对资本与土地替代进行的研究,尽管得到的结果各不相同,但资本与土地替代弹性的估计值在一定的限度内,一般都在 0.36 至 1.13 之间,没有出现明显大于 1 的估算结果。[①]

　　土地要素与非土地要素两者间的替代关系,不仅可以衡量土地与非土地要素投资的比例,同时还隐含着地租与土地开发强度的变动关系。土地开发强度是对土地本身开发建设利用的强度,常用容积率[②]来衡量。当土地价格上涨时,开发商会往往选择用资本替代土地,增加建筑层数,增加建筑成本,减少土地使用成本,通过建筑高层建筑来实现获得同样建筑空间的目的。这样在都市区中心土地价格高的地方,建筑开发商更愿意建造高层建筑,而在城市郊区土地价格较低的地方,更多的为低层和多层建筑。

　　按照经济学中成本最小的要素组合条件:两种生产要素的技术替代率等于两种生产要素的价格比率,非土地要素与土地要素间的替代关系将由非土地要素与土地要素的价格比率来决定。土地越稀缺,价格越高,非土地要素对土地要素的替代程度就越深。房屋开发商对于土地的开发强度将由土地价格与房屋建筑的成本价格比来决定。当然,土地开发强度还受到技术等因素的制约,建设高楼需要技术的保障和支持。正如伊利指出的:"在一种既定的技术条件下,报酬递减规律固定了经济的界限。这个规律始终是以一定的技术和一定的价格水平为基础的。"[③]

---

　　① 金晓运. 资本与土地替代关系的实证研究——以杭州市住宅市场为例[D]. 杭州:浙江大学,2008:8.

　　② 容积率又称建筑面积毛密度,是指项目用地范围内地上总建筑面积(但必须是正负 0 标高以上的建筑面积)与项目总用地面积的比值。容积率=地上总建筑面积÷可建设用地面积。

　　③ 伊利·莫尔豪斯. 土地经济学原理[M]. 滕维藻,译. 北京:商务印书馆,1982:245.

3.5　土地用途转换中的建设用地增量决定

增加建设用地的经济供给是建设用地资源配置中的另一视角。总体上增加建设用地供给的途径主要有两种方式：一种是在不扩大建设用地面积的情况下，增加对土地投资，提高对于土地的开发强度，相对地扩大建设用地的经济供给，即内涵式发展模式；另一种则是通过减少其他用地，即农业用地，来绝对地增加建设用地的面积，即通过外延方式来扩大对于建设用地的供给。我国土地资源的国情决定了扩大建设用地供给的方式应该走内涵式发展为主的道路，即增加经济供给。但是，社会经济发展也不可避免地会涉及将农业用地转换为建设用地，是否转换土地用途也是市场经济中土地所有者面对的一道选择难题。

土地用途转换即从一种用途改变为另一种用途，例如从农业用地转换为建设用地，从工业用地转换为住宅或商业用地。它不仅涉及一定区域内农业用地和建设用地结构调整，还涉及农业用地内部结构调整、建设用地内部结构的调整问题。用途转换一般从低效益用途向高效益用途转换，由较不稀缺的用途转换为严重稀缺的用途，这样伴随着用途转换实际上是土地经济供给潜力即级差效益的挖潜，是一个提高土地整体利用效益的过程。其中的农业用地向建设用地的转换，因为土地非农化一般会破坏地表结构，从而使土壤层不容易恢复，农业用地向建设用地的转换一般都是单向的、不可逆的。

前面我们利用土地利用能力解释了土地用途的决定过程，假定图 3-21 中 A 和 B 分别代表建设用途和农业用途两种不同的土地用途，同时假定某地区土地数量固定为 Q，按照我国对于用地的类型划分，或者为农业用地，或者为建设用地或未用地，这里不考虑未用地的情况，则作为农业用地的土地数量为 Q_1，作为建设用地的数量为 Q_2，且土地总量 $Q_0=Q_1+Q_2$。土地的所有者在选择土地作何用途时是充分自由的，可以在两种用途之间自由转换，既可以将自己所拥有的土地作为农业用地出租给农民，也可以将土地作为建设用地出租。被作为建设用地使用的土地则增加了建设用地的规模，同时，土地所有者追求经济收益最大化。

如图 3-25，最初，农业用地集约边际收益线 MRa_1 与建设用地的集约边际收益线 MRc_1 相交于 E 点，从而决定了最佳的土地配置：OQ_1 为建设用地的数量，Q_1Q 为农业用地的数量。随着人口增加，社会经济条件的变化，建设用地的需求迅速增加，集约利用的程度提高，使得建设用地的集约边际收益增加，土地的集约边际线上升到 MRc_2，原有的土地利用的均衡点被打破，原来 Q_1Q_2 间的农业用地作为建设用地比继续作为农业用地能够获取更高的经济利益，这样为了获取更高的经济利益，Q_1Q_2 间的农用地被转化为建设用地，在 F 点实现了新的平衡。当然，在建设用地的集约边际收益增加的过程中，农业用地的边际收益也在增加，只是相比建设用地的增加幅度要小，如果农业用地的边际收益与建设用地的边际收益增幅相同，由 MPa_1 上升到 MPa_2，则建设用地与农业用地的边界不变。

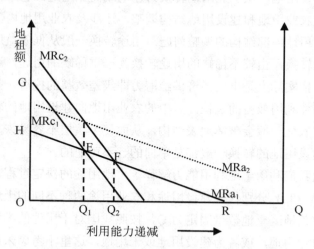

图 3-25　农业用地向建设用地转换的过程

由上面的分析我们可以看出，市场经济中农业用地转换为建设用地的条件是建设用地的生产率的增长速度大于农业用地，而现实中一般建设用地的边际收益增加率要大于农业用地，因此，要保护耕地，或者对农业生产进行补贴，使农用地的边际收益上升到 MP_{a_2}，或者对于建设用地的收益增税，使其边际收益下降到 MR_{c_1}，使得最终的建设用地的规模仍然控制在 OQ_1 的范围内。

第 4 章　城市建设用地节约集约利用的
特征与运行机理

　　建设用地包括城乡居民点建设用地、区域交通设施用地、区域公用设施用地、特殊用地、采矿用地等，其中城乡居民点建设用地又包括城市、镇、乡、村庄及独立建设用地。城市建设用地是建设用地的主要组成部分，是区域建设发展的关键。据 2012 年 1 月 1 日正式开始实行的《城市用地分类与规划建设用地标准》（GB 50137-2011），城市建设用地由居住用地、公共管理与公共服务用地、商业服务业设施用地、工业用地、物流仓储用地、交通设施用地、公用设施用地、绿地8 类用地组成，而其中的居住用地、商业服务业设施用地和工业用地是城市用地的核心用地，按照用地主体、提供产品性质和用地目的分类，这些用地属于经营性的建设用地，它们的配置主要由市场机制来调控。同时城市建设用地的利用是一个动态的过程。因此本章首先从静态的视角利用阿朗索（Alonso）的竞标地租曲线分析城市建设用地集约利用的特点；其次依次通过对居民和厂商的行为分析，研究居住用地、商业服务业设施用地和工业用地的土地利用状况；最后从动态角度研究城市建设用地的再开发。

4.1　竞标地租理论与城市建设用地结构和集约度的形成

　　上一章的研究说明了土地的各种用途取决于土地价格及各种用途给土地使用者带来的收益。在城市建设用地市场上土地利用如何分配的思想最早来源于约翰·冯·杜能（Johan von Thünen）《孤立国同农业和国民经济的关系》一书中。①他根据农作物的种植距中心城市的远近不同，将区位因素引入到土地利用的研究中，并初步阐明了位置级差地租的概念，即由于距离产品消费中心（城市）的位置不同产生的土地利用纯收益不同（该收益在市场完全竞争和农场主超额利润为 0 的情况下，转化为不同的位置级差地租），揭示了土地利用结构的形成机制。其后威廉·阿朗索②（William Alonso）以区位均衡和区际边际收益等空间经济学思想提出城市土地竞租模型，并分别对城市用地结构中的商业、工业和住宅进行竞标地租函数的分析。

4.1.1　竞标地租理论

在西方城市地租范畴体系中，尽管经济地租是一个核心的范畴，它不仅内在地规定着契约地租的量，而且内在地规定着竞标地租的量。但相比较而言，契约地租和竞标地租是更现实的范畴。前者具体表现在租赁契约之中，在租约期内基本保持不变，后者则具体体现在城市土地市场的竞争中。因此，对竞标地租的研究反而成为西方城市地租理论的重点。

4.1.1.1　农业竞标地租曲线

杜能通过一系列假设，集中分析了在城市农业用地的竞标地租。假设一个单独与外界隔绝的城市坐落在一个均质的平原上，农产品从平原上的各点运往城市，运输费用与距离成正比，土地供给完全无弹性。d 为距离城市中心的距离，p 为单位产品销售价格，q 为每英亩产品产量，c 为生产单位产量的非土地成本，r 为每英亩地的竞标租金，t 为单位产品运输成本，这样，每英亩的地租 $r(d)$ 是距离的函数，为：

$$r(d) = [p - c - t(d)]q \qquad (4.1)$$

假定在适当的生产区域内，每英亩产量、产品价格、生产成本都是固定不变的，由于单位产品的运输成本随着运输距离的增加而增加，

---

① 约翰·冯·杜能. 孤立国同农业和国民经济的关系[M]. 吴衡康，译. 北京：商务印书馆，1986.

② 阿朗索. 区位和土地利用：地租的一般理论[M]. 梁进社等，译. 北京：商务印书馆，2007.

$t(d) = fd$，式中 f 为单位产品每英里的运输费用，在此情况下，公式
（4.1）可以整理为：

$$r(d) = a - bd \qquad\qquad (4.2)$$

式中，$a = q(p-c)$ 为每英亩的租金；$b = qf$ 为每英亩所需的运费；
地租为距离的线性函数。租金斜率如图 4-1 所示，向下倾斜的曲线称
为"招标竞租曲线"。图中 a 和 d* 为截距，d* 是距离，超过这一点地
租为零，没有经济地租供农场主投标。

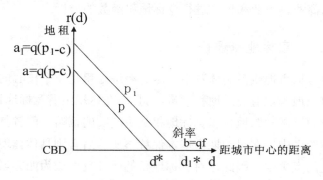

图 4-1 农业竞标地租曲线

资料来源：M. 歌德伯戈，P. 钦洛依. 城市土地经济学[M]. 国家土地管理局
科技宣教司，译. 北京：中国人民大学出版社，1990：49.

招标资金理论指出：运输费用的增加降低了土地价格的等级，从
而使远离城市中心的土地得到开发。斜率与土地价格等级所处的位置，
决定了生产界限，超过这一界线，农业生产将无利可图。[①]

农业竞标地租曲线揭示出农业土地利用类型不仅取决于土地的自
然特性，还依赖于农业生产用地到消费地中心的距离。由于农业用地
与农产品消费地之间的距离不同，因而所支付的运输费用不同，从而
形成了不同位置土地纯收益（地租）的差异，进而决定了农业经营种
类与强度在空间上的合理分布，形成以城市为中心，由内向外呈同心

---

① M. 歌德伯戈，P. 钦洛依. 城市土地经济学[M]. 国家土地管理局科技宣教司，译. 北京：
中国人民大学出版社，1990：51.

圆状分布的农业地带的杜能环现象。

4.1.1.2　厂商竞标地租曲线

按照阿郎索（Alonso）的假设（此处讨论的企业包括工业和商业），只存在一个城市中心，市场完全竞争，企业只能获得平均利润，生产者在城市的商业中心（CBD）销售商品和服务。假定企业生产的总产量为 q；产品价格（若为商业则为服务价格）为 p；单位产品的运输成本 t(d) 与距离中心城市的远近呈正比，运费率为 f；非土地投入的总成本为 c，包括用于劳务、机会成本和资本设施的费用；土地投入面积为 S，单位面积的土地租金为 r(d)，则企业的利润函数为公式（4.3）所示：

$$\pi = p \cdot q - c - r(d) \cdot S - t(d) \cdot q \qquad (4.3)$$

对于既定的利润水平 $\bar{\pi}$ 来说，单位土地的租金函数为：

$$r(d) = \left[p \cdot q - c - t(d) \cdot q - \bar{\pi} \right] / S \qquad (4.4)$$

令 S=1，在 p·q 和 c 一定的情况下，租金函数取决于该区位所获得利润和产品运输费用，随着利润水平的提高和交通运输费用的上涨，租金会下降。上式其实是 $Y = a \pm bx$ 这样一个典型的二元一次方程的变形。图 4-2 的竞标地租曲线表示不同企业对城市内不同生产地点所愿意支付的地租。竞标地租曲线的形状表示：土地价格即地租随着距离市中心距离的增加而降低，当非土地投入的价格不变时，在距市中心较近的地方土地投入相对于其他投入更贵（地租更高），因此如果企业将土地要素和非土地投入要素进行替代，那么生产者就会在离市中心距离较近的地方用更多的非土地投入来代替土地投入，使得企业的等产量曲线凸向原点，加大对土地的利用效率和利用强度，比如使用比土地更多的劳动和资本等，以避免占用较多的土地从而支付高额的租金。因此，也造成了企业用地的建筑密度和容积率等指标也随着距离城市中心的距离增加而递减。例如，越是靠近城市中心区位的企业，楼层越高，设施越先进，对建设用地的容积率和利用强度达到最高。

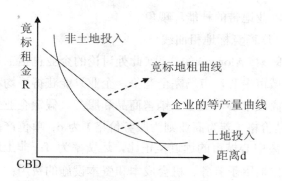

图 4-2　企业竞标地租曲线

　　然而，与农业生产主要取决于土地的肥力不同，企业、特别是商业企业生产和经营与所处的地理位置紧密相关，企业的非土地投入的总成本 c 和产量（商业服务业的销售量）一般随离开城市中心距离的变动而变动，即城市中位置的差异会导致获得聚集效应的差别。例如，城市中心商业服务人员的工资和工作时间、销售额一般高于郊区。由于随着接近市中心距离的减少，土地聚集效应除了交通成本的减少外，更有各种交易成本的急剧下降，聚集效应并非均速增加，越靠近市中心，聚集效应上升的速度越快。根据假定，在完全竞争市场上企业最终的超额利润为零。因此，越靠近市中心，聚集效应越大，土地竞争越激烈，土地租金也必然比线性增加得更快。这样，企业的土地租金函数就不是一条直线，而是一条凸向原点的曲线。随着离开市中心距离的增加，租金迅速下降，并在郊区变得平缓。

　　城市最显著的特征是能够带来聚集利益，在既定的技术条件下，厂商所面临的生产集是既定的，但在聚集经济利益存在下，因不同区位上的聚集经济利益不同，即使生产投入不变，等量的投入也可能得到不同的最大产出。在聚集经济大于聚集不经济时，毫无疑问将会扩大生产集的边界线，厂商同样的投入因聚集经济的存在而节约了成本，获得了较大的产出，所以，本质上，聚集经济改变了生产者的资源（成本）的约束，增大了厂商真实的预算约束。因此，作为厂商总是要争取获得尽可能多的利润，在区位选择时，尽可能寻找利益最大化的方式和地点，从而形成不同内容的聚集体。^①由商业服务业聚集而形成的聚集体造就了商业区，工业的聚集形成工业区。

4.1.1.3　居民竞标地租曲线

假设城市内所有的居民均在市中心区工作，并往返于居住区与市中心区之间；城市内所有的居民是无差异的，他们具有相同的货币收入、消费偏好；每个居民家庭只有一个人就业，从而居民数与就业量等同，每个就业者具有相同的技能，从而获取工作也是无差异的；每个居民家庭最终只选择一个区位居住；居民的消费支出包括购买消费品和住房两方面，其中，消费品被抽象为一种组合商品，住房消费等同于土地支出；居民的消费品、土地支出可以连续增加或降低。

根据以上假设，假定家庭收入为 I，购买消费品的费用是购买货物品种数量 q 与物品单位价格 p 之乘积和，土地支出费用为土地租金 r（d）和土地利用量 S 的函数，上下班交通的交通成本支出为 t(d)，d 为住宅的选址与中心商业区的距离，则居民选址中的预算约束函数为：

$$I \geqslant p \cdot q + r(d) \cdot S + t(d) \tag{4.5}$$

相应地，城市居民的效用函数（u）和租金函数（R）可表示为：

$$u = U(q, \ S) \tag{4.6}$$

$$r(d) = \big[I - p \cdot q - t(d) \big] / S \tag{4.7}$$

由于城市内商品的价格是由商品市场的供求关系所决定的，所以，对所有居民来说，到市中心购物时所面临的消费品的价格是既定的。在城市内所有的居民是无差异的和追求效用最大化的目标的假定下，不同区位上的居民的效用水平本质上是由可支配的收入和交通成本及租金水平的变动所决定的。

由公式（4.5）可知，在居民的效用函数中，居民的住房消费和其他商品的消费存在替代的关系，当收入不变时，增加其他商品的消费，会减少住房消费；交通成本与距离中心城市的距离呈正比，当距离市中心区越远时，交通费用随之增加，若其他商品的消费保持不变，则

---

① 江曼琦. 城市空间结构优化的经济分析[M]. 北京：人民出版社，2001：67.

租金不断下降，所以房屋的租金在市中心达到最大，随着与市中心距离的增加，房租逐渐降低。当交通成本是距离的线性增函数时，竞标地租曲线为一条向下倾斜的直线。从另一方面看，竞标租金函数同时表明了对不同的位置，每个家庭愿意支付的价格。在市场完全竞争的条件下，每个区位住房被具有最高租金支付能力的家庭租用，每一家庭居住于市中心节省的租金恰好被因此而增加的交通费用补偿。当远离市中心节省的租金恰好与增加的交通费用相等时，市场达到均衡。同样的，因为存在家庭的非土地消费的替代，当距离市中心越近时，土地租金越高，家庭会限制对土地的消费，从而增加商品消费，家庭的消费效用函数曲线也是凸向原点的，如图 4-3 所示。

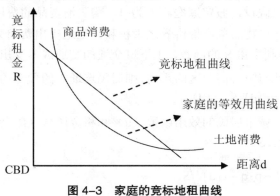

图 4-3   家庭的竞标地租曲线

综上所述，不论是工业、商业还是住宅的竞标地租，都与中心城市的距离呈负相关的关系，不同区位的选择表示了企业或家庭具有不同的支付地租的能力，靠近中心城市的企业或家庭需要具有较高的支付地租的能力。

4.1.2   市场均衡竞标地租曲线与城市用地结构的形成

4.1.2.1   市场均衡竞标地租曲线与城市用地结构

由于土地有多种可能的利用方式，对每块用地的竞争不仅存在同类型企业和居民之间，不同类型企业与居民之间也存在竞争。按照阿朗索的方法，将企业、住宅和农业用地三者竞标地租函数和曲线互相重叠在一起，得到在竞争的自由市场下所决定的整个城市的现实市场均衡地租曲线，即各种用途之间的竞争是如何确定一个城市的总的均衡地租水平的。均衡地租曲线是城市各种用地竞标地租曲线的包络线，它与各种用地的最高竞标地租是相一致的，在市场均衡地租曲线的每一点上，土地的需求量与供给量恰好相等。在市场均衡地租曲线下，城市土地需求者不论个人或企业都不再选择另外的地点来实现比现在更高的效用或利润，城市土地使用者在最高竞标地租下，使土地效用或利润达到最大，各土地所有者的地租收入也达到最大，因此，在市场均衡地租曲线下构成的城市土地市场上的一切都处于均衡。①城市土地资源由此也得到了最佳的配置。

由前面的分析可知，企业用地和住宅用地的竞标地租曲线斜率为负，位于城市边缘的农业用地的租金由农产品的市场价格决定，因此是一条平行于横轴的直线。从企业和居民的竞标函数来看，竞标地租曲线的斜率一方面取决于运输成本或交通成本的高低，运输成本或交通成本越高，该类用途的竞标地租曲线越陡峭，越高于其他用途的竞标地租曲线，越接近市中心；②另一方面取决于居民和企业对于离开市中心距离所产生经济利益的敏感度，敏感度越高，斜率越陡。一般说来，商业服务业的经营利润与其交通便利程度高度相关，商业企业的竞标地租曲线的斜率比居民用地竞标地租曲线斜率要陡峭，如图 4-4 所示。

根据市场竞争的原则，在距离小于 d_1 处，企业比住宅和农业可以支付更高的租金；在 d_1 和 d_2 之间，住宅比商业和农业可以支付更高的租金；而大于 d_2 处，农业的竞价最高。因此，接近城市中心的位置被企业所利用；超过 d_2 的土地被农业所利用；而在 d_1 与 d_2 之间的土地则被住宅所占用。这样，在各个 d 点，所获得的租金是各类租金函数中最高的，市场均衡的土地租金函数是各类竞标地租曲线的包络线。

① 江曼琦. 对西方竞标地租理论的几点认识[J]. 南开经济研究，1997（6）：43.
② 赵贺. 转轨时期的中国城市土地利用机制研究[D]. 复旦大学，2003：55.

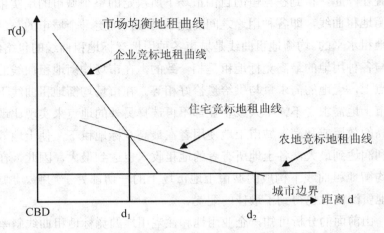

图 4-4   市场均衡地租曲线及其与竞标地租曲线的关系

资料来源：赵贺. 转轨时期的中国城市土地利用机制研究[D]. 上海：复旦大学，2003：58.

4.1.2.2   市场均衡竞标地租曲线与城市集约度

从市场均衡曲线的形成中可以看出，为城市土地市场供求关系所决定的，在各种用地的使用者相互竞争过程中所形成的市场均衡地租曲线下，城市土地需求者，不论是个人或企业都不能通过也不再需要通过对现在地点（位置与土地面积）的变动，来获得比现在更高的效用或利润，经济利益和土地资源的配置效益得到最大化。因此，在竞标地租为市场所确定下来的同时，城市土地利用的均衡空间结构也就确定下来了。只有当城市经济条件变化时，市场上的供求关系也发生变化，城市土地利用的空间结构才会随在市场上决定的城市地租的变化而变化。

如图 4-5 所示，考虑了城市内五种产业在城市内选址的情况，它们的投标租金曲线的交点分别为 a、b、c、d、e，如果我们以纵轴为旋转轴，把图旋转 360 度，就可以得到具有四个圈层的同心圆形的城市内部土地利用结构。如果土地市场上需求提高，就会引起城市地租水平的提高，从而会导致城市土地利用同心圆模式中各种用途的空间区域界限向其邻近的区域扩展。

　　城市市场均衡曲线既反映了城市土地利用的空间结构，同时也反映和决定了城市土地利用的总集约程度。由于土地和资本投入要素之间的可替代性，在竞争性的土地竞标过程中，经济地租和城市土地利用集约程度间存在着正相关关系，经济地租量最大时，城市土地利用集约度也达到最高限度，即其集约边际。因此，由最高竞标地租曲线构成的市场均衡地租曲线，实际上也就是各种用地的集约边际曲线。在城市土地市场上，城市土地利用空间结构和利用的集约程度与城市地租也就被同时确定下来，如图 4-5 所示。

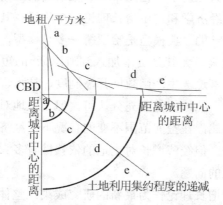

图 4-5　竞标地租与城市土地利用结构和城市土地利用集约程度的关系

　　资料来源：江曼琦. 城市空间结构优化的经济分析[M]. 北京：人民出版社，2001：86.

4.1.2.3　城市建设用地边界的决定

　　从市场均衡地租曲线中我们了解到，当城市均衡地租支付超过农业地租时，农业土地将转化为城市土地。也就是说，在完全竞争的条件下，市场均衡租金曲线与农业用地竞标地租曲线的相交点，决定了城市用地的总规模，此时的城市地租等于其机会成本，即农业地租（参见图 4-4）。[①]

---

　　① 江曼琦. 城市空间结构优化的经济分析[M]. 北京：人民出版社，2001：87.

通过以上的分析表明，竞标地租函数的实质是：土地利用通过价格机制进行调节，城市的每块土地都用于能够支付最高租金的用途，而每个租地者根据他所能支付的地租和在该块土地上能够获得的最大收益来权衡是否租用该块土地，达到竞标地租下的土地资源配置效益最大化。

4.2 城市经济增长与城市土地集约利用

经济学研究者们通常以人均产出或者收入的提高为经济增长的代表指标。从古典经济学理论至今，有关增长的理论前后交替了古典经济学、新古典经济学和内生增长理论三个阶段。其中，新古典经济学中解释经济增长的经典模型是哈罗德—多马模型，该模型把经济长期增长的驱动因素，尤其是资本加入到凯恩斯[①]的短期分析中。随后大量的研究围绕着这一生产函数展开，制度、技术进步等因素被作为经济增长源泉之一的地位得到充分认可。但是土地对于经济增长的影响研究不多。显然，在空间范围不变的状况下，经济增长一定提高土地集约利用水平；但经济增长对土地的依赖性有多大是土地节约集约利用中需要研究的问题。

虽然内生增长理论作为最新的研究成果，整体上比索罗增长模型更具代表意义。但是鉴于索罗增长模型对要素投入的贡献给出了合理的解释，并且模型的可用性及动态分析的可操作性，结合我们的研究目的，这里我们仍然选取索罗增长模型作为主要的研究工具。

4.2.1 引入土地要素后的索罗模型

传统模型的重点在于产出、资本、劳动力及技术 4 个变量。具体表示为：

$$Y(t) = F[A(t), K(t), L(t)] \tag{4.8}$$

---

① 凯恩斯. 就业、利息与货币通论[M]. 房树人，黄海明，译. 北京：北京出版社，2007：287~290.

式中，Y、K、L、A、t 分别表示总产出、资本存量、劳动力、技术进步和时间。经济函数表达式为：

$$Y(t) = K(t)^{\alpha}[A(t)L(t)]^{\beta} \qquad (4.9)$$

沿用武康平、杨万利[1]的理论框架，用土地有效供给来代替单一数量维度的土地供给。基于此，我们将 C-D 函数改写成以下的形式：

$$Y(t) = K(t)^{\alpha}[A(t)L(t)]^{\beta}[B(t)R(t)]^{\lambda} \qquad (4.10)$$

式中，α、β、γ 分别代表资本、有效劳动、有效土地的产出弹性的常数，B 代表土地利用效率函数。同时我们沿用了索罗增长模型的假定：规模报酬不变，即 α+β+γ=1；函数是边际收益递减的；经济增长存在稳态；储蓄率 s 为外生常数；资本折旧率 δ 固定不变。

从短期来看，我们假定土地的增长率为 m，g_B 为土地利用效率增长率，$m+g_B$ 为土地综合增长率，劳动的增长率为 n，A 为初始技术水平，g_A 为具有希克斯中性性质的技术进步率。

4.2.2　短期经济运行情况

这里我们用以下关系式表示总产出增长率：

$$\frac{\hat{Y}}{Y} = \alpha\frac{\hat{K}}{K} + \beta\left(\frac{\hat{A}}{A} + \frac{\hat{L}}{L}\right) + \gamma\left(\frac{\hat{R}}{R} + \frac{\hat{B}}{B}\right) \qquad (4.11)$$

$$\frac{\hat{Y}}{Y} = \alpha\frac{\hat{K}}{K} + \beta(g_A + n) + \gamma(m + g_B) \qquad (4.12)$$

人均产出为 $\tilde{y} = Y/L$，因此，人均的产出增长率为：

$$\frac{\hat{\tilde{y}}}{\tilde{y}} = \left(\frac{\hat{Y}L - Y\hat{L}}{L^2}\right)\Big/\left(\frac{Y}{L}\right) = \frac{\hat{Y}}{Y} - n = \alpha\frac{\hat{K}}{K} + \beta g_A + (\beta - 1)n + \gamma(g_B + m)$$

$$\qquad (4.13)$$

有效人均产出：y = Y/AL，则有效人均产出增长率为：

① 武康平，杨万利. 基于新古典理论的土地要素与经济增长的关系[J]. 系统工程理论与实践，2009（8）：50~55.

$$\frac{\hat{y}}{y} = \frac{\widehat{Y/AL}}{Y/AL} = \frac{\hat{Y}}{Y} - \left(\frac{\hat{L}}{L} + \frac{\hat{A}}{A}\right) = \frac{\hat{Y}}{Y} - (n + g_A) = \alpha\frac{\hat{K}}{K} + \gamma(g_B + m) + (\beta - 1)(n + g_A)$$

$$(4.14)$$

通过上述分析结果我们不难看出，在短期条件下，总产出增长率、人均收入、人均有效产出都受到土地综合增长率的影响，也就是说增加土地的有效供给，可以促进经济的发展。结合我国的现实情况来看，土地供给量的增加确实保证了我国改革开放 30 多年经济的高速发展；土地供给制度的变革、土地开发技术的提高、单位面积资本投入的增加都有利于提高我国城市的土地利用效率，使得土地的有效供给增加。二者结合，保证了我国经济长达几十年的高速持续发展。

4.2.3 经济增长长期稳态路径分析

由公式（4.12）、（4.13）、（4.14）可以得出，在给定的假设条件（劳动、土地投入与技术进步外生，总产出增长率、人均收入、人均有效产出都受到资本增长率的影响）下，使得经济增长进入稳态增长的条件，即资本增长率达到稳态的条件。

$$\hat{K} = sY - \delta K \tag{4.15}$$

$$\frac{\hat{K}}{K} = \frac{sY - \delta K}{K} = s\frac{Y}{K} - \delta \tag{4.16}$$

进入平衡增长路径时：

$$\frac{d(\frac{\hat{K}}{K})}{dt} = s\left(\frac{\hat{Y}K - Y\hat{K}}{K^2}\right) = s\left(\frac{\hat{Y}}{K} - \frac{Y}{K}\frac{\hat{K}}{K}\right) = 0 \tag{4.17}$$

$$s\left[\frac{Y}{K}\frac{\hat{Y}}{Y} - \frac{Y}{K}\frac{\hat{K}}{K}\right] = 0 \tag{4.18}$$

依据索罗的增长理论，人均有效产出 y、有效人均资本 k 进入稳态之后将收敛到一个稳态值（y*, k*）；但是由于土地总量是有限的，其总投入值达到顶点 R^* 时，增长率将降为零，即 $m=0$。将公式（4.18）代入公式（4.11）可得：

$$\frac{\hat{Y}}{Y} = \frac{\hat{K}}{K} = \frac{\beta(n+g_A)+\gamma g_B}{1-\alpha} = \frac{\beta(n+g_A)+\gamma g_B}{\beta+\gamma} \quad (4.19)$$

$$\frac{\hat{\tilde{y}}}{\tilde{y}} = \frac{\beta g_A + \gamma(g_B - n)}{\beta+\gamma} \quad (4.20)$$

$$\frac{\hat{y}}{y} = \frac{\gamma(g_B - n - g_A)}{\beta+\gamma} \quad (4.21)$$

通过上述分析可以看出，经济的增长率与土地数量无关，始终为正值，但是大小受到土地利用效率的影响；人均产出增长率和人均有效产出增长率则会因为要素增长率的不同而出现一些不同的情况。具体而言，要想保持人均产出增长率大于零，则土地利用效率增长率必须达到最小值 $g_B^{*1} = n - (\beta/\gamma)g_A$；同样，如果想要维持人均有效产出增长率大于零，土地利用效率增长率所要达到的最小值为 $g_B^{*2} = n + g_A$。下面我们分三种情形进行讨论：

第一，当 $g_B < g_B^{*1}$ 时，$0 < \frac{\hat{Y}}{Y} < n$，$\frac{\hat{\tilde{y}}}{\tilde{y}} < 0$，$\frac{\hat{y}}{y} < -g_A < 0$。这时，经济发展明显处于停滞状态，所有的人均产出都为负增长。这说明在土地供给达到极值的情形下，如果不提高土地的利用效率，那么经济增长将失去承载基础。即使技术和劳动力有所增长也难以带来人均产出的增长。

第二，当 $g_B^{*1} \leqslant g_B \leqslant g_B^{*2}$ 时，$n < \frac{\hat{Y}}{Y} < n+g_A$，$0 < \frac{\hat{\tilde{y}}}{\tilde{y}} < g_A$，$-g_A \leqslant \frac{\hat{y}}{y} 0$。此种情形下，土地利用效率有了一定的增长，但是仍然不足以支撑劳动力和技术进步带来的经济增长效应，对人口红利及技术进步造成了约束。尽管总产出增长率有很大提高，但是没有达到既定的增长状态，人均有效产出依然是负值。当 $g_B = g_B^{*2}$，$\hat{Y}/Y \leqslant n+g_A$，$\hat{\tilde{y}}/\tilde{y} \leqslant g_A$，$\hat{y}/y = 0$ 时，土地利用效率能够保持与人口增长及技术进步综合增长率同步的一个提高速率，这与原始索罗模型的情况一致。

第三，当 $g_B > g_B^{*2}$ 时，$\dfrac{\hat{Y}}{Y} > n + g_A$，$\dfrac{\hat{\tilde{y}}}{\tilde{y}} > g_A$，$\dfrac{\hat{y}}{y} > 0$。这种情况下，土地利用效率的增长率已经超过了人口和技术的增长率，这是人口增长与技术进步得到了足够的土地要素的支撑，经济将达到新的长期增长率。

4.2.4 土地产出弹性对于经济增长的影响分析

土地产出弹性是指每增加一单位土地投入所能增加的总产出量。显然土地产出弹性反映了经济发展对于土地的依赖程度，体现了土地对经济产出贡献的大小。这里为了方便分析，将土地利用增长率假定为与知识进步同步增长，即 $g_A = g_B = g$，此时：

$$\frac{\hat{Y}}{Y} = g + \frac{\beta g}{\beta + y}, \frac{\hat{\tilde{y}}}{\tilde{y}} = g - \frac{\gamma n}{\beta + \gamma}, \frac{\hat{y}}{y} = -\frac{\gamma n}{\beta + \gamma} = -\frac{n}{\dfrac{\beta}{\gamma} + 1} \qquad (4.22)$$

γ 越大，$\alpha + \beta + \gamma = 1$，则 β 相对较小，从而：

$$\frac{\hat{Y}}{Y}\downarrow = g + \frac{\beta g}{\beta + \gamma} = g + \frac{g}{\dfrac{\gamma\uparrow}{\beta\downarrow} + 1}\downarrow \qquad (4.23)$$

$$\frac{\hat{\tilde{y}}}{\tilde{y}}\downarrow = g - \frac{\gamma n}{\beta + \gamma} = g - \frac{n}{\dfrac{\beta\downarrow}{\gamma\uparrow} + 1}\uparrow \qquad (4.24)$$

$$\frac{\hat{y}}{y}\downarrow = -\frac{\gamma n}{\beta + \gamma} = -\frac{n}{\dfrac{\beta\downarrow}{\gamma\uparrow} + 1}\uparrow \qquad (4.25)$$

分析上述推理结果，我们不难看出，土地产出弹性与均衡增长路径下的总产出增长率、人均产出增长率、人均有效产出增长率成明显的负相关关系。这也就印证了前面提出的经济长期增长率与经济增长方式密切相关，对土地的依赖性越大，土地的束缚作用就越明显，长期增长率就会越低。

4.2.5　小结

综合上述分析可以得出以下结论：

第一，从短期来看，土地综合增长率可以影响到总产出增长率、人均收入、人均有效产出。也就是说，在土地投入规模可变、土地利用技术可控的短期内，加大土地供给面积确实可以加快经济的增长速度。

第二，从长期来看，决定经济总产出增长率的不是土地供给数量而是土地的利用效率水平，这将直接决定了土地要素对于经济增长的限制作用。具体而言，如果土地利用效率的提高速度足以支撑人口及技术的进步速度，那么经济的长期增长率必然会得到正面的加强作用；如果土地利用效率的增长速度低于人口增长和技术的进步速度，那么长期来看，人均有效产出必然将保持负增长。所以在土地规模存在极值的情形下，我们如果想保持经济的长期快速可持续发展，就应该致力于优化资源配置，提高土地的利用效率。

第三，从土地弹性的分析来看，长期的经济增长率受到经济增长方式的影响。结果显示，总产出增长率、人均产出增长率、人均有效产出增长率与土地弹性之间存在明显的负相关关系，也就是说经济增长对土地的依赖性越大，经济的长期增长率就会越低。随着经济的不断发展，城镇化进程的加快，人类可以利用的土地资源越来越少，这就迫使我们经济发展方式由粗放向集约转变。在这一过程中，经济对于土地的依赖也会越来越低，这一发展路径已经得到了西方成熟市场经济国家的验证。我国正处于快速工业化和城市化的过程中，以往的发展经验为我们提供了良好的借鉴。

4.3　城市产业结构、用地结构与城市建设用地的节约集约利用

4.3.1　城市产业结构与土地节约集约利用

城市产业结构是指城市经济发展过程中各产业的构成及各产业之

间的联系和比例关系。城市经济发展不仅表现为城市经济增长还体现为城市产业结构的优化，因此城市产业结构对城市经济发展和经济增长具有重要作用，合理的产业结构能够促进经济的发展，不合理的产业结构会对经济的发展形成阻碍。

城市产业结构对于土地节约集约利用的影响首先来源于不同行业的生产效率差别。不同的产业不仅在其产出效率上存在差别，而且经济增长所依赖的生产要素的贡献也存在差别。根据李小平、朱钟棣对于中国制造业 34 个分行业的 1987~2002 年的全要素生产率的测算发现，生产率增长和产出增长存在较为显著的相关性。[①]1987~2002 年期间，我国生产率提高最快的是电子及通信设备制造业（6.76%），年均经济增长率为 19.68%，是所有行业中经济增长最快的行业；而文教体育用品制造业、机械制造业、电力蒸气生产供应业、石油和天然气开采、家具制造业、煤气生产和供应业、石油加工业等行业年均生产率增长为负。因此，高效的产业结构必然带来高产出的土地效率。

不同产业的土地利用效益也形成差别。从总体上看，第一产业在城市中所占的比重较少，经济效益最低；第三产业中的商业、金融、服务等行业具有占地少且产出效益高的特点；第二产业中重工业一般需要利用大型的设备，只能建设单层厂房并要求一定数量的堆场，其建筑容积率偏低，土地利用的效率也就较低。谭丹等人以江苏省典型城市为研究区域，在对工业企业调研的基础上，通过对不同行业工业用地集约利用水平研究发现：江苏省典型区域不同行业工业用地集约利用水平存在显著差异，其中交通运输设备制造业、纺织服装、鞋、帽制造业、通信设备、计算机及其他电子设备制造业的用地集约水平最高，而医药制造业、专用设备制造业用地集约水平较低。[②]

从提高土地节约集约利用水平来看，城市产业结构应趋向于高附加值和低土地依赖度产业。

---

① 李小平，朱钟棣. 中国工业行业的全要素生产率测算——基于分行业面板数据的研究 [J]. 管理世界，2005（4）：56~64.

② 谭丹，黄贤金，胡初枝等. 不同行业工业用地集约利用水平比较研究——以江苏省典型区域为例[J]. 江西科学，2008（6）：923~927.

4.3.2　城市用地结构与土地节约集约利用

城市用地结构是城市内部各种功能的用地比例和空间结构及其相互影响、相互作用的关系，城市土地利用结构一般包含三个方面的内涵：一是土地利用结构由哪些用地类型组成，即要素体系；二是各要素的相互关系和组合形式，包括其数量比例关系和空间布局；三是各要素相互关系的发展变化，即要素的动态结构特征。[①]城市用地结构是否合理直接关系到城市整体功能的改善和土地利用效益的提升，城市土地利用结构的合理化是土地资源高效配置的基础。合理的土地利用结构能充分发挥土地利用潜力，提高土地利用集聚效应，保持土地生态系统平衡，实现土地的可持续利用，促进区域经济发展和环境的逐步和谐。

城市用地结构是城市产业结构的反映。我国《土地利用现状分类》（GB/T 21010-2007）标准中，将建设用地分为 7 大类 31 个小类，将其与我国产业结构的分类对应可以看出我国各类产业所占据的用地类型，如表 4-1 所示。由此可以看出，在城市用地结构中，城市产业用地在城市用地结构中的比例和产业用地内部不同产业用地的比例是提升城市用地效益的关键。在城市用地中扩大占地面积少、附加值高的产业的比重，将会促进土地的节约集约利用。

表 4-1　土地利用类型与产业结构分类

用地类型				产业类型	
一级类		二级类		大类	门类
类别编码	类别名称	类别编码	类别名称		
05	商服用地	051	批发零售用地	批发零售业	第三产业
		052	住宿餐饮用地	住宿餐饮业	
		053	商务金融用地	金融业、商务服务业	
		054	其他商服用地	其他商务服务业	

---

① 罗江华，梅屿，陈银蓉. 柳州市城市土地利用空间格局演化特征分析[J]. 中国人口资源与环境，2008，18（1）：145~148.

续表

用地类型				产业类型	
一级类		二级类		大类	门类
类别编码	类别名称	类别编码	类别名称		
06	工矿仓储用地	061	工业用地	工业	第二产业
		062	采矿用地	工业	
		063	仓储用地	交通运输、仓储和邮政业	第三产业
07	住宅用地	071	城镇住宅用地	房地产业	
		072	农村宅基地	/	/
08	公共管理与公共服务用地	081	机关团体用地	公共管理与社会组织	第三产业
		082	新闻出版用地	文化、体育与娱乐业	
		083	科教用地	教育	
		084	医卫慈善用地	卫生、社会保障和社会福利业	
		085	文体娱乐用地	文化、体育与娱乐业	
		086	公共设施用地	/	/
		087	公园与绿地	文化、体育与娱乐业	第三产业
		088	风景名胜设施用地	文化、体育与娱乐业	
09	特殊用地	091	军事设施用地	/	/
		092	使领馆用地	/	/
		093	监教场所用地	/	/
		094	宗教用地	/	/
		095	殡葬用地	卫生、社会保障和社会福利业	第三产业
10	交通运输用地	101	铁路用地	交通运输业	
		102	公路用地		
		103	街巷用地	/	/
		105	机场用地	交通运输业	第三产业
		106	港口码头用地		
		107	管道运输用地		
11	水域及水利设施用地	113	水库水圈	水利、环境和公共设施管理业	
		118	水工建筑物用地		
12	其他土地	121	空闲地	/	/

　　城市用地中各类要素的组合关系及其空间布局也是提升城市土地利用效率的影响因素之一。不同的产业需要不同的发展环境，在三类产业中，第三产业发展对区位周边的交通便捷程度、公共服务基础设施、公共绿地、配套产业等具有较高的依赖程度；而同时，不同的区位由于周边所聚集的产业和公共服务设施的不同，其区位条件对不同的产业所带来的经济利益也会产生差别。因此，地尽其利、地尽其用是土地资源配置的核心。

4.3.3　城市产业结构和产业用地结构形成与演化的机理

4.3.3.1　企业区位选址与城市产业结构的形成[①]

　　城市的产业结构由城市所聚集的企业类型来决定，因此，对城市产业结构形成机理研究也应该追本溯源从研究企业的选址理论入手。城市经济系统与国民经济系统在许多方面是存在差异的，总体上，城市经济除了具有国民经济系统性、关联性等特征外，城市经济的本质特征是其空间集中的经济，在聚集经济的作用下，无论是从城市内部空间还是从城市体系来说，不同城市内的不同空间区位会对于不同类型的企业带来不同的经济利益，因此，不同的企业会向不同的城市和城市内的不同空间聚集。

　　根据阿朗索（Alonso）的土地竞标地租曲线模型，在土地利用通过价格制度进行调节的社会，原则上城市每块土地由愿意支付最高租金的人获得使用权，而企业对每个城市空间所愿意支付的最高租金取决于该空间可能给该企业带来的最大聚集效应。由于企业经营行业不同对空间的要求也不同，加上城市空间的唯一性特点，因此，企业决定在某个城市的某个地点投资发展时，相应地也就决定了其发展的产业类型，同时也决定了城市的产业结构，[②]决定了城市产业用地的类型。

　　① 本节内容参考：江曼琦，席强敏. 制造业在世界大都市发展中的地位、作用与生命力[J]. 南开大学学报，2014（1）：153~160.

　　② 江曼琦. 城市空间结构优化的经济分析[M]. 北京：人民出版社，2001：83~88.

4.3.3.2　土地价格的变化与城市产业结构的演化

假定某种产业的生产者在某个时期内生产数量为 Q 的某种产品，其市场价格为 P，则其收入函数 I 为：

$$I = P \cdot Q$$

又假定该生产者生产这些产品需要耗费价值为 C_0 的非土地投入品（资本、劳动、原材料等），占用面积为 M、单位租金为 R 的土地，获得聚集效应 K（μ），则成本函数为：

$$C = C_0 + R_{(x)} \cdot M$$

相应的利润函数为：

$$\pi = P \cdot Q - C_0 - R_{(x)} \cdot M + K(\mu)$$

随着城市的发展，城市土地价格变化时，企业要保持原有的利润空间，需要采取一系列的调整对策。这些对策除了在非空间经济学中所讨论的技术创新、调整企业组织结构、改变经营模式等方方面面外，还涉及企业空间的调整，这里我们分析企业面对土地价格变化可能采取的行为，以及对企业经营行业类型乃至城市产业结构所带来的影响。总体上，世界城市土地价格趋于上涨的状况，为了简化分析，这里我们只分析土地价格上涨所带来的影响。

从利润函数可以看出，在其他条件不变的情况下，如果 $R_{(x)}$ 上涨，会使企业的利润下降，也就是企业对于该空间的支付能力下降，在市场竞争中有可能被其他有能力、愿意支付更高土地价格的企业所排挤。为了保持对该空间的竞争力，企业需要从减少 $R_{(x)} \cdot M$、增加 K（μ）两方面采取措施：

（1）减少空间的利用成本

企业空间利用的成本由 $R_{(x)} \cdot M$（单位用地租金或价格和所利用的土地空间大小）所决定。因此降低空间利用成本的途径也主要包括缩小土地利用面积和搬迁到租金较低的空间。如果保持在原有的城市空间发展，则意味着或者需要缩小空间占用的规模，或者需要提高企业的产出效益。从缩小企业发展的土地空间来说，企业也可以采用两种

方式:

一是利用要素替代原理, 在技术和环境容许的范围内, 增加建筑密度和容积率, 在土地面积不变的情况下, 增加实际的使用空间, 前提是企业经营的行业适于将楼宇作为发展的空间。此种对策并不影响城市原有的产业结构。

二是企业通过在交通通信成本与土地成本的权衡中, 在交通通信技术的保障下, 将无法在原空间获得较大聚集效应的相关部门迁移到低地价的新空间(原城市内迁移或向新城市甚至跨国迁移), 以享受到由于地区间劳动力成本和房地产价格差异所带来的成本节省。这意味着留在原有城市的部门是有能力、并能在该空间上获得与其所支付土地价格相匹配聚集效益的部门, 也造成企业根据不同部门特点在更广泛的地域内组织企业的经济活动, 不同城市聚集企业的不同部门。20世纪后半期以来, 信息和通信技术的发展, 企业内部的空间分离成为一种趋势。

当土地价格上涨, 企业认为单位用地租金高于其从该空间获得的利益时, 企业则可能会在原有城市内调整发展区位, 或者搬迁到新的城市。企业在城市内的空间转移, 从静态分析对原有城市的产业结构并没有影响, 但从动态来说, 企业所腾出的城市空间将会被具有更强支付能力的行业的企业所替代, 而这一企业新的选址将会排挤掉新空间上原有比该经营行业效益低的企业, 因此从总体上城市产业结构会趋于从低附加值的行业向高附加值的行业转化, 也就是向价值链微笑曲线的两端演化, 制造业总体上处于被服务业排挤的状态。如果原有的企业迁移后没有新的企业填入, 则会导致城市经济发展的萧条。

(2) 增大从该空间获得的聚集效应

由于聚集效应的获得并不需要在地租以外支付额外成本, 因此, 企业在空间选址中希望所选空间给企业发展带来的聚集效益越大越好。然而由于行业特点的差异, 同一个发展空间对不同类型的行业所形成的聚集效益的大小是不一样的。因此, 企业空间选址决策的内涵就在于根据其企业经营的特点选择能够获取最大聚集效益和比较优势的空间位置, 或者根据空间的聚集和比较优势特点选择企业经营的类型。在土地价格上涨时，企业要保持对于该空间的竞争力则需要调整企业经营的类型，充分利用该区位的聚集效应。这样同样会带来产业结构的调整。

4.3.4　城市产业结构和用地结构演化的互动

4.3.4.1　城市产业结构演化和用地结构演化的规律和特征

随着城市经济和城市主导产业的发展，城市产业结构会呈现不同特点。产业结构优化的过程是推动产业结构合理化和产业结构高级化发展的过程，是实现产业结构与资源供给结构、技术结构、需求结构相适应的过程。大量的研究已经证明，城市产业结构依据经济发展的历史和逻辑序列顺向演进，由一种平衡状态上升到新的平衡状态，形成城市产业结构的高度化。城市产业结构的优化主要包括以下几方面的内容：（1）在整个产业结构中随着经济总量的增长，三类产业的比例中，第二产业的产值和就业人数所占比重逐渐降低；第三产业的产值和就业人数所占比重逐渐上升；第一产业的产值和就业人数所占比重一直很低，而且随着经济的发展还有降低的趋势。产业结构的演进经历了"一、二、三"到"二、三、一"，进而发展到"三、二、一"的发展过程。（2）工业内部结构逐渐由以轻工业为中心向以重工业为中心演进。（3）在重工业化的过程中，逐渐由以原材料、初级产品为中心向以加工组装业为中心，再进一步向以高、精、尖工业为中心演进。（4）在区域输出产业的演进上，逐渐由低附加值向具有高附加值的产业演进。（5）在产业结构的要素密集程度上，逐渐由劳动密集型产业为主向资金密集型产业为主，再向技术密集型产业为主演进。[①]

城市用地结构的演变具有外延扩张和内部重组的特征。在外部空间上表现为城市规模扩张带来的城市建设用地的外延扩张；在城市内部则表现为各功能性用地如工业用地、居住用地、商业用地、绿地等用地类型的重组。城市用地结构的外延扩张和内部重组必然对城市不同用地效益产生影响。

---

① 江曼琦. 城市空间结构优化的经济分析[M]. 北京：人民出版社，2001：113.

4.3.4.2　城市产业结构调整对土地结构的影响

城市产业结构的调整和升级对土地利用及用地结构具有重要影响。产业结构的调整不但会直接地通过相应的土地利用类型的转变得到反映，而且由经济结构变化带来的人口资源的转移也会促使土地利用结构的改变。这种影响主要通过两方面表现出来。一方面，随着城市经济的发展，城市人口、产业由中心市区向外扩散，郊区及周边农村快速城镇化，大量耕地、林地等农业生产性用地和分散的农村居民点转变为工厂、商业以及交通用地。另一方面，产业结构的不断升级，由技术创新所带来的成本节约和增加的新产品、新功能，使企业和个人在土地竞争中保持优势，导致了对城市功能的空间替代。新功能对原有功能的空间所具有的很强的中间插入机会，使原有技术落后的企业或者被高利润、高效益的企业所替代，或被先进技术所产生的超额利润所吸引，随之转变企业生产结构，并带动与之相关的生产要素及厂商区位的调整。例如，电子、仪表行业对机械、化工行业的替代，朝阳产业对夕阳产业的替代，高新技术产业对传统产业的替代等。[①]这样，土地利用集约度不断增强，市区建筑密度与容积率不断增大，真正实现地尽其利、地尽其用。

城市产业结构与城市形成发展的阶段相关，也使得城市用地结构在城市发展的不同时期具有不同的特点。在城市形成的初期，城市规模较小，集聚效应不强。此时产业类型单一，城市用地结构较为简单，各种功能区域分区界限明晰。随着城市的发展，城市产业多样化，城市用地规模增长，城市功能多样化，用地类型复杂化，用地布局趋向平稳。随着城市的进一步发展，城市产业结构不断升级，城市规模稳定，城市用地结构逐步优化，城市用地布局更加集约、紧凑化。

4.3.4.3　城市用地结构对产业结构优化的影响[②]

城市用地结构的形成是城市居民和厂商在城市不同经济活动中重新配置和组合土地资源和要素的过程。正如韦伯对工业聚集的划分一

---

① 江曼琦. 城市空间结构优化的经济分析[M]. 北京：人民出版社，2001：102.

② 本节内容参考：江曼琦. 城市空间结构优化的经济分析[M]. 北京：人民出版社，2001：91~93.

样，在城市形成后，过去形成的人口和经济活动的分布，影响着现期的选址决策，绝大多数的居民、厂商实际上是根据已有的人力资源、市场、投入、工业、居住、公共设施的分布，即以某区位现在的聚集状况和开发建设的成本（主要受自然资源和自然条件的限制）为参考，对未来某区位可能获得的聚集经济预测，进行选址活动的。聚集一般总是发生在区位条件比较优越的地方，这样，聚集利益本身就有促进聚集的作用，现存的聚集条件成为聚集因子来影响进一步的聚集。

土地作为生产要素之一，是任何产业产生、发展的基础。任何产业的发展都需要一定数量的空间载体作为保障。城市土地利用结构和密度的调整不是瞬间进行的。由于城市建筑的使用期限较长，不利于土地的改变，一般说来，城市土地利用比农村的土地利用缺少灵活性，这样在给定地点和时间时的土地利用模式会反映一定量的惯性，至少在短期内意味着一定比例的城市土地面积总是低效用的。所以，城市空间结构的演变实际上是一个以已有聚集经济分布为基础的聚集过程。已存的用地结构会作为聚集因子影响新的聚集，而新的聚集又会进一步改变城市聚集效应的总量和分布。城市用地结构和城市经济运行就是一个以前一阶段为基础不断更替演变的过程。

4.3.5 小结

城市产业结构和用地结构的优化是紧密相关的两个方面。当原有的用地结构使产业发展受阻或已达到资源环境的承载力上限时，说明此时的用地结构已经不合理，各企业在追求自身利益以及可持续发展的原则下，寻找新的资源重新发展或是进行产业结构升级，最终带动城市产业结构的转变。回顾天津市规划局、土地局自 1993 年率先提出并付诸实施的"双优化工程"，以支持、扶持企业为基点，在当时的土地使用制度改革的形式下，通过土地出让和发展房地产业等第三产业，促进实现土地资源配置和产业结构的双重优化，① 证明了产业结构和

---

① 天津市土地管理局. 深化"双优化工程"控制城市规模[J]. 中国土地，1997（4）~（5）：34.

土地资源优化配置的这种关系。由于历史的原因，20 世纪 90 年代，天津市中心区修建了大量的工厂、仓库等，这些企业中有很多重化工业、污染扰民的企业，以及和居住区混杂的企业，这既限制了企业改造发展，又严重影响了城市环境和人民生活。通过实施"双优化工程"，不仅实现了土地资源配置和城市产业结构的优化，而且盘活了土地资产存量，促进了现代企业制度的建立和社会主义市场经济体制的完善。通过挖掘城市存量土地使用潜力，提高土地的使用效率，使土地利用逐步走上内涵发展式的道路，从而节约集约利用土地，进一步体现"合理利用每一寸土地，切实保护耕地"的国策。①

　　我国正处于产业结构升级时期，大量城市存量土地被现有产业占用，土地资源的稀缺致使产业扩张又不能走占用耕地的道路。因此，新产业要获得发展，必须对现有的用地结构作出调整和规划安排，要对原有不合理用地结构进行整理、清肃，在促使产业结构升级的同时，达到城市土地的集约利用。在客观上，产业结构的优化必然要求土地利用结构的不断调整和优化，尤其是我国正在进入以第三产业为主导的产业结构转型中，城市建设用地结构的转变不可避免，我们应积极应对这一客观趋势，通过用地结构和产业结构的双优化，提升城市土地的集约利用水平。

4.4　城市人口、居民收入、土地供应与居住用地集约利用

　　居住用地是城市建设用地的重要组成部分，在城市用地构成中占有绝对大的比重。美国城市居住用地占城市总土地消费的 60%~80%（不包括城市基础设施用地），②《中国城市建设统计年鉴》显示，2010 年我国居住用地占建设用地的比例为 30%。居住用地是城市用地中消耗最多的用地，在城市用地构成中占有高的比重，其节约集约利用水

---

　　① 天津市土地管理局. 深化"双优化工程"控制城市规模[J]. 中国土地，1997（4）~（5）：34.

　　② 丁成日. 城市规划与空间结构：城市可持续发展战略[M]. 北京：中国建筑工业出版社，2005：92.

平对整个城市节约集约利用具有重大影响。对全国 30 个重点城市集约用地的调查表明，①居住功能区中，用地人口密度在 74~1146 人/公顷之间，剔除南京、济南、海口等异常数据，平均为 376 人/公顷，总体上处于《城市居住区规划设计规范》规定的 357~588 人/公顷的控制标准范围下限。居住用地平均容积率达到 1.60，低于商业服务设施用地 1.98 的水平，其中 16 个城市的综合容积率高于均值。重庆最高，达到 2.9；银川最低，只有 0.96。影响居住用地集约利用水平的因素有很多，城市人口、居民收入和土地供应状况是其中的 3 个关键因素。

4.4.1 人口规模与居住用地集约利用

人口是居住用地形成的基本前提和需求主体，人口数量是构成住房总量需求的基础。城市化进程的加快和城市人口增加，不仅直接引致对居住用地的强烈需求，从而推动城市居住用地面积的扩张；更重要的是土地的稀缺性，城市人口的大规模增加，在城市人口数量增长的速度超过城市可提供的居住用地数量状况下，必然促使居住用地价格的上涨，进而降低对土地的需求，促使人们节约用地，提高居住用地的集约利用水平。对我国 2011 年 659 个城市的人均居住用地水平的测算证实：城市人均居住用地的面积与城市规模成反比，同时随着城市规模的扩大，城市功能增加，职能多样化，城市居住用地在城市建设用地中的比例下降，如表 4-2 所示。

表 4-2 2011 年我国不同人口规模城市的人均居住用地面积与在城市建设用地中的比重

类型	人均居住用地面积 （平方米/人）	占城市建设用地面积的比重 （%）
≥1000 万	23.26	29.70
400~1000 万	31.25	29.01
200~400 万	31.76	30.66
100~200 万	37.28	31.11

① 国土资源部土地利用管理司地用处. 30 个重点城市节约集约用地现状[N]. 中国国土资源报，2014-01-10 (5).

续表

类型	人均居住用地面积 （平方米/人）	占城市建设用地面积的比重 （%）
50~100 万	37.71	32.73
20~50 万	38.74	33.91
10~20 万	42.32	34.44
≤10 万人	54.54	35.92
全国平均	32.23	31.53

资料来源：根据《2012 年中国城市建设统计年鉴》相关数据测算。

4.4.2　居民收入增加与居住用地集约利用

从前面的居民竞标地租曲线观察可得，家庭收入可影响预算约束曲线的位置，同时也会影响居民的区位偏好。收入的不同水平很大程度上决定了居民对交通成本和房屋价格的承受程度，也就决定了他们对住房区位的选择。高收入既可以增加对住房地点的选择，又可以增加对住房消费的预算，对交通成本的承受程度也提高。高收入的家庭不再满足于低层次的住房，对住房的面积、质量以及周边的环境质量的要求提高，市中心一般交通拥挤、环境较差，无法满足他们的需求，为了得到更好的居住质量，富裕的家庭愿意花费更多的金钱，因此高收入家庭的竞标函数曲线较为平坦。与此相反，以经济收入作为预算约束条件的情况下，低收入家庭在任何区位的土地需求都少于高收入家庭，由于享用的土地较少，交通成本的变化与土地成本的变化相比更为重要，这就导致了低收入家庭的竞标函数曲线比较陡直。低收入的家庭对住房消费更加敏感，更倾向于交通成本较低的、靠近市中心的住房，如图 4-6 所示。因此在城市中往往会出现高收入人群一般居住在郊区地带，住房面积较大；而市中心的内城地区成为低收入居民和外来移民的聚居地，居住条件较为拥挤。

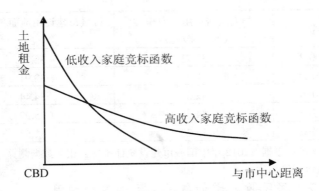

图 4-6　家庭收入与竞标租金函数

显然，当居民家庭由于城市产业技术进步、管理水平提高等原因，获得更高的收入水平时，居民的偏好会发生变化，机会成本增加。住房作为正常消费品，其消费量也将增加。同样，对特定区位的出价也随之而提高。从住宅租金函数 $r(d)=[I-p\cdot q-t(d)]/S$ 我们可以看出，当住房消费量增加时，由于 $t(d)$ 是一个距离的减函数，因此，家庭竞租曲线的斜率将减少。这就意味着家庭竞租曲线将变得平坦，且向上移动，相应的土地集约利用水平呈下降的趋势。

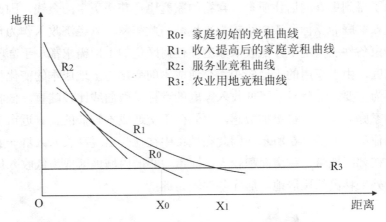

图 4-7　居民收入提高对竞标地租曲线的影响

资料来源：江曼琦. 城市空间结构优化的经济分析[M]. 北京：人民出版社，2001：126.

4.4.3　房价、地价和居住用地集约利用

前面的分析我们已经证明，土地的价格是市场竞争中调配土地资源的关键因素，高地价会促进土地的集约利用，但是究竟是房价高导致了地价高，还是地价高导致了房价高，房价与地价的关系国内外已有诸多文献进行了深入分析，主要的观点分为 3 种：（1）认为地价决定房价，其理由是政府推行的经营性用地招标、拍卖、挂牌出让方式是导致地价飙升从而引起房价快速上涨的主要原因。[①]（2）房价上涨是引起地价上涨的原因，[②③]国土资源部城市地价动态监测报告证实，2004 年度的地价上涨幅度小于房价上涨幅度，而后者一定程度上拉动了前者的价格，[④]地价上涨从而抬升了房价的观点是不正确的。这种观点主要基于土地需求是引致需求的思路，房价上涨直接引领地价上涨。（3）地价与房价是相互影响的，[⑤]主要理由是房价与地价的关系是循环关联的，地价房价到底谁决定谁在不同的条件下有不同的结论。

我们认同房价的第二种观点，阿瑟·奥沙利文在其经典的《城市经济学》中借用"玉米法律悖论"的案例从理论上证明了地价与房价的关系。[⑥]19 世纪英国的玉米法限制了谷物进口到英国，进口玉米的减少增加了对英国国产玉米的需求，并促使需求曲线从 d_1 上移到 d_2，玉米价格从 P_1 上升到 P_2，玉米产量从 C_1 增加到 C_2。伴随着国内玉米产量的增加，因为土地的自然供给没有弹性，其经济供给受自然供给的限制也缺乏弹性，地价主要由需求一方决定。对土地的需求增加，使地价由 R_1 上升到 R_2。如图 4-8 所示。

---

① 杨慎．客观看待房价上涨问题[J]．中国房地信息，2003（2）：4~5.

② 郑光辉．房价与地价因果关系实例分析[J]．中国土地，2005（1）：23~25.

③ 刘润秋，蒋永穆．论房价决定地价——兼论当前房地产宏观调控政策[J]．社会科学研究，2005（6）：44~48.

④ 国土资源部土地利用管理司，中国土地勘测规划院．2004 年度我国重点地区和主要城市地价动态监测报告[R]．2005.

⑤ 刘琳，刘洪玉．地价与房价关系的经济学分析[J]．数量经济技术经济研究，2003（7）：27~30.

⑥ 阿瑟·奥沙利文．城市经济学（第 4 版）[M]．苏晓燕，常荆莎，朱雅丽，译．北京：中信出版社，2003：177~179.

　　把"玉米法律悖论"应用到城市房地产市场，可以得出：高房价刺激了对土地的需求，由于土地的供给价格弹性小而导致了地价的升高。为了证明这一观点我们利用 2011 年部分城市的房价、地价以及人均居住用地的数据（参见表 4-3），对于三者之间的关系进行了简单的回归分析，检验结果：住宅销售价格与居住用地地价的相关系数为 0.904294，与人均居住面积的相关系数为-0.626934。

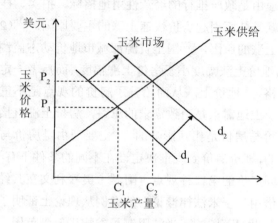

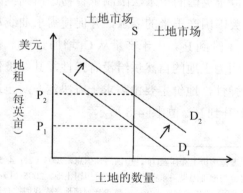

图 4-8　玉米法辩论

　　资料来源：阿瑟·奥沙利文. 城市经济学（第 4 版）[M]. 苏晓燕，常荆莎、朱雅丽，译. 北京：中信出版社，2003：178.

表 4-3　2011 年我国部分城市房价、地价与人均居住用地面积

城市	居住用地地价 （元/平方米）	住宅销售价格 （元/平方米）	人均居住用地面积 （平方公里/万人）
太原	1379	6517.47	5.21
石家庄	1932	4352.15	1.33
呼和浩特	1127	4073.32	16.62
沈阳	2454	5612.96	7.20
大连	2457	7928.98	9.36
长春	2449	5969.66	16.29
哈尔滨	2501	5216.66	17.81
南京	8602	8414.62	9.40
杭州	15157	12748.62	11.15
宁波	8001	11285.64	17.00
合肥	3310	5607.55	2.96
福州	10268	9553.18	9.49
厦门	16643	13422.60	10.03
南昌	2446	5322.66	3.00
济南	3577	6663.89	11.57
青岛	4244	7166.19	5.07
郑州	3120	4692.29	3.26
武汉	3392	6675.99	4.90
长沙	2350	5481.49	6.37
广州	6451	10925.84	6.85
深圳	20074	21037.05	7.44
南宁	1841	4995.89	35.37
海口	2991	6641.27	23.79
成都	7288	6360.89	5.02
贵阳	4434	4587.98	13.20
昆明	6552	4550.12	19.13
西安	3682	5829.80	10.43
兰州	2575	4229.09	8.70
西宁	712	3438.60	3.72
银川	1580	3979.62	23.82
乌鲁木齐	2880	4969.78	38.40

资料来源：住宅销售价格来源同花顺金融：http://www.51ifind.com/；居住用地地价来源于《2012 年中国国土资源统计年鉴》；人均居住面积中的市辖区面积来源于《2012 年中国城市统计年鉴》；城区人口数据来源于《2012 年中国城市建设统计年鉴》。

4.5 城市建设用地再开发与城市建设用地节约集约利用

随着城市的发展，城市用地不会一味地向外扩展，而会进入再开发的时机。根据城市经济学理论，当再开发后的城市建设用地收益大于再开发前的建设用地收益加上建设用地再开发的成本时，城市建设用地将被再开发，再开发的强度取决于该区位建设用地的土地价格。[①]

4.5.1 城市建设用地再开发的时机选择

本研究尝试阐述城市空间的动态扩展模型，揭示城市建设用地再开发的时机选择问题。沿袭前文竞标地租理论的假设，进一步假定城市中分布的各类区位主体均是同质的，它们对城市土地市场均有充分了解，均以获得最大的收益为目标。

在以上假设条件下，结合前文的分析，我们知道，根据土地使用的最高租金原则，不同区位上的土地将被分配给愿意支付最高地租的区位主体使用，这构成了城市土地利用的短期静态均衡结构，形成如图 4-5 中的城市总体的地租曲线。接下来，引入建筑生产函数 $H=H(K，L)$，其中，L 为土地投入（土地面积），K 为资本投入，H 为建筑面积。根据函数，建筑开发成本包括土地成本和资本成本（劳动力、建筑材料、管理费用等）两项。根据布鲁克纳（Brueckner，1986）构建的理论模型，建筑生产函数具有如下特性：（1）土地和资本的完全可替代性，同样的建筑面积可以通过不同比例的土地投入和资本投入来实现；（2）规模经济不变，$aH=H(aK,aL)$，其中 $a>0$；（3）资本投入和土地投入的边际产出率为正；（4）函数是凹函数且可二次求导小于零，这保证了最大利润的存在。在以上条件下，结合建筑生产商追求利润最大化的动机，可以推导出城市土地资本密度（开发强度）随地租水平的降低而降低的基本规律。[②]如图 4-9 所示，一般地，随着

① 丁成日. 城市空间规划——理论、方法与实践[M]. 北京：高等教育出版社，2007：47.

② Brueckner. A Model Analysis of the Effect of Site Value Taxation[M]. National Tax Journal，1986，39：49-58.

距离城市中心距离的增加，由于土地地租水平逐渐降低，建筑商不断调整土地和资本两种要素投入的比例结构，城市空间内土地资本密度不断降低。

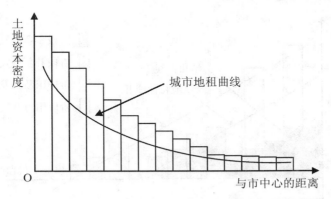

图 4-9　土地地租水平与资本密度的关系

　　最后，假设城市的发展是分阶段的，在每一个阶段，城市土地是同时开发的，根据上文的分析，开发的强度取决于不同区位土地的地租水平。如图 4-10 所示，我们将城市的发展分为 3 个阶段：在阶段Ⅰ，城市用地的开发根据其地租决定其开发强度，靠近城市中心的土地因其地租水平高而开发强度大，远离市中心的地区地租水平低而开发强度也低。随着城市的发展，城市所聚集的产业和人口日益增多，城市的基础设施不断完善，城市给企业和居民带来的聚集效应也不断扩大，城市土地地租曲线向右平移。在阶段Ⅱ，城市开始在阶段Ⅰ已开发区域的外围进行新的开发活动，其开发的强度同样符合递减规律，此时，城市中心地区的地租变得更高，理论上为了获得更高的利润，其开发强度应变得更大，但由于拆除已有建筑需要支付拆迁成本，加上城市基础设施容量扩容也需支付建设成本，因而城市仍以外延式的方式发展。在阶段Ⅲ，城市进一步的发展，城市中心的聚集效应进一步增加，地租进一步向右平移。这时，一方面，城市不断地向外扩张导致了企业和居民与城市中心的距离越来越远，增加了交通联系的费用；另一方面，不断上涨的地租使其再开发的收益将超过原用途所能获得的收益加上再开发的成本。这样，部分对于交通费用增加不敏感的企业会在阶段Ⅱ已开发的区域外进行新的扩展，而另一部分则会在阶段Ⅰ已开发的土地上进行再开发。

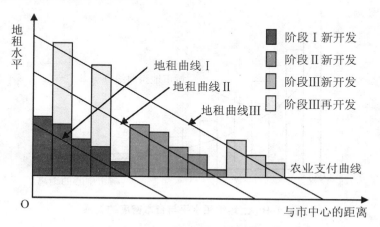

图4-10　城市土地的开发与再开发

资料来源：丁成日. 城市密度及其形成机制城市发展静态和动态模型[J]. 国外城市规划，2005（4）：9.

基于以上分析，我们可以将城市建设用地再开发的基本模式总结为：伴随着城市空间的不断扩展，城市原有已开发土地的地租水平不断提高，在土地地租与土地资本密度正相关关系规律的作用下，部分已开发建设用地将被重新开发以获取更高的收益。城市建设用地再开发需要满足的条件是：再开发后的建设用地收益大于再开发前的建设用地收益加上再开发所需要的成本，建设用地再开发的强度取决于其地租水平。

最后，需要指出的是，以上对于城市建设用地再开发时机选择问题的分析是非常抽象和简单的，然而，当我们对城市建设用地再开发进行具体的微观分析时，由于历史、人文、自然等非经济因素对城市建设用地再开发的影响，以上规律也许表现得并不明显。

4.5.2 再开发对城市建设用地节约集约利用的影响和途径

4.5.2.1 再开发对城市建设用地节约集约利用的影响

在市场经济条件下，城市土地的经济供给，是在土地自然供给的基础上，投入资源进行开发后，成为可直接进行生产、生活使用的土地供给，这种供给与城市建设用地的总量及其开发强度有关，是有弹性的。

城市建设用地再开发最直接的表现为原有建设用地开发强度的提高，包括容积率、建筑密度和建筑高度等方面，这意味着城市土地经济供给量的增加。如图 4-11 所示，由于建设用地再开发提高了原有土地的开发强度，在土地市场均衡机制的作用下，土地的经济供给量由 X 增加到 X′，土地地租水平由 R 下降到 R′。

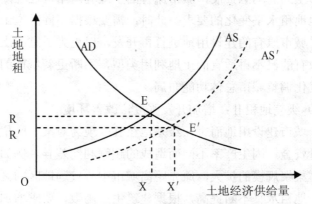

图 4-11 建设用地再开发对城市土地市场均衡的影响

城市建设用地再开发是建立在城市土地初始开发的基础上，从效益最大化角度出发，对原有的建设用地利用类型、结构和空间布局进行置换升级，强调的是提高土地的利用强度。城市建设用地利用效率与利用强度之间存在着显著的关系，当高土地利用强度发生在高地价的土地上时，土地的利用是有效率的。从这个角度出发，我们可以认为城市建设用地再开发是实现城市建设用地节约集约利用的重要手段。

4.5.2.2　再开发对城市建设用地集约利用的途径

（1）级差地租 I：调整布局，功能置换

对于城市建设用地而言，级差地租 I 不表现为土地肥沃程度的高低，而表现为所处地理位置的差别。例如，由于集聚经济效应所形成的区位成本和收益的不同，处于城市中心人口稠密的繁华地段的商业企业，相比处于城市边缘人口稀少地区的商业企业，其利润水平要高得多，这个收益差额就是级差地租 I。[①]

在城市土地利用结构的静态分析中，城市中不同的区位主体由于其自身的特殊性，对土地区位的要求和敏感程度是不同的。对于同一块土地，不同的土地利用类型可以获得不同的利润水平，在市场机制作用下，拥有最高利润水平的土地利用类型由于其可能的出价最高将获得该土地的使用权。同样，在城市土地利用结构的动态分析中，伴随着城市空间的动态扩展，城市原有的土地利用结构已逐渐不能适应城市土地地租水平变化的要求，此时，需要根据不同区位土地价格的变化，对城市原有的建设用地进行再开发，以更为适宜的土地利用类型置换原有的已不再适宜的土地利用类型，不断更新城市的土地利用结构，优化调整城市总体功能布局。

（2）级差地租 II：增加开发强度，改善环境

对于城市建设用地而言，级差地租 II 表现为对某一区位土地先后投入等量资金，因生产率不同而造成的超额利润差异。例如，伴随着城市整体集聚规模的扩大，原先距离城市中心较远地区的区位条件不断改善，地租水平不断提高，根据建筑生产函数，要求增加在该区位土地上的资本投入，提高其开发利用的强度。

级差地租 II 的存在是城市建设用地再开发能够实现的一个重要条件，对于区位较好的城市建设用地，由于其初始投资强度较低，连续追加投资可以取得超额利润，这种合理的行为表现为城市建设用地的再开发。追加投资可以是增加资本密度（容积率、建筑密度和建筑高度），也可以是加强基础设施建设、改善投资环境。

---

① 郑荣禄. 中国城市土地经济分析[M]. 昆明：云南大学出版社，1997：94.

第 5 章　基于科学发展观的建设用地
节约集约利用临界点

建设用地的节约集约利用存在着一个合理的限度，过度的土地节约集约利用可能造成要素投入的不经济，带来区域社会效益与环境效益的下降，不利于城市与区域的可持续发展。因此，建设用地节约集约利用的水平存在着一个临界点，而这一临界点的决定取决于人们的价值观。不同的价值观所追究的理想值有所差异，当一个区域以经济发展或者说追求经济产出的最大化时，土地集约利用的目标为土地集约利用水平的最大化；而当区域以可持续发展为目标时，土地集约利用的评价标准则是环境效益和社会效益约束下的土地集约效益最大化。本章首先探讨了市场竞争中过度土地节约集约所导致的经济效益、社会效益和环境效益损失，然后基于科学发展观的标准研究建设用地节约集约利用的目标；分析生态环境保护、城乡统筹发展、可持续发展等价值观指导下，对于建设用地节约集约利用水平的影响，进而提出建设用地节约集约利用的临界点。

5.1　建设用地过度节约集约利用的效益损失

5.1.1　土地报酬递减规律与土地资源利用的不经济性

古典经济学家杜尔哥（Anne Robert Jacques Turgot）、魏斯特（Edward West）和李嘉图（David Ricardo）等在研究农业地租中发现并证明了农地集约耕作中的报酬递减规律。土地利用报酬递减规律是指在一定的技术水平下，保持其他要素投入量不变，对同一地块不断追加某一要素的投入，该要素所带来的边际报酬（每增加一单位该要素的报酬增量）会先逐步上升，在达到一定点后会逐步下降。

土地报酬可视为对土地投入所得到的回报、收益，它反映了土地的生产力。土地报酬可区分为三种：边际报酬、平均报酬和总报酬。边际报酬（MP）是在同一地块连续追加某一要素时所追加的最后一单位要素引致的总报酬的增量，体现了土地的边际生产力；平均报酬（AP）是指同一块土地上所投入的某一要素平均分摊到每一单位的要素报酬；总报酬（TP）是在同一块土地所投入的某一要素所带来的报酬总额。如图 5-1 所示，要素的边际报酬 MP 等于总报酬曲线在各点切线的斜率，呈先上升后下降的趋势。受边际报酬递变趋势的影响，要素平均报酬 AP 和总报酬 TP 也都呈现出先升后降的"倒 U"型变化趋势。在同一块土地上，边际报酬 MP 作为要素投入引致的总报酬的边际增量决定着总报酬 TP 的变化轨迹，只要 MP>0，TP 总会上升，只有当 MP=0 时 TP 达到最大（MP<0 时，TP 趋向递减），因此 TP 最大值出现在 MP 曲线与横轴相交时（此时要素投入为 Q_3）。对于边际报酬 MP 和平均报酬 AP 来说，两者的变化趋势具有显著的依存性：当 MP>AP 时，平均报酬曲线 AP 呈显著的上升趋势；当 MP<AP 时，平均报酬曲线 AP 则呈下降趋势；唯有当 MP=AP 时，平均报酬 AP 达到最大。

根据总报酬、平均报酬和边际报酬之间的关系，可以将同一块土地上某种要素投入带来的生产变化划分为三个阶段：第一阶段，平均报酬 AP 由上升达到最高点 B（AP 与 MP 的相交点）之前，要素投入从零至 Q_2，边际报酬 MP 先上升后下降。由于在此阶段 AP 曲线递增，增加要素投入会带来总报酬 TP 的更大比例增加，因而这一阶段应继续增加要素投入，促进该要素与土地要素、其他要素所组成的生产组合实现更高的生产率。第二阶段，AP 曲线与 MP 曲线的相交点到边际报酬 MP 为零，要素投入从 Q_2 至 Q_3。这时，边际报酬 MP 小于平均报酬 AP，且两者同时递减；但由于边际报酬 MP 为正，总报酬 TP 仍持续上升直至达到最高点，因此该阶段继续增加要素投入进行生产是合理的。第三阶段，边际报酬 MP 从零下降为负值，要素投入为大于等于 Q3 的生产区间，此时总报酬 TP 从最高点起开始下降，显然在该区间继续投入要素生产是不合理的。①

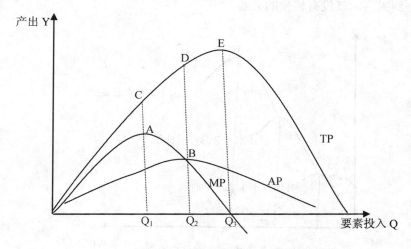

图 5-1　土地利用报酬递减规律

资料来源：刘书楷. 土地经济学[M]. 北京：地质出版社，2000：64.

　　在不同技术水平下，土地报酬递减规律的产量曲线会发生相应变化。土地报酬递减规律之所以存在，是由于在短期生产中可变要素与固定要素之间存在一个最佳的要素生产组合。在要素投入未达到最佳投入比例之前，边际报酬随要素投入的增加而增加；当要素投入达到最佳投入比例时，边际报酬达到最大值；而一旦要素投入超出最佳投入比例时，边际报酬会出现递减。技术进步会改变生产要素投入的最佳比例，相应导致要素投入的边际报酬也发生变化。由边际报酬与总报酬之间的关系，可以得到不同技术水平下要素投入与总报酬曲线的关系，如图 5-2 所示。在技术水平 1 的条件下，总产量的极值为 T_1，由于技术水平提高到较高的技术水平 2，在此技术水平下总产量达到

---

① 黄贤金，张安录. 土地经济学[M]. 北京：中国农业大学出版社，2008：197~202.

极值 T_2。总之随着每一次技术水平的提高，总产量曲线达到一个新的极值（最大值）。同样道理，不同产业的转换过程，也可以看作技术水平的改变过程。当然，产业的转换是以提高产值为前提的，如果产值得不到提高，就没有转换的必要。[①]

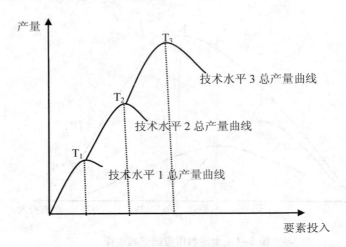

图 5-2　不同技术水平的报酬递减

资料来源：王耕源. 城市化背景下的土地政策研究[D]. 西安：长安大学，2004：27.

土地报酬递减规律呈现了土地资源利用收益从递增到递减、从不集约到集约再到过度集约的过程，表明建设用地利用的节约集约在一定技术、经济环境条件下存在一个合理的界限，即建设用地的节约集约利用存在一个临界值，一旦土地利用中的要素投入超过这个临界值，要素利用的经济效益就会从经济变为不经济。同时，土地报酬递减规律又是动态的，随着技术水平、社会经济的发展，单位建设用地上所吸纳的要素资源不断趋于增长，最优要素投入区间也会随之增加，从而在时间维度上实现建设用地的节约集约。土地报酬递减规律为选择

[①] 王耕源. 土地报酬递减规律对城市化的影响分析[J]. 兴义民族师范学院学报，2010（1）：8~11.

土地利用的合理集约度提供了重要的理论依据。

5.1.2　外部性与建设用地利用中的过度性损失

5.1.2.1　外部性与资源配置的帕累托效应

外部性，又称外部效应或溢出效应，其概念最早由马歇尔（1890）在《经济学原理》中提出。但是因其内涵的复杂，这一概念被经济学家认为"是经济学文献中最难捉摸的概念之一"。目前比较公认的含义在萨缪尔森（Samuelson）的《经济学》（第 16 版）中得到体现：外部性是指一件事对于他人产生有利（正外部性）或不利（负外部性）的影响，但不需要他人对此支付报酬或进行补偿的活动。当私人成本或收益不等于社会成本或收益时，就会产生外部性。[①]

英国著名经济学家庇古（Arthur Cecil Pigou，1877-1959）在《福利经济学》一书中，通过分析边际私人净产值与边际社会净产值的背离来阐释外部性。他指出，边际私人净产值是指个别企业在生产中追加一个单位生产要素所获得的产值，边际社会净产值是指从全社会来看在生产中追加一个单位生产要素所增加的产值。他认为：外部效应是由于边际私人成本与边际社会成本、边际私人收益与边际社会收益的背离造成的。如果在边际私人净产值之外，其他人还得到利益，那么，边际社会净产值就大于边际私人净产值；反之，如果其他人受到损失，那么，边际社会净产值就小于边际私人净产值。当存在外部性时，市场价格不能反映生产的边际社会成本，市场机制不能靠自身运行达到资源配置的帕累托最优状态。同样，在完全竞争的市场经济条件下，受土地资源价格的影响，土地资源的配置可以实现经济效益的最优。然而，由于外部性问题的存在，土地资源的配置往往难以实现社会最优角度的土地资源合理配置，造成土地资源利用中的损失。

5.1.2.2　正外部性与建设用地利用供应不足的全社会福利损失

从正的外部性角度来看，外部性往往能够给消费者带来额外社会

---

① 保罗·萨缪尔森，威廉·诺德豪斯. 经济学[M]. 萧琛等，译. 北京：华夏出版社，1999：28.

效益、环境效益和经济效益的上升。如公共绿地的增加，会对周边住宅、商业产生正的外部效应，提高居民生活的舒适度，增加商业区的顾客量等。

传统经济学对资源的价值认识一般停留在经济价值基础上，从正外部性角度考虑，建设用地利用中可能会忽视了资源所拥有的生态、景观、代际公平等社会价值和生态价值。如图 5-3 所示，MC 为土地的边际成本，MPR 为土地的私人边际收益，MSR 为土地的社会边际收益。其中，MSR=MPR+正外部边际溢出收益。在市场机制的作用下，一般的土地利用者会忽视建设用地的正外部溢出收益来决定土地资源的使用量，土地市场依照 MPR=MC 的条件实现均衡，均衡点为 E_1，土地均衡使用量为 Q_1。此时，尽管从土地使用者的角度，实现了个人利益的最大化，资源的优化配置，实现了建设用地的节约集约；但与全社会福利最大化相比，由于没有体现生态环境价值和社会价值，资源配置效率没有达到最高，公共用地的资源利用过度量供应不足，造成全社会福利损失。

由于当前我国仍处于工业化和城市化进程中，加之城市规划、城市政策的规范性、科学性不足，城市的建设和发展多考虑城市的经济功能，而对城市的社会功能考虑不足，由此导致对生态功能和社会功能用地供给的严重不足。例如城市中的文化、教育、体育、卫生、公园等非营利性公共用地，由于正外部性效应的存在，单靠市场机制很难实现这些公共用地的合理供给。由此导致在市场经济条件下，我国城市中承担重要社会功能、环境功能的市政公共用地和园林绿地的供给不足。这虽然也是建设用地利用的节约，但却是一种过度的节约，由此引起社会效益和环境效益的损失。

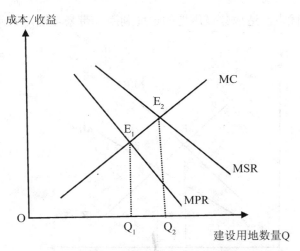

图 5-3　正外部性与建设用地利用不足的福利性损失

5.1.2.3　负外部性与建设用地利用过度性损失

从负外部性角度来看，负外部性往往使经济主体在建设用地利用过程中只注重自身效益的最大化，而不顾及由此造成的环境、社会效益等过度利用带来的损失。类似于正外部性对建设用地利用的溢出效应分析，如图 5-4 所示，以环境污染治理为例，MR 为土地的边际收益，MPC 为土地的私人边际成本，MSC 为土地的社会边际成本。其中，MSC=MPC+污染的边际治理成本。在市场机制的作用下，个人决策不考虑土地利用的污染治理成本时，土地市场依照 MR=MPC 的条件实现均衡，均衡点为 E_1，土地均衡使用量为 Q_1，实现了私人利益的最大化。若考虑土地利用的污染治理成本，则土地市场会按照 MR=MSC=MPC+污染的边际治理成本实现均衡，均衡点为 E_2，社会最优的土地均衡使用量为 Q_2。显然，社会最优的建设用地使用量 Q_2 要小于不考虑外部性时的均衡土地使用量 Q_1。这里的 Q_1-Q_2 就是建设用地过度节约集约利用的土地使用量，由此产生了 E_1、E_2、E_3 的环境额外损失 II。现实中，如钢铁冶炼厂在生产过程中只会考虑钢铁产量的最大化，而不考虑由此带来的大气污染、固体污染等；而出于经济收益最大化考虑的厂商会进一步扩大钢铁厂的用地规模，直至达到经济收益最优点，造成建设用地的过度利用，带来环境污染问题。

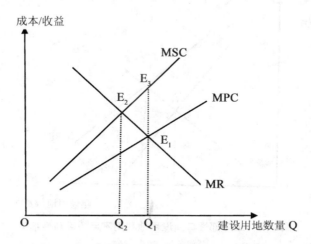

图 5-4   负外部性与建设用地利用的过度性损失

改革开放以来，随着我国工业化和城市化进程的加快，加之对经济总量增长的过高追求，许多重化工业如冶金、电力、石油化工等产业迅速扩张，成为地区和城市经济发展的支柱产业，由此带来局部地区重化工业过度聚集也导致环境污染的负面效应。空气污染、水体污染、固体废弃物污染、噪声污染，尤其是近年来困扰东部地区的雾霾问题，实际上都是过度追求经济效益忽视环境的负外部性，引起建设用地利用过度经济集约，所造成的环境损失的体现。现阶段我国土地资源的利用中过度性损失Ⅱ较为严重，当国家征用农村集体土地时，征地的价格由国家决定，一般低于市场价格，从而导致农地非农化达到 Q_1，造成农地过度性损失Ⅱ。由此建设用地的扩展速度超过人口增长速度，耕地保护任务日益艰巨。

综上所述，土地资源的配置不能一味地追求其土地的节约集约程度。节约集约利用土地不是寻找最高集约度，而是要寻找最优集约度或最佳集约度，即如何使建设用地的经济效益与区域环境效益和社会效益都能够同时得到提高。把建设用地节约集约的程度作为衡量一个国家和地区土地配置合理的核心指标，势必会导致社会效益和生态环境效益损失，造成全社会福利的损失。

5.2 科学发展观下的建设用地节约集约利用的目标

5.2.1 科学发展观的内涵及对建设用地节约集约利用的指导意义

发展观是从哲学的角度对发展的诠释，是人们对经济社会发展的总的看法和根本观点。科学发展观是我党根据目前中国国情、发展阶段和发展条件在新世纪提出的一项重大战略思想，"科学发展观"的概念最早源自"全面发展观"的提出。[①]随后，胡锦涛对"全面发展观"加以扩展和深化，提出我国社会经济的稳定健康发展须坚持"协调发展、全面发展、可持续发展的发展观"。[②]2003 年 10 月中旬中共中央在十六届三中全会报告中明确了科学发展观的基本内涵，即"坚持以人为本，树立全面、协调、可持续的发展观，促进经济社会和人的全面发展"，[③]以及"按照统筹城乡发展、统筹区域发展、统筹经济社会发展、统筹人与自然和谐发展、统筹国内发展和对外开放的要求，推进改革和发展"。[④]2007 年 10 月中旬，党的十七大对科学发展观的科学内涵、精神实质、根本要求进行了更为全面、深入的阐述，明确指出"科学发展观第一要义是发展，核心是以人为本，基本要求是全面协调可持续性，根本方法是统筹兼顾"。[⑤]2012 年 11 月上旬，党的十八大正式确立科学发展观为党的指导思想。[⑥]由此，科学发展观成为指导我国社会经济发展、未来发展道路、社会经济现代化等的纲领性

---

① 郭昉凌. 中共四代领导人四次视察广东的意义及启示[J]. 岭南学刊，2005（4）：41~44.
② 张立群. 强化政府的社会发展职能[J]. 瞭望新闻周刊，2003（31）：1.
③ 庞元正. 十六届三中全会对科学发展观的新表述[J]. 领导科学，2004（7）：4~7.
④ 张卓远，郑新立等. 深化改革，完善社会主义市场经济体制——学习十六届三中全会精神笔谈[J]. 经济研究，2003（12）：3~14.
⑤ 石仲泉. 论十七大对科学发展观的最新定位[J]. 理论前沿，2008（2）：5~9.
⑥ 张峰. 如何从新的高度认识科学发展观——论党的十八大确立科学发展观作为党的指导思想[J]. 人民论坛，2012（33）：24~26.

方针。

科学发展观是在立足我国基本国情，总结国内外实践经验的基础上提出的科学理论体系，其基本含义如下：

首先，科学发展观强调以人为本，从过去主要注重物质资料增长转到注重把改革的成果惠及于民，是以人为本的发展观。物质资料生产的发展是提高综合国力和改善人民生活的基础，没有物质财富的积累，就谈不上改善人民生活，必须十分重视。但人是社会存在和发展的主体，这里的以人为本有两层含义：从发展的主体和参与者角度来看，以人为本强调人民群众的历史创造者地位，认为人民群众是推动社会发展和进步的主体，实现我国社会经济发展的根本前提在于信任和依靠广大人民群众；从发展的终极目标来看，把人的发展视为发展的最终目标，始终把实现好、维护好、发展好人民的利益作为发展社会经济的根本出发点和落脚点，真正实现发展成果由人民共享。

其次，科学发展观强调的是全面、协调性发展。按照系统论的观点，任何系统都是由各具相对独立功能的子系统组成，这些子系统在促进系统顺畅运行的过程中，都发挥着重要的作用。因此，只有包括经济、政治、社会、环境在内的各个组成部分有机协调、完美和谐才能保证整个系统的畅通运行。科学发展观坚持全面、协调的发展，旨在克服单纯追求经济发展的弊端，改变以往只注重经济发展，忽视生态环境保护和社会发展的片面性，更为注重发展的全面性和协调性，强调经济、社会、生态环境协调发展，实现经济发展和社会全面进步。

再次，统筹兼顾是科学发展观的根本方法。科学发展观坚持统筹兼顾，强调"五个统筹"，即统筹城乡发展、区域发展、经济与社会发展、人与自然和谐发展、国内发展和对外开放，注重社会经济各个领域的平衡协调发展。其中，统筹城乡发展关键在于解决好"三农"问题，坚持工业反哺农业、城市支持农村的方针，逐步改变城乡二元经济结构和缩小城乡发展差距，实现城乡一体化发展。统筹区域发展不仅在于促进东中西部实现协调发展，而且要促进区域内部协调均衡发展。统筹经济与社会发展协调，就是在坚持经济发展的同时更为注重社会发展，尤其是社会民生建设，使经济发展的成果更好地惠及民生。

统筹人与自然和谐发展，就是在经济发展的同时更为注重生态环境保护，使经济发展建立在良好的生态环境基础之上。统筹国内发展和对外开放，就是要统筹利用好国内和国际两个市场，使对外开放为本国发展提供更多的资源、技术和市场，实现国内发展与对外开放的良好互动。

最后，科学发展观是可持续发展观。可持续发展的提出既是对西方发达国家"先污染后治理"道路的反思，也是基于我国生态环境的脆弱性、自然资源的有限性的现实国情。坚持可持续发展，从主要注重静态资源配置转到注重动态资源配置，既要注重当代经济发展与生态环境、自然资源相协调，十分珍惜土地、森林、淡水、矿藏等自然资源，又要注重当代人与后代人发展的公平性，注重资源的永续利用，从静态与动态相结合上配置资源，不使经济发展超出生态环境的承载力，保持人与自然的关系相和谐，促使后代人享有平等的发展机会，为可持续发展创造条件。

主流经济学一直崇尚"效率至上"的理念，经济发展过程中的道德、政治和伦理不是其关注的重点，在这种理念下的资源配置往往会出现前面分析中所带来的社会效益、环境效益的损失。在人类社会发展实践过程中，资源配置的价值观对人类社会的可持续发展具有重要的作用。正确的价值观和道德规范约束是人们行为的指南，如果缺少正确的价值准则和道德规范约束，单纯的经济增长必然引发"经济危机"和"社会危机"，科学发展观从发展的价值维度出发，认为只有有利于人的全面发展的经济社会发展才是值得称道和肯定的，回答了发展成果对人的意义的问题，为社会经济发展指明了方向。

科学发展观切中了我国社会经济发展中面临的诸多问题，是我国社会经济发展的重要指导方针。改革开放以来，我国经济的快速发展建立在粗放式增长的基础之上，对资源、能源的消耗过大，同时也使生态环境面临严峻挑战，带来经济发展方面的不可持续性问题；经济发展过程中多注重资本积累和生产的发展，忽视对社会民生领域的投入和建设，致使经济发展的成果不能被广大民众共享。科学发展强调经济、社会、生态环境协调发展，就是要改变我国粗放型经济增长方式，逐步走集约型经济增长之路，保障我国经济实现可持续发展，科学发展观是解决我国经济发展中诸多问题的指导方针。

土地问题事关国家粮食安全、社会稳定、经济健康平稳运行。以科学发展观为指导，土地资源的配置目标不仅要从经济发展层面、还要从社会发展角度、从城乡统筹发展来加以认识、把握和研究，科学发展观对建设用地节约集约利用同样具有重要的指导意义。

改革开放以来，随着城市化的快速推进，城市土地资源浪费、城市的粗放式扩张和城市生态环境等问题出现，不仅制约了城市自身的可持续发展，也对我国土地资源的可持续利用形成严峻挑战，影响了我国城市化的推进和国民经济整体的健康可持续发展。我国人多地少的国情决定我们在土地资源的配置中，要以科学发展观为指导，促进建设用地利用的节约化和集约化，合理配置土地资源，实现全社会福利的最大化。

在科学发展视域下，建设用地节约集约利用的目标具有全面性和科学性。一方面，科学发展中的人本思想摈弃了以往土地利用中经济利益最大化片面性，实现科学的节约集约，在土地减量化使用、经济集约化的基础上更为注重土地的社会效益和生态效益，以经济发展、社会民生发展、生态环境保护的协调均衡发展，促进建设用地经济、社会、生态效益的全面发展。另一方面，科学发展不仅注重建设用地经济、社会、生态效益的全面发展，而且强调建设用地利用的区域统筹，促进城乡建设用地、区域建设用地空间布局更为合理。因此，建设用地节约集约的目标是在用地布局合理，城市建设用地与乡村建设用地、生态环境与经济建设用地、生产与生活用地比例结构合理下的节约集约。

5.2.2 科学发展观下土地资源配置目标解析

土地资源具有自然、经济、社会等多重属性。土地资源来源于自然界，是自然环境的一部分。土地资源的自然属性主要表现在：资源的有限性、位置的固定性、质量的差异性、土地资源的整体性、永续利用的相对稳定性；土地资源的稀缺性决定了土地的经济价值；土地资源的社会属性首先表现在政治制度与土地产权是相联系的，在可持续发展的背景下，土地资源既要满足当代人生存与发展的需要，又不能对未来子孙后代构成危害。

土地属性的复杂性决定了从科学发展观的视角，土地资源配置目标是多元化的，其核心是协同发展和公平发展。所谓协同发展，即土地资源利用应与社会进步、经济增长和环境保护之间协调；公平即要求土地资源利用应在满足当代人需求的同时，也要保证满足后代人的需求。具体的有四大基本目标：一是安全性目标，即土地资源的配置要切实保障人民生活用地安全、经济社会发展用地安全以及生态与环境用地安全；二是高效性目标，即土地资源配置要有利于土地资源的高效利用，有利于节约利用和集约利用发展方式的形成，这就需要从区域社会经济整体发展最大化的角度做好区域发展的结构效率问题；三是公平性目标，要促进社会公平性的维护；四是可持续性目标，即土地资源配置要以自然系统的承载能力为基础，要维护好代际用地、及附加在用地上的社会经济发展资源的公平等。

5.2.2.1　基于生态系统承载力的建设用地配置的约束

经济与环境协调发展的核心问题是人们的经济活动与经济发展不能超过资源与环境的承载能力。众所周知，土地是人类最基本的生产资料，是一个复杂的生态经济系统。土地资源是构成自然环境和生态系统的重要组成部分，土地利用方向和程度的变化必然引起生态环境的变化。合理地利用土地资源，维护生态平衡，从而使生态环境免遭破坏，保证社会经济的可持续发展，是建设用地利用中不可忽视的一个重要原则。因此，按照科学发展的理念，建设用地利用不仅仅是要求在既定经济发展目标下土地的减量化使用，也不仅仅是要实现建设用地利用经济上的集约化，而是要在生态系统承载能力约束下，充分考虑生态系统发展的需要，科学统筹经济社会发展和生态环境保护的目标需求，切实保障基本生态用地需求，努力为社会经济发展和人民生活提供安全发展的支撑。

5.2.2.2　统筹城乡协调发展的城市与农村用地的统筹配置

由于土地资源有较多用途，既能用于农业又可用于工业或其他产业，既能用于城市也能用于农村。但在一定时空范围内，某一块土地有且只能拥有一种用途。建设用地节约集约利用不仅面临城市化加速推进、城市蔓延、城市生态环境恶化等城市问题，同时也面临农村建设用地粗放式扩张、耕地保护面临严峻挑战等农村问题。因此，土地资源配置要协调好城市与农村发展的用地的比例结构。以科学发展观为指导，改变传统的重城市轻农村、城市不断挤占农业发展用地、农村土地低效利用的状况，统筹城市与农村的生产、生活及生态用地需求，严格保护耕地。

5.2.2.3 可持续的代际土地利用

土地节约集约利用与可持续土地利用是两个关系密切、相辅相成、而又有区别的概念。静态概念的土地集约利用和优化配置，关注的是一个时间截面上土地资源的利用效率问题。在社会经济发展的一定阶段，土地配置是优化的，发展到另一时期这种优化也许将不存在。集约利用的土地不一定实现了优化配置。从土地可持续利用视角优化土地资源的配置是动态概念，它所关注的不仅是静态的土地优化配置，更注重在时间延续上土地资源的利用公平问题，土地资源集约利用与优化配置的最终目标就是实现土地资源的可持续利用，实现社会、经济、环境的可持续发展。因此，必须将土地集约利用和土地持续利用相结合，资源开发与节约并举，把节约放在首位，珍惜每一寸土地，有效调控土地资源类型、数量在空间和时间上的分配，从而实现有限土地资源的持续利用。

5.2.2.4 提升居民生活质量和整体结构效率最大化的合理用地结构

科学发展观的核心是以人为本，提升居民生活质量是城市发展的最终目的，建设用地要从数量上和布局上为实现这种目标提供用地保障。同时建设用地的配置依赖于各种用地之间的合理的结构比例，城市各种用地比例失衡，势必造成城市中各种机能失调，从而降低城市土地的整体功能并阻碍城市经济社会发展。因此，城市土地利用要关注作为公共服务重要物质载体的公共服务设施用地的配置，保障整体结构效率最大化，而不是个体效益的最大化。

5.3　生态环境约束下的土地资源配置

生态环境是"由生态关系组成的环境"的简称，是指与人类密切相关的、影响人类生产和生活的土地资源、水资源、气候资源以及生物资源数量和质量的总和，是一种关系社会经济可持续发展的复合生态系统。[①]生态环境是人类生存和发展的基本条件，也是维系一个地区社会经济持续协调发展的大前提。人类对生态环境问题的关注是随着世界各国经济高速增长给资源、环境带来的一系列负面效应进而影响到社会净福利的实际增加而逐渐深入的。

在漫长的前工业文明时代，人类的生产和社会活动虽然对生态环境产生影响，但始终在生态环境的可承受范围内，因此生态问题并不突出。自 18 世纪工业革命以来，人类的物质生产活动迅速扩张，由此对自然环境的破坏也日益严峻。尤其是 20 世纪 70 年代以来，鉴于工业革命、经济发展所带来的环境问题，如大气污染、水污染、水土流失、气候变暖、荒漠化等日益严峻，生态环境保护日益受到世界各国的重视，如 1997 年通过的《京都议定书》就是世界各国首次针对气候变暖问题达成的框架性协议。

生态环境问题也是我国实现社会经济可持续发展面临的重要挑战。改革开放以来，伴随我国经济快速发展，环境污染、生态失衡问题，如水污染、大气污染、重金属污染、沙漠化等日益成为制约社会经济发展的不和谐因素。有鉴于此，生态环境保护逐步成为社会经济可持续发展的战略组成部分之一。1983 年在第二次全国环境保护会议上，环境保护被列为我国的基本国策；1989 年《中华人民共和国环境保护法》正式实施；1992 年中央出台了《中国关于环境与发展问题的十大对策》，可持续发展被确立为国家战略；1996~2002 年河流湖泊环境治理、退耕还林、退耕还草、保护天然林等重大生态保护工程陆续

---

① 王如松. 生态环境内涵的回顾与思考[J]. 科技术语研究，2005（2）：28~31.

实施；党的十六大之后，建设资源节约型、环境友好型社会成为生态环境保护的战略目标。[①]2012 年 11 月，党的十八大报告提出建设"美丽中国"。报告指出，面对资源约束趋紧、环境污染严重、生态系统退化的严峻形势，必须树立尊重自然、顺应自然、保护自然的生态文明理念，把生态文明建设置于突出地位，融入经济建设、政治建设、文化建设、社会建设各方面和全过程，努力建设美丽中国，实现中华民族永续发展。[②]生态环境保护被置于更为突出的位置。

　　土地资源的配置是一个自然和人工过程交织进行的进程，自然界是包括人类在内的一切生物的摇篮。自然界为人类提供了生存发展的条件，也制约着人类的行为。土地生态环境保护是可持续发展最基本的核心发展方向和内容之一，它的目标是使土地利用生态系统走上良性循环，使社会经济建设和生态环境建设在土地利用上得到统一。而建设用地利用是人类生产、生活活动在土地使用上的体现，建设用地的开发内容和程度会对生态环境造成诸多的影响，基于生态系统承载力的建设用地的合理配置是科学发展观对于建设用地利用的客观要求。

5.3.1　生态环境的特征

　　生态环境作为一个复杂系统，主要由生产者、消费者、分解者以及非生物物质和能量构成。生态系统可分为自然生态系统和人工生态系统，其中人工生态系统又可分为农村生态系统和城市生态系统。由于生态环境构成要素的多样性、层次性，生态环境具有如下特征：

5.3.1.1　生态环境的复杂性和整体性

　　生态环境内部众多而纷繁的组成成分不但使系统内部形成了相当复杂的网络关系，同时又构成了密不可分的整体。生态环境的复杂性表现为：各类生物之间存在物种的差异，以及伴生、寄生、共生、竞争关系或者食物链、分解转化等各类相互联系，彼此之间有着多类型

---

　　① 周生贤. 我国环境保护的发展历程与成效[N]. 中国环境报，2013-07-10（2）：1~4.
　　② 张文斌，颜毓洁. 从"美丽中国"的视角论生态文明建设的意义与策略——从党的十八大报告谈起[J]. 生态经济，2013（4）：184~188.

的交互作用方式和影响模式，相互促进或克制的情况都同时存在，形成了复杂的网络结构。生态环境的整体性表现为：在生态环境内部，每一种生物都有自身独特的功能和作用，随着每一组分的变化或任何新组分的加入，其影响作用又往往通过一系列叠加、增加或削减效应来影响系统整体，而不是只对单个组分造成影响，可谓牵一发而动全身。复杂性和整体性构成了生态环境的最基本特征。

5.3.1.2　生态环境的开放性和相互关联性

生态环境具有开放性。任一时空范围内的生态系统都不是独立存在的，在对外部产生影响的同时也受到来自其他系统的反馈，某一成分的变化都将影响到其他成分和整体功能的变化，这充分体现了开放性的特点。同时，生态环境各要素、各子系统之间还存在着相互关联性。系统间存在着物种的空间流动，物质和能量也或主动或被动地进行着彼此交换，信息流、价值流在各系统间传递，生命子系统与环境子系统相互影响、交互作用、彼此依存。这种相互关联性不仅存在于某一自然生态系统中，还存在于各个系统之间的生物群落交流或物理环境循环中。

5.3.1.3　生态环境的动态性和自我调节机能

一方面，生态环境是一个动态系统，它随时间推移而不断经历着发生、发展、进化和演化的过程，即生态演替过程。这种生态演替过程表现为：在生态环境由低级向高级演化的过程中，各类生物群落会自行重复着产生、成长、繁殖、衰亡的繁衍历程，总有一些种群会被替代，又会不断有新的种群诞生；与此同时，生态环境的物理环境也处于不断变化中。

另一方面，生态环境具有自我调节机能。自我调节机能是指生物出于生存的本能会调整自身特质以适应环境的变化，甚至主动改善环境功能，即具有自动较正平衡的能力。这种自我调节机能主要表现为：同种生物的种群密度的调控、异种生物种群之间的数量调控、生物与环境之间的相互适应的调控。正是借助自我调节机能，生态环境内部生物与环境之间，生物各种群之间，在一定时间内，通过能量流动、物质循环、信息传递，达到了相互适应、协调和统一的状态，实现了生态平衡。

5.3.1.4 生态环境的脆弱性

客观地讲，生态环境的自我调节机能是有限的。一般来说，自然生态系统的自我调节能力要强于人工生态系统，但也是有限度的。对于自然生态系统，当物理环境损害巨大，生物群落锐减，种群结构非常简化甚至单一的情况下，自然生态系统各组分失衡，物质、能量、信息等的循环链条的环节缺损严重，自然生态系统的自我适应和调整特性将无法发挥作用，整个系统也会变得异常脆弱，不得不需要借助强力的干预力量来弥补自然生态系统的功能不足。而对于人工生态系统，尤其是城市生态系统，由于生物种群单一、分解者数量有限等原因，生态系统的稳定性更为脆弱，相应的，自身调节机能也更为有限。我国生态环境先天性脆弱：65%的国土面积为山地丘陵，33%的国土面积为干旱区荒漠区，70%的国土面积受东亚季风强烈影响，55%的国土面积不适宜人类的生活和生产，35%的国土面积经受土壤侵蚀和荒漠化，30%的耕地面积为 PH 值小于 5 的酸性土壤，20%的耕地面积存在不同程度的盐渍化或海水入侵，17%的国土面积构成了世界屋脊，5%的 GDP 为各类自然灾害所蚀夺，中国大陆平均高度是世界平均高度的 1.83 倍。[①]因此，我国生态保护任务艰巨。

5.3.2 生态安全对建设用地节约集约利用的约束

5.3.2.1 生态安全与土地自然生态安全

生态安全是指人类在生活、健康和生产等方面不受环境污染、生态破坏等影响的保障程度，包括绿色环境、空气质量、饮用水和食物安全等。生态安全有狭义和广义之分。狭义生态安全是指自然和半自然生态系统的安全，反映了生态系统完整性和健康的整体水平。广义生态安全则是指人的健康、生活、安乐、必要资源等方面不受威胁的状态，是由自然生态安全、经济生态安全和社会生态安全构成一个复

---

① 牛文元. 中国可持续发展总论[M]. 北京：科学出版社，2007. 转引自：马永欢. 关于在"十二五"规划中设置国土资源核心指标的建议[J]. 中国科学院院刊，2010，25（4）：397~404.

合人工生态安全系统。[①]生态安全的本质是生态风险和生态脆弱性。生态风险是指特定生态系统中所发生的非期望事件的概率和后果，如干扰或灾害对生态系统结构和功能造成的损害，其特点是具有不确定性、危害性和客观性；[②]生态脆弱性是指一定社会政治、经济、文化背景下，某一系统对环境变化和自然灾害表现出的易于受到伤害和损失的性质。[③]生态安全是维持人类、社会、政权和全球共同体的一个必要条件，是国家安全和公共安全的一部分。生态安全包含两重含义，一方面是生态系统自身的安全，即在外界因素作用下生态系统是否处于不受或少受损害或威胁的状态，并保持功能健康和结构完整；另一方面是生态系统对于人类的安全，即生态系统提供的服务是否满足人类生存和发展的需要。[④]

生态安全包括生物安全、环境安全和生态系统安全等在内的系统化的安全体系，具有整体性、综合性、区域性、动态性及战略性的特征。土地是地球陆地表面人类生活和生产活动的主要空间和场所，土地生态系统是地球陆地表面上相互作用、相互依存的地貌、水文、植被、土壤、气候等自然要素之间以及与人类活动之间相互作用而形成的统一整体。[⑤]土地利用是人类通过与土地结合获得物质产品和服务的经济活动过程。这一过程是人类与土地进行物质、能量和信息的交流转换过程。根据土地利用/覆盖变化（LUCC）研究，不同的土地利用/覆盖类型对生态环境系统会产生不同的影响，林地、牧草地和水域等生态用地具有较高的生态价值。土地利用变化对区域生态环境的影响极其深刻，它通过影响生态环境影响其生态服务价值，而对生态安全产生影响，是区域土地资源生态安全状态改变的最主要的驱动因素。土地利用变化不仅会改变自然景观面貌，而且影响物质循环和能量分

---

① 肖笃宁，陈文波，郭福良．论生态安全的基本概念和研究内容[J]．应用生态学报，2002（3）：354~358.

② Xiao D N，Chen W B，Guo F L. On the Basic Concepts and Contents of Ecological Security[J]. Journal of Applied Ecology，2002，13（3）：354~358.

③ 崔胜辉，洪华生，黄云凤等．生态安全研究进展[J]．生态学报，2005，25（4）：861~868.

④ 曲格平．生态环境问题已成为国家安全的热门话题[J]．环境保护，2002（5）：3~5.

⑤ 傅伯杰．土地生态系统的特征及其研究的主要方面[J]．生态学杂志，1985，4（1）：35~38.

配，对土壤侵蚀强度以及土壤有机质的变化有着重要影响，[1][2]过度利用会形成城市热岛效应，造成地表沉降、海水入侵、生态系统多样性减少、系统稳定性降低等问题。所以，在人类活动导致的全球环境变化中，土地利用/覆盖变化过程起着决定性的作用。

土地生态安全作为国家、区域生态安全的一个重要的基础性组成部分，是指地球陆地表层岩土部分内由各种有机物和无机物构成的生态环境，处于一种没有或少受污染威胁的健康、平衡可持续状态。从生态系统结构和功能的稳定性看，土地生态安全是生态安全的核心基础，是土地生态环境良性发展的立足之本，即没有土地的生态安全，自然界所处的整个系统环境就不可能达到可持续发展。

土地生态安全可理解为一个国家或地区的全部土地资源对其实现可持续发展所具有稳定的供给状态和良好的保障能力。具体可包括三层涵义：一是数量安全，即土地资源的数量多少，通常用总量和人均水平来反映；二是质量安全，即维持土地资源具有长期、持续和稳定生产能力的土地质量水平；三是结构安全，指土地资源数量结构和区域结构的稳定性，土地资源类型多样性是结构稳定性的基础，从而保障人类社会发展对土地资源的多重需求。生态安全是可持续发展的基石，将生态安全作为土地利用规划以及土地资源配置的前提和目标是实现区域土地资源可持续利用的有效途径。生态因素已成为土地资源可持续利用的重要的约束条件。

5.3.2.2   生态红线约束下的建设用地规模和布局

生态用地是指在生产性用地和建设性用地以外，以环境调节和生物保育等生态服务功能为主要用途，对保持生态平衡和促进可持续发展发挥重要作用的土地利用类型。我国二次土地普查结果显示：两次普查生态用地数据变化明显，全国因草原退化、耕地开垦、建设占用

① Trimble S W, Crosson P U S. Soil Erosion Ratesmyth and Reality[J]. Science, 2000, 289: 248-250.

② Solomon D, Lehmann J, Zech W. Land Use Effects on Soil Organic Matter Properties of Chromic Luvisols in Semi-arid Northern Tanzania: Carbon, Nitrogen, Ligning and Carbohydrates[J]. Agricluture, Ecosystems and Environment, 2000,78:203-213.

等因素导致草地减少 1066.7 万公顷，具有生态涵养功能的滩涂、沼泽减少 10.7%，冰川与积雪减少 7.5%，局部地区盐碱地、沙地增加较多，生态承载问题比较突出。①

与城镇建设用地和农业用地不同，生态用地不以经济效益为主要目标，不承担或较少承担经济活动，也不修建大规模的建筑物。对于我国来说，生态用地的类型包括林地、草地、水域及湿地。生态用地在区域规划土地利用的类型中的表现有两种形式，一种是以自然保护地域、水资源保护地域等形式出现在国土规划层面的非城市地域规划中；另一种则是以限制发展区的形式作为城市地域规划的内容。这两种生态用地的表现形式都对建设用地的结构与布局形成约束性的影响。

鉴于土地生态安全的重要性，世界各国十分重视对土地生态功能的保护，划定各类保护区，以保证生态安全所需的足够的用地数量和质量。为了保证我国土地生态安全，根据国务院《全国生态环境保护纲要》和《关于落实科学发展观　加强环境保护的决定》的要求，我国已实施全国主体功能区规划、全国土地利用规划、全国生态功能区划、生物多样性保护战略与行动计划等一系列生态保护规划区划，推进"生态优先"的土地利用战略，把资源开发利用与生态建设、环境保护结合起来，在宏观层面上加快了自然保护区、风景名胜区、森林公园、地质公园、世界文化自然遗产、湿地公园等各类自然生态保护区（地）保护和建设的步伐，并在《市县乡级土地利用总体规划编制指导意见》中明确提出，"设定核心生态网络体系，维护和改善区域生态安全格局，形成基本的国土生态屏障"，②在我国土地资源利用与管理中建立"生态保护红线"的措施。

生态脆弱性是生态安全的核心，生态保护红线是指在自然生态服务功能、环境质量安全、自然资源利用等方面，需要实行严格保护的

---

① 胡其峰. 第二次全国土地调查成果公布[N]. 光明日报，2013-12-31（04）.

② 国土资源部办公厅. 关于印发市县乡级土地利用总体规划编制指导意见的通知（国土资厅发〔2009〕51 号）[EB/OL]. [2009-06-04]. http://www.mlr.gov.cn/zwgk/zytz/200906/t20090604_120901.htm.

空间边界与管理限值。①生态红线是根据自然生态系统完整性和自我修复的要求，划定的生态环境保护基准线，其目的是维护国家和区域生态安全及经济社会可持续发展，保障人民群众健康。"生态保护红线"是继"18亿亩耕地红线"后，另一条被提升到国家层面的"生命线"。生态保护红线划分为生态功能保障基线、环境质量安全底线、自然资源利用上线三类。被划入红线内的地区都是国家重要生态功能区、生态环境敏感区、脆弱区等区域，这些区域将被严格管控、限制开发。

　　2008年7月环境保护部发布的《全国生态功能区划》中，划定了50个国家重要生态功能区，总面积220万平方公里；2010年9月环境保护部发布的《中国生物多样性保护战略与行动计划》中，划定了32个陆地生物多样性保护优先区，总面积232万平方公里；2010年12月国务院发布的《全国主体功能区规划》（国发〔2010〕46号）中确定25个重点生态功能区，总面积386万平方公里。以上三大区域分别占我国陆地总面积的22.9%、24.2%和40.2%。按照全国的主体功能区规划，在我国的生态安全战略格局中，位于天山山脉、祁连山山脉、大阴山山脉的北方防沙带，大小兴安岭及长白山地区的东北森林带，位于三江源地区的青藏高原生态屏障，南北横跨黄土高原和云贵高原的黄土高原—川滇生态屏障和南方的丘陵山地带是我国重要的生态屏障区。这些生态屏障区对于防风固沙、保持水土、涵养水源、保持生态平衡发挥了重要作用。②

　　与耕地红线不同，生态红线在空间上具有不可替代性和无法复制性，生态红线是绝不能再更改的空间边界线，它是生态安全的底线。《全国主体功能区规划》中明确指出，限制开发区中的重点生态功能区，限制进行大规模高强度的工业化城镇化开发，以保护和修复生态环境、提供生态产品为首要任务，因地制宜地发展不影响主体功能定位的适宜产业，引导超载人口逐步有序转移；开发区内采取强制性保护措施，

　　① 李干杰. "生态保护红线"——确保国家生态安全的生命线[N]. 中国矿业报，2014-02-11（03）.
　　② 国务院. 国务院关于印发全国主体功能区规划的通知（国发〔2010〕46号）[EB/OL]. [2011-6-08]. http://www.gov.cn/zwgk/2011-06/08/content_1879180.htm.

严格控制人为因素对自然生态和文化自然遗产原真性、完整性的干扰，严禁不符合主体功能定位的各类开发活动。生态红线的强制性从数量上构成了建设用地自然供给的上限，绿环、绿楔、河流等绿色生态体系布局将从空间上约束建设用地的分布格局。

5.3.2.3　生态承载力与建设用地利用的强度

生态系统既为人类活动提供空间和载体，又为人类活动提供资源并容纳人类活动带来的废弃物。由于生态系统的各组成要素在数量上存在一定的比例关系，在空间上有一定的分布规律，同时，各生态要素其自身的供应量和产出速度有限，生态要素组合方式的形成速度可谓极其缓慢，生态系统的自净能力更是有限的，使得生态系统在一定范围内具有自我维持、修补和重建的能力，超过这种能力将会使得生态系统失去平衡。世界自然基金会（WWF）的数据表明：在过去的30 年中，地球自然生态系统的质量下降了 33%（生命行星指数[①]），同期内人类对地球的生态足迹增加了 50%，已经超过了生物圈的再生速率[②]。因此，在一定的时空条件下生态系统对人类社会经济发展活动的支持能力有局限性和极限度，即存在一个支持能力的阈值，生态环境承载力的思想由此产生。

承载力最初的概念来源于工程地质领域，指地基所能承受建筑物重力的能力。随着全球资源短缺和生态环境不断恶化，科学家相继提出了资源承载力、环境承载力、生态承载力等概念。

"一个国家或地区的资源承载力是指在可以预见到的期间内，利用本地能源及其自然资源和智力、技术等条件，在保证符合其社会文化准则的物质生活水平条件下，该国家或地区能持续供养的人口数量。"[③] 资源承载力表现的是一定时空范围内环境为人类活动提供自然资源的能力极限，反映了可持续发展目标下的区域自然资源的最大利用量。

---

① World Wild Life Found, UNEP. Living Plane Report 2000[M]. Gland, Switzerland: WWF International 2000.

② 张志强. 地球难以承载人类重负——《生命行星报告 2004》解读[J]. 地球科学进展, 2005, 20（4）: 378~383.

③ UNESCO & FAO. Carrying Capacity Assessment with A Pilot Study of Kenya: A Resource Accounting Methodology for Sustainable Development [R]. Paris and Rome:1985.

根据资源对于目前社会经济发展的稀缺状况，目前对于资源承载力的关注点在于土地资源、水资源、森林资源、大气环境资源和矿产资源等。其中，水资源承载力是指在不影响某一水体正常使用的前提下，能够满足社会经济可持续发展和保持水生态系统健康的支撑能力。生物资源承载力是指在保持生物多样性的前提下，可以满足人类经济社会可持续发展的最大量。

狭义的环境承载力反映的是环境系统对人类经济社会发展的纳污能力。1921 年，帕克（Park）和伯吉斯（Burgess）将环境承载力定义为"某一特定环境条件下（主要指生存空间、营养物质、阳光等生态因子的组合），某种个体存在数量的最高极限"；[①]唐剑武等人认为环境承载力就是"某一时期，某种环境状态下，某一区域环境对人类社会经济活动所能承受的阈值"。[②]与此类似，高吉喜在《可持续发展理论探索》一书中指出"环境承载力是指在一定生活水平和环境质量要求下，在不超出生态系统弹性限度条件下环境子系统所能承纳的污染物数量，以及可支持的经济规模与相应人口数量"。[③]

生态承载力是一个包含了资源承载力和环境承载力的综合承载力概念。根据上述对资源承载力和环境承载力的概念界定，可以将生态承载力理解为在一定的区域范围和一定时期内，在保证满足区域可持续发展需要的区域资源总量和结构时，维持区域环境稳态效应能力没有明显减弱的情况下，区域内生态系统对人类经济社会活动的综合支持能力。

生态承载力是生态系统的客观属性，强调了生态系统供养人口的自然基础。建设用地的开发利用，一方面有改善生态环境的作用，如水利设施的建设会改善农业生态环境、遏制水土流失和土地退化；另一方面在某种意义上说就是对生态系统的环境资源所作的消耗。不同

---

① 叶京京. 中国西部地区资源环境承载力研究区[D]. 成都：四川大学，2007：4.

② 唐剑武，郭怀成，叶文虎. 环境承载力及其在环境规划中的初步应用[J]. 中国环境科学，1997，17（1）：6~9.

③ 高吉喜. 可持续发展理论探讨——生态承载力理论、方法与应用[M]. 北京：中国环境科学出版社，2001：8~23.

的土地利用强度对生态环境会产生不同的影响，当建设用地上的社会经济活动对生态系统的作用量（亦即生态环境承载量的各个状态点）在生态承载力所能支撑的范围内时，生态系统不会发生本质的变化。但随着对土地利用强度的增加，超过了生态系统所能支持的极限，高强度的土地利用一方面会引起局部地区污染排放量超过环境容量，资源利用量供应短缺；另一方面会破坏植被和土壤要素，形成城市热岛效应，改变大气环境，引发城市水质变化和洪水灾害频发等诸多环境问题。合理的开发利用强度，即用地节约集约水平是防止生态环境破坏、保护和改善生态环境的前提。因此，建设用地的开发利用必须控制在生态系统的承载能力之内。为此，国家对于总体规划中强调"要客观分析资源条件和制约因素，着重研究城市的综合承载能力，解决好资源保护、生态建设、重大基础设施建设等城市发展的主要环节"。[1]

生态承载力的约束体现了生态系统的价值，也表明了土地经济供给的最大值，促使人们自觉地利用市场经济手段来促进土地的节约集约利用和人口的流动。例如，水资源是制约新疆位于沙漠地带绿洲地区人口聚居和生产规模的短板，由此导致绿洲地区难以形成大规模的人口聚集。同时生态承载力也提醒人们建设用地的节约集约水平必须控制在合理的范围内。

5.4 城乡统筹发展视角下的建设用地配置

所谓统筹，就是兼顾各方、总揽全局，统一、全面地筹划、安排。统筹是一种系统的、科学的方法论。城乡统筹发展是针对我国特有的城乡二元结构提出的一种发展观，是科学发展观中"五个统筹"的重要一环。城乡统筹就是要站在国民经济和社会发展的全局，把城市与农村、农业与工业、市民与农民发展中存在的问题及其相互关系作为一个整体，综合研究，统一筹划，通盘考虑，统筹解决。

---

[1] 中华人民共和国建设部. 关于加强城市总体规划修编和审批工作的通知（建规〔2005〕2号）[EB/OL]. [2006-11-01]. http://www.mohurd.gov.cn/zcfg/jsbwj_0/jsbwjcsgh/200611/t20061101_156880.html.

城乡统筹发展体现了整体协调发展与城乡公平的重要性，城乡统筹不仅表现在城乡经济发展目标统筹，而且包括城乡社会经济发展和生态文明建设中的生产要素统筹、制度建设统筹等方方面面。其中的城乡资本、劳动力、技术、土地等资源的合理配置是城乡社会经济协调发展的基础，尤其土地资源是城乡各类社会经济活动的物质载体，是城乡建设的最基本资源，城乡建设土地资源的合理配置在很大程度上决定了生产方式、内容和投入产出效率，合理、高效的土地资源配置格局对城乡经济、生态协调发展有重要意义，是城乡统筹发展的基础和保障。按照城乡统筹的要求对于土地资源配置，不是建设用地综合效益的最大化，也不是农用地的综合效益最大化，而是以提高城乡经济社会组织化程度为核心，根据土地质量特性及区位特征，全方位统筹安排农用地和建设用地、城市居民点用地和乡村居民点用地的结构和布局，最终实现区域土地资源的可持续利用。

5.4.1　农业生产对建设用地规模与布局的约束

5.4.1.1　农业在国民经济发展中的地位和作用

农业是人类的衣食之源、生存之本，是国民经济中最基本的物质生产部门，在国民经济中具有基础性地位和作用。农业在国民经济中的基础作用表现为产品贡献、市场贡献和要素及外汇贡献。[①]

农业对国民经济的产品贡献主要指食品贡献和原料贡献。农业产出的粮食、肉类、蛋类以及棉麻产品等满足了人类最基本的物质生活需要，值得一提的是，农业的食品贡献不仅是人类生存和发展的基础，而且食品供给的稳定性有利于抑制通货膨胀，促进国民经济稳定可持续发展。尤其对于中国这样一个拥有 13 亿人口的大国，食品供给的充足性和稳定性显得更为重要。此外，许多粮食作物和经济作物，如小麦、玉米、棉花、油菜等是加工制造业的重要原料来源，其供给的稳定性也影响相关加工制造业的发展。

农业作为第一产业，所需的农业工具、农业维修、农民的日常消

---

① 黄守宏. 论市场经济条件下农业的基础地位[J]. 经济研究，1994（1）：24~30.

费品等都为国民经济中的第二、第三产业提供了广阔的市场。从世界各国的发展历程来看，在多数发展中国家，农业是国内工业品的主要市场。在较发达国家或发达国家，尽管农业相对比重有所下降，但由于其绝对规模仍非常庞大，所以仍能为工业生产提供广阔市场。

农业对国民经济的要素贡献表现在就业贡献、资本贡献和劳动力贡献三方面。在就业上，在我国农业一直是容纳劳动力就业的主要部门，对促进就业市场稳定和社会稳定发挥了积极的作用。农业产生的储蓄是我国第二、第三产业投资者的重要来源。随着农业技术进步，大量劳动力从农业部门释放出来，并向第二、第三产业转移，从而为第二、第三产业的发展提供大量的劳动力。

农产品的出口可以为国家换回大量外汇，特别是在发展中国家，由于工业相对较落后，农产品和其他初级产品的出口是获得外汇的重要来源。

人类社会分工的任何发展，都依赖于农业生产力的提高和剩余农产品的增加。只有农业劳动生产的农产品在满足本部门和已有部门现有劳动力再生产的需要以后还有剩余，新的非农产业部门才有独立的可能。农业生产的特殊性、农业在国民经济和社会发展中的基础地位和作用，也使得用于农业生产的土地——农用地，在土地资源分配中占有特殊的地位，影响建设用地规模和布局。

5.4.1.2　农用地的功能和特点

依据《中华人民共和国土地管理法》对土地的分类，我国土地被划分为三类：农用地、建设用地和未使用地。其中农用地是指"直接用于农业生产的土地，包括耕地、林地、草地、农田水利用地、养殖水面等"。

（1）农用地的功能

尽管农用地在用途上是被用于农业生产，然而农用地在国民经济和社会发展中还承担着其他功能，特别是在我国这样一个农业大国，农用地在国民经济和社会发展中承担经济生产功能、生态功能、社会保障功能和社会稳定功能。

其一，经济生产功能。作为农业生产的生产资料和劳动对象，农用地内部与上层所富含的矿物质和营养物,结合自然条件与生产技术,产出各种农作物,是农业生产中不可或缺且无法取代的生产资料。

其二,生态功能。农用地不仅是农业的基本生产资料,同时也是自然生态环境的最基本要素。农用地是整个生态系统的重要组成部分,具有涵养水源、调节微气候、防止土壤侵蚀、净化水质和空气等多种生态调节功能。农用地生态环境的破坏,极易产生整体生态系统的失衡,如农用地的沙漠化、盐碱化等都会产生难以估量的环境损失。[①]

其三,社会保障功能。农用地是广大农民的"衣食之源、生存之本"。在现阶段,我国农村社会保障制度比较薄弱的国情之下,农用地对世代以土地为生的中国农民来说,相对于在第二、第三产业就业的不稳定性,农业收入依然是一个稳定的经济来源。因此,在中国特有的国情下,农用地起到了稳定农民收入,以抗御各种风险的作用,是一种隐性的社会保障机制。

其四,社会稳定功能。粮食问题是一个关系到国计民生的重要战略问题,而农用地的规模和质量是保障粮食安全的关键。农用地生产的粮食和农副产品,不仅是国民生存的基础,也是工业、城市发展的基础。

（2）农用地的特点

作为农业生产基本生产资料和劳动对象的农用地,与利用土地的承载功能,建造建筑物和构筑物作为人们的生活场所、操作空间和工程载体的建设用地,在用地的选择条件、用地转换等方面存在着较大的差异。

第一,农用地是依赖于土地的肥力,直接从耕作层中生产农作物的用地类型。并非任何土壤都可以发育成为农用地,农用地受自然环境影响显著,对土壤、气候等自然条件有十分严格的要求,能够成为农用地的土地需要具备可供农作物生长、发育、成熟的自然环境。在同等气候条件下,土壤肥力越好农业产出越高,肥力低的土地难以用于农业生产。因此,肥力高的土地往往在土地资源的配置中优先被划

---

① 谢建豪,袁伟伟. 论农用土地的综合价值[J]. 安徽农业科学,2006,34（9）：1991~1992.

为基本农田用地。

第二，农用地的可逆性差。一般来讲，只要地质条件达到工程建设的标准，再加以必要的开发和配套建设就可以作为建设用地，农业用地转变为建设用地较为容易。但反过来，建设用地向农用地转换则相对较为困难，土地生产功能的恢复和再生不仅相应需要农业投资，而且需要一定的时间、技术。这就使得人们在决定将农用地转为建设用地前要十分谨慎，应充分论证、科学决策。

第三，农用地供给极端的缺乏弹性。相对于建设用地，在土地、劳动、资本、技术等生产要素中，其要素替代性相对于建设用地更小。

5.4.1.3　耕地资源配置与建设用地节约集约利用

（1）耕地在国民经济和社会发展中的地位和作用

耕地是农用地中的一种用地类型。按照全国农业区划委员会 1984 年 9 月 8 日颁布的《土地利用现状调查技术规程》的规定，耕地是指种植农作物的土地，包括熟地、新开发整理复垦地、休闲地、轮歇地、草田轮作地；以种植农作物为主，间有零星果树、桑树或其他树木的土地；平均每年能保证收获一季的已垦滩地和海涂。耕地中还包括南方宽小于一米，北方宽小于两米的沟、渠、路和田埂。耕地又可分为五种：灌溉水田、望天田、水浇地、旱地和菜地。耕地资源的配置涉及国家粮食安全、社会稳定、经济安全和生态安全，成为具有战略意义的政治范畴。

"民以食为天，食以农为源，农以地为本"，"无农不稳，无粮则乱"。耕地是粮食生产的最基本载体，尽管粮食产量取决于耕地单产和耕地面积，但是耕地单产是随着投入边际递减的，存在一定的上限，要解决粮食问题就必须得保证一定数量的耕地。因此，保证国家粮食安全的关键在于保护耕地，"保护耕地就是保护我们的生命线"。随着世界经济的一体化，一些人提出依靠进口解决本国的粮食问题，应该说当粮食生产不能自给时，如果国际环境允许，是可以通过国际贸易方式进口解决粮食短缺的，但粮食不是一般的商品，它具有战略物资属性，在错综复杂的国际政治环境面前，这种依赖超过了一定比例后，将受制于他国，不利于国家发展，甚至关系到国家的存亡。世界范围内 85%

以上的粮食安全和粮食供给问题是依靠国内粮食生产来解决的。[①]

耕地是农民最基本的生产资料和生活保障，耕地对农民来讲具有重要的社会保障功能。农民失去土地，就意味着社会保障能力的最终丧失，失地农民若不能妥善安置，极易沦为种田无地、就业无岗、低保无份的"三无"农民，这关系到农村的经济发展，关系到社会稳定。随着我国城镇化进程的加快，尽管我国城镇化水平已经超过 50%，但是我国农业人口依然庞大，农民失地即等于失业，生存问题受到挑战，对社会稳定带来极大影响。

耕地作为农用地的重要组成部分，是自然生态系统的重要一环，在农业生态系统中，能量的转换和物质的循环都是以土地为基础或中介的。耕地本身具有保持水土平衡、涵养水源、调节气候、净化空气和粉尘、改善生态环境等功能。过度的毁林开垦、毁草开垦以及围湖开垦扩大耕地面积会导致水土流失等问题，引起生态环境的恶化。耕地产生的经济效益虽低于建设用地，但其产生的生态价值却是不可估量的。

从社会经济可持续协调发展的角度思考，严格控制耕地占用、保护耕地是关系到一国经济和社会可持续发展的全局性战略问题。对保护耕地不能完全用经济价值来决定资源的配置。

（2）耕地保护与建设用地的布局

鉴于耕地在国民经济和社会发展中极其重要的地位和作用，因此，世界各国通过税收、区划等多种方式对耕地采取严格的保护措施，控制农地转非农用地。

美国是农业发展水平最高的国家之一，也是世界最大的粮食出口国。为了保障粮食产量和土地资源，1935 年美国国会通过了《土壤保护法》，1956 年政府提出"土壤储备计划"，1981 年颁布《美国农地保护政策法》，已经形成包括立法、规划、税收等手段在内的耕地保护综合体系，限制将农地转为非农用地。具体内容包括：一是划定农业区，

---

① 王媛. 丰年缺粮冲破自给红线 中粮集团海外找粮[DB/OL]. [2014-02-20]. http://time-weekly.com/story/2014-02-20/132276.html.

规定区内仅能进行木材、谷物或其他植物生产；二是税收政策，对非农用地，按土地价值和土地收益双重收税，而对农地则减收税款，鼓励和保护土地私有者进行农业生产的积极性；三是政府出资购买土地私有者的土地发展权，限制农地的非农化使用；四是将农用地划分为保护带和过渡带，只允许土地使用者在过渡带改变农地用途。①

日本是土地资源十分稀缺的国家，为了保护有限的耕地资源，日本依照《农业法》《农业振兴地域法》，对土地分类定等管理，农用土地被分为一类、二类、三类。一类农地主要包括生产力高的耕地、公共投资进行改良的耕地、新开垦的耕地等。这类农地除公共用途外不得转用。三类农地主要包括土地利用区划调整区域内的土地、上下水道等基础设施区内的农地，以及宅地占 40%以上的街路围绕区域的农地。这类农地原则上可以转用。二类农地介于一类和三类之间，可以有条件地转用。凡涉及农地转用的土地买卖，必须由都道府县知事或农林水产大臣批准。②如图 5-5 所示。

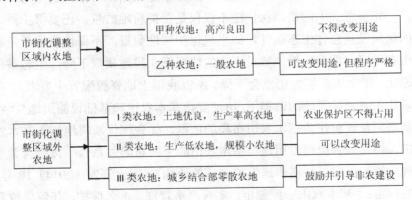

图 5-5　日本农用地类型及用途管制

资料来源：韩冰华. 战后日本农地非农化之启示[J]. 江汉大学学报，2005（3）：37~40.

---

① 艾维. 粮安天下 地为根基——世界各国耕地保护战略[N]. 中国国土资源报，2014-01-03（3）.

② 韩冰华. 战后日本农地非农化之启示[J]. 江汉大学学报，2005（3）：37~40.

　　我国长期坚持把耕地资源保护作为一项基本国策，实行世界上最严格的耕地保护制度，在《中华人民共和国宪法》《中华人民共和国土地管理法》《中华人民共和国基本农田保护条例》和《中华人民共和国农村土地承包法》等一系列法律法规中对保护耕地提出了明确的要求。在这些法律法规中，明确了基本保护区划定制度、占补平衡制度、禁止破坏和荒芜基本田制度、行政首长负责制度、监督检查制度、地力培肥和环境保护等制度，从严控制耕地的占用和用途的改变，以切实保护耕地资源的数量。具体到对土地资源的配置，《全国土地利用总体规划纲要（2006~2020年）》中对土地调控按性质分为约束性指标和预期性指标两类，其中约束性指标是规划期内不得突破或必须实现的指标，包括耕地保有量、基本农田保护面积、城乡建设用地规模、新增建设占用耕地规模、整理复垦开发补充耕地义务量和人均城镇工矿用地规模等6项指标，6项约束性指标中有4项指标涉及耕地，由此可以看出，耕地资源的配置从规模上约束了建设用地可挖掘的潜力。

　　完整意义上的耕地保护绝不仅仅是保护耕地数量，还要保护耕地的质量及其总体生态条件，如果只保护耕地数量，不保护耕地质量和生态环境，即使在耕地数量不变的情况下，耕地质量下降，生态条件恶化，粮食生产能力仍然会下降。所以我国土地资源配置中要求"在避让生态屏障系统的前提下，协调安排基本农田和基础设施用地"；"将耕地质量评价作为基本农田布局的依据，优先把优质耕地划入基本农田，协调好各类建设用地与基本农田的空间布局关系"。①按照《关于强化管控落实最严格耕地保护制度的通知》（国土资发〔2014〕18号）的规定："基本农田一经划定，实行严格管理、永久保护，任何单位和个人不得擅自占用或改变用途；建立和完善基本农田保护负面清单，符合法定条件和供地政策，确需占用和改变基本农田的，必须报国务院批准，并优先将同等面积的优质耕地补划为基本农田。"

---

① 国土资源部办公厅. 关于印发市县乡级土地利用总体规划编制指导意见的通知（国土资厅发〔2009〕51号），2009-5-25.

5.4.2　农村建设用地节约集约利用与建设用地的节约集约利用

5.4.2.1　农村居民点用地节约集约在建设用地节约集约利用中的地位与作用

依据中华人民共和国住房和城乡建设部《城市用地分类与规划建设用地标准》（GB 50137-2011），我国城乡建设用地被分为城乡居民点建设用地、区域交通设施用地、区域公用设施用地、特殊用地和采矿用地等 5 个中类。农村居民点在城乡建设用地中占有较高的比重，一般是城乡建设用地中比例最高的用地。以天津为例，2011 年天津市城镇村及工矿用地面积为 3160.69 平方公里，占全市土地总面积的 26.52%。其中城市面积为 1076.51 平方公里，建制镇面积 333.41 平方公里，村庄面积 1247.68 平方公里，采矿用地面积 444.48 平方公里，风景名胜及特殊用地面积 58.60 平方公里，分别占城镇村及工矿用地面积的 34.06%、10.55%、39.48%、14.06% 和 1.85%。同时，从静态的角度考察，高度集聚的城市与分散的农村居民点相比，城镇建设用地的集约化程度要大大高于农村居民点用地。农业生产活动相对于工业和服务业发展的独立、分散特征，导致了农村居民点的用地分散、各项公共设施用地配置的规模不经济，总体上农村居民点建设用地的效率要远远低于城市建设用地。显然，农村建设用地的节约集约利用是建设用地节约集约挖潜的重点之一，优化土地资源的配置，促进建设用地的节约集约利用，如果只单纯考虑城镇本身，将难以达到一个理想的水平。

从动态的角度考察，城市化是一个历史发展的必然趋势，随着农村人口和产业向各级城镇转移，会带来农村人口减少和城市人口的增加。一般来说，一个农民所占用的建设用地会大于一个城市居民所占用的建设用地，城乡居民人均建设用地水平上的差异将使得在城乡统一的用地市场上，城市化水平的提高意味着建设用地节约集约利用水平的提高，理论上，城市化的过程就是建设用地集约水平提升的过程。然而，如果城乡土地市场分割，乡村人口转移并未与农村居民点用地缩减相挂钩,从农村转移到城市的乡村人口将其农村的居住用地闲置,形成"两栖"占地、"一户多宅"现象,出现大量的闲置居住用地。这样不仅不会减少建设用地,反而会出现"农村减人不减地"的现象,造成土地资源的浪费,使得城市化与农村居民点的用地呈现反向发展的关系。实际上,我国由于农村土地制度、户籍制度和城镇社会保障体制的束缚,我国转移到城市的农村人口,并不能很好地融入城市社会,以宅基地废弃与土地闲置为主要特征的农村空心化现象日渐严重。根据中科院地理资源所刘彦随研究员和他的课题小组的研究,目前我国传统农区约 1/4 至 1/3 的农村出现了程度不同的空心化问题。[①] 2000~2011 年,我国农村人口减少 1.33 亿人,农村居民点用地非但没有减少,相反却增加了 3045 万亩,[②]导致我国人均农村居民点用地面积远远超过了相关村镇规划标准中规定的 80~150 平方米/人之间的上限。[③]根据潘文灿的研究,我国城市化水平每增加 1 个百分点,而农村居民点用地增加 14592 公顷,人均用地增加 2.3 平方米。[④]如果这种势头持续下去,必然导致城市用地的增加与耕地的减少"挂钩"。这种情况下要想实现我国维持耕地总量不下滑的目标,最终只能削减城市用地供应、抑制城镇化的速度,这将进一步加剧城乡用地的矛盾。因此,提高农村居民点用地的节约集约水平,并将农村用地节约与城市建设用地的增加相结合是提高建设用地节约集约利用水平的有效途径,也是维护耕地安全的保障。

5.4.2.2　农村居民点整理与城乡建设用地增减挂钩

伴随城镇化进程的加快,农业人口减少,农村居民点的用地规模需求应呈减少的趋势;而随着农村生活水平的提高,农村居民对农村居民点的整体人居环境质量则呈现更高的要求,同时伴随农业生产技术进步,加之农业生产规模化日趋明显,农村居民分散居住的耕作功

---

① 刘彦随, 龙花楼, 陈玉福. 中国乡村发展研究报告: 农村空心化及其整治策略[M]. 北京: 科学出版社, 2011.

② 国务院. 国家新型城镇化规划(2014~2020 年). [2014-03-16]. http://www.gov.cn.

③ 张军民, 冀晶娟. 新时期村庄规划控制研究[J]. 城市规划, 2008(12): 58~61.

④ 潘文灿. 如何加强我国农村居民点用地集约化的建议[J]. 国土资源情报, 2010(5): 54~56.

能已经丧失，分散布局的现状也使农村居民在就医、就业、就学以及参加社会活动方面变得较为困难，从而使零散村庄迁并成为必然①，农村居民点的整理是农村土地利用由粗放型向集约型转变的客观要求。为此，2008 年国土资源部发布《城乡建设用地增减挂钩试点管理办法》，将若干拟整理复垦为耕地的农村建设用地地块和拟用于城镇建设的地块等土地共同组成建新拆旧项目区，希望通过对分散、低效、闲置利用的农村建设用地的整理复垦，形成建设用地的集聚效应和耕地规模效应，在提高土地利用的集约化程度的同时，优化了城乡用地布局。这不仅拓展了城镇建设用地空间，而且有效缓解了建设用地扩展对农用地的压力，进而减少对新增建设用地的需求。

农村居民点整理是指应用工程技术及调整土地产权，通过村庄改造、归并和再利用，有效改善农村居民的生产环境和生活条件，对布局分散、用地粗放的农村居民点用地进行重新组织和利用的活动，使农村建设逐步集中、集约，提高农村居民点土地利用强度，促进土地利用有序化、合理化、科学化发展。农村居民点整理不仅会提高农村居民点的社会效益和土地利用效益，而且通过将整理后节约出的用地重新优化配置，提高了建设用地的节约集约利用水平，乃至整个土地资源的利用效益。

（1）改善农村居民生产生活条件，提高农村建设用地节约集约利用水平

农村居民点的整理通过对环境的整治，农村居民点的迁并，集中建设教育设施、商贸设施及其他公共设施，可以显著改善农民的居住条件和居住环境，提高农村建设用地的节约集约利用水平。根据天津津南区、成都双流县和上海金山区 3 个城市郊区农村居民点整理项目的调查研究发现，约 85% 的农民认为农村居民点整理显著改善了他们的居住条件和居住环境。三个土地整理项目都较好实现了节约集约利用土地的目标。其中，农村建设用地的节余在 58% 至 82% 之间，农村

---

① 王建国，胡克．农村居民点整理的必要性与可行性[J]．国土资源，2003（4）：42~44．

人均占用建设用地的面积下降幅度在 31%至 84%之间。[①]

（2）为城市建设用地和耕地提供后备用地，进而提高建设用地的节约集约利用水平，减缓耕地保护的压力

农村居民点用地是城市建设用地和耕地的备用地。根据冯长春等人的研究，[②]2004 年我国流失的农村居民点用地主要转换为其他建设用地的达到 64%，其中 59%转换为城镇工矿用地，8%转为其他建设用地；30%转为农用地，仅 3%的用地转为未利用地。通过农村居民点整理盘活出的大量土地，既可以复垦为耕地满足农业生产需要，也可以用增减挂钩的形式满足城镇建设用地的需要，还可以用于农村建设用地，如乡镇企业的发展、公共设施建设等。以天津市为例，通过实施第一批挂钩试点减少农村居民点用地 883 公顷，净增用于安排城市建设的新增建设用地指标 56 公顷；第二批挂钩试点减少农村居民点用地851 公顷，净增用于安排城市建设的新增建设用地指标 246 公顷；第三批挂钩试点减少农村居民点用地 2634 公顷，净增用于安排城市建设的新增建设用地指标 607 公顷；第四批挂钩试点减少农村居民点用地6131 公顷，净增用于安排城市建设的新增建设用地指标 424 公顷。

由于城镇建设用地的不断扩展、不断侵占耕地，导致有限的耕地资源不断锐减，维持一定的耕地数量是社会经济可持续发展的战略任务之一。第二次全国土地资源普查的数据显示，[③]2009 年我国耕地总规模为 13538.5 万公顷，人均耕地 0.101 公顷，不到世界人均水平的一半。有相当数量耕地受到中重度污染，大多不宜耕种；还有一定数量的耕地因开矿塌陷造成地表土层破坏，或因地下水超采，已影响正常耕种。耕地后备资源不足是我国的基本国情。将农村居民点整理盘活出的大量土地，复垦为耕地，可以增加耕地数量，放松耕地对建设用地供应的压力，同时，通过农村居民点整理，优化了耕地的布局。天

---

① 谷晓坤，卢新海，陈百明. 大城市郊区农村居民点整理效果分析——基于典型案例的比较研究[J]. 自然资源学报，2010（10）：1649~1657.

② 冯长春. 中国农村居民点用地变化的社会经济因素分析[J]. 中国人口资源与环境，2012，22（3）：6~12.

③ 国土资源部，国家统计局，国务院第二次全国土地调查领导小组办公室. 关于第二次全国土地调查主要数据成果的公报[N]. 光明日报，2013-12-31（04）.

津津南区、成都双流县和上海金山区 3 个城市郊区农村居民点整理项目中，双流县实现新增耕地比例为 3.01 %，津南区和金山区项目的新增耕地比例均超过 30%。①为此，早在 2004 年国务院出台的《关于深化改革严格土地管理的决定》(国发〔2004〕28 号)，中就明确指出 "鼓励农村建设用地整理，城镇建设用地增加要与农村建设用地减少相挂钩"，即通过农村居民点整理新增的耕地可以折抵建设用地占用耕地的指标。这是保持耕地总量动态平衡，保障我国经济建设和粮食安全的重要途径。

城市与乡村是相互联系不可分割的两个空间，在土地利用方面，既要兼顾城市化过程中城镇发展的用地需求，同时还要通过科学的规划和严格的管理，保证农村必要的耕地数量和适量的建设用地，提高农村建设用地的效率。目前，我国试行的城乡建设用地增减挂钩的模式是根据土地利用总体规划，将若干拟整理的农村建设用地地块和拟用于城镇建设的地块共同组建为建新拆旧项目区，实行拆旧建新，最终实现区内城乡建设用地总量不增加，耕地面积不减少、质量不减低、布局更合理的目标。这种模式的实质乃是从城乡统筹的角度来配置土地资源。

值得注意的是，农村居民点的整理应与农村社会经济发展相一致。理论研究证明：非农业就业的程度表征的农户生计转型和以人均农村居民点用地面积度量的农村土地利用之间存在倒 U 型关系，在农户非农就业没有达到拐点之前，人为地推进农村居民点用地整治不利于农业的发展，也难以得到农民的支持。而城市统筹视角下的建设用地的配置，需要城乡统一的建设用地市场的支持。②

---

① 谷晓坤，卢新海，陈百明. 大城市郊区农村居民点整理效果分析——基于典型案例的比较研究[J]. 自然资源学报，2010（10）：1649~1657.

② 陈秧芬，刘彦随，杨忍. 基于生计转型的中国农村居民点用地整治适宜区域[J]. 地理学报，2012，67（3）：420~427.

5.5　可持续的代际土地资源配置

5.5.1　土地资源可持续利用的代际原则

按照世界环境与发展委员会的权威定义，可持续发展是指既满足当代人的需要，又不对后代人满足其需要的能力构成危害的发展。[①]可持续发展战略包含两个原则或概念："需要的概念，尤其是世界贫困人民的基本需要，应将此放在特别优先的地位来考虑；限制的概念，技术状况和社会组织对环境满足眼前和将来的需要的能力施加的限制。"[②]这一概念中不仅表明公正性问题，而且这种公正问题由代内延伸到了代际，即代际公平。根据广义可持续发展的定义，代际公平是指下一代所得到的财富遗产至少等于当代人所继承的，即财富或资源在两代人之间得到公平的享用。可持续发展观中的资源代际公平强调资源在各代之间进行公平分配与使用。

根据代际公平的原则，当代社会经济发展必须建立在它所依赖的生态系统的可持续基础之上。由于人类活动必须受到自然资源和环境承载的硬性约束，因而自然资源和环境是人类经济与社会是否可持续的决定性要素。因此，可以说可持续发展的核心是促进人与自然的和谐发展。正如前面的分析指出的，土地生态系统是人类社会经济活动的基础系统，它是地球陆地表面上相互作用、相互依存的地貌、水文、植被、土壤、气候等自然要素之间以及与人类活动之间相互作用而形成的统一整体。[③]在人类活动导致的全球环境变化中，土地利用/覆盖变化过程起着决定性的作用。因此，土地在可持续发展中占有重要的地位和作用。

土地可持续利用的核心是实现土地生产力的持续增长和稳定性，保证土地资源潜力和防止土地退化，并具有良好的经济效益和社会效

---

① 世界环境与发展委员会. 我们共同的未来[M]. 长春：吉林人民出版社，1997：52.
② 世界环境与发展委员会. 我们共同的未来[M]. 长春：吉林人民出版社，1997：80.
③ 傅伯杰. 土地生态系统的特征及其研究的主要方面[J]. 生态学杂志，1985，4（1）：35~38.

益，即达到生态合理性、经济有效性和社会可接受性。^①土地可持续利用可以理解为在生态（自然）方面具有适宜性，经济方面具有获利能力，环境方面实现良性循环，社会方面具有公平性和公正性的土地利用方式。^②

由此我们认为，可持续土地利用中，重点要把握好两个方面的问题：一方面，以代际公平为原则的土地可持续利用，把人的发展同资源的消耗、环境的退化、生态的胁迫等联系在一起，是一种土地生产力无退化的开发利用，这样对于土地的利用要控制在资源环境的生态承载力内，这实际上也就约束了建设用地开发利用的集约度；另一方面，可持续发展强调保护资源，强调后代人与当代人有享有同等利用资源的权利，这种资源不仅仅限于自然资源，如耕地，还包括历史、文化等各类资源。土地是承载社会、经济、文化等各种资源的主要载体之一，土地资源的利用中历史文化的保护是其要考虑的重要问题之一。

5.5.2 可持续代际利用下的历史文化传承

根据代际公平原则，后代中的每一代均与当代享有同等的利用文物古迹获取利益的权利和将其传递给后代的义务。历史文物古迹不仅属于当代，更属于子孙后代；当代的利用不应妨碍后代的利用。因此，在土地利用中必须遵守代际公平原则，使其在当今社会发挥作用的同时，保证其不因不当利用而在当今社会消失，这也是历史文化传承的需要。

世界各国对于历史文化遗产的保护都非常重视，法国 1943 年立法规定在历史性建筑周围 500 米半径范围划定保护区，区内建筑的拆除、维修、新建，都要经过"国家建筑师"的审查，要经过城市政府

---

① 傅伯杰，陈利顶，马诚. 土地可持续利用评价的指标体系与方法[J]. 自然资源学报，1997，12（2）：17~23.

② 陈百明，张凤荣. 中国土地可持续利用指标体系的理论与方法[J]. 自然资源学报，2001，16（3）：197~203.

批准。①日本修改后的《文物保存法》规定，"传统建筑群保存地区"
中一切新建、扩建、改建及改变地形地貌、砍树等活动都要经过批准，
要由城市规划部门作保护规划，国际上对文物的保护一般采取区别对
待的方式。具有重大历史价值的建筑艺术精品，保护要求十分严格；
级别低一些的外观不可更改，但结构可更新，再低者可改动室内。

按我国现行的法律政策，历史文化遗产的保护分为保护文物保护
单位、保护历史文化街区、保护历史文化名城三个层次，城市新区开
发要避开地下文物古迹。同时，依据国家主体功能区规划，世界文化
自然遗产被纳入国家禁止开发区域，对于这些区域，国家禁止进行工
业化城镇化开发。②对这些区域的保护，要依据《保护世界文化和自
然遗产公约》《实施世界遗产公约操作指南》，以及国家主体功能区规
划确定的原则和文化自然遗产规划进行管理。加强对遗产原真性的保
护，保持遗产在艺术、历史、社会和科学方面的特殊价值。加强对遗
产完整性的保护，保持遗产未被人扰动过的原始状态。

显然，对于历史文化遗产的保护限制了土地的再开发利用，约束
了建设用地的经济供给，对于这类用地的节约集约利用需要在保护的
前提下，促进其集约利用。

5.6   提升居民生活质量和整体结构效率最大化的土地资源合理配置

城市经济发展不仅表现在总量的扩大也表现在经济结构的不断优
化上，实现土地资源配置的综合效益最大化同样不仅要求集约度的不
断上升，还需要以合理的土地利用结构做基础，而且随着城市的发展，
城市产业结构的调整，城市产业结构的高级化，城市用地结构也需要
高级化。建设用地结构的合理化表现在生产用地与生活用地、生产用

---

① 王景慧. 城市历史文化遗产保护的政策与规划[J]. 城市规划，2004，28（4）：68~73.
② 国务院. 国务院关于印发全国主体功能区规划的通知（国发〔2010〕46 号）
[EB/OL]. [2011-06-08]. http://www.gov.cn/zwgk/2011-06/08/content_1879180.htm.

地内部结构和生活用地内部结构的比例协调。

5.6.1　生产用地与生活用地的比例协调

生产用地与生活用地的比例协调是建设用地配置中应该关注的问题之一。一味追求过高的单位面积经济产值，或者一味追求单位面积所容纳的居住人口，将有可能带来居住与就业地的分离，造成交通压力，形成"空城"或者"鬼城"，进而带来土地的浪费。2005 年中国工矿业仓储用地供应 7.8 万多公顷，占土地供应总量的 43%；2006 年供应 9.3 万多公顷，占土地供应总量 45%。[①]从城市内部用地结构来看，工业用地占用比例高达 21.79%，上海、苏州等发达城市达到了 25.77%和 31.79%，而按照国外城市中心区的用地比例，工业用地一般不超过城市面积的 10%。[②]如此大量的工业用地供应量，所带来的是大量工业用地闲置浪费，工业园区的恶性竞争和重复建设。而过多的工业用地也挤占了居住用地和公共服务设施用地。我国城市，特别是中小城市，存在工业用地比重明显偏高，商业服务区及住宅用地、公园绿地、公共服务设施用地占比偏低的结构性矛盾。由于用地结构的不合理，再加上公共服务设施多年超负荷运转，导致城市整体机能下降，城市人居环境局部恶化，城市居民生活质量下降。

生活用地内部结构的比例协调，表现在为居民生活服务设施的配套，以及对于不同人群用地的配置上。生活型用地涉及公共设施用地、交通设施用地、市政公用设施用地、道路广场用地、绿地。生活型用地在保障城市社会基本功能、促进社会民生发展方面具有重要作用，如道路广场用地是城市居民基本的社会活动场所，公共设施用地（邮局、学校）承担了基本的公共服务功能，交通设施用地则承担着交通服务的功能等。这些用地承担了基本社会服务功能，是城市运行和提升居民生活质量的保障。

---

① 周建春. 压减工业用地大有潜力[N]. 中国国土资源报，2007-03-27（6）.
② 黄贤金，姚丽，王广洪. 工业用地：基本特征、集约模式与调控策略[A]. 土地开发利用与区域经济增长——2007 年海峡两岸土地学术研讨会论文集 [C]，2007.

5.6.2　中低收入居民生活保障用房

建设用地的配置中还需要关注为中低收入居民提供社会保障用地及相关配套设施的建设用地。保障性住房是政府在对中低收入家庭实行分类保障过程中所提供的限定供应对象、建设标准、销售价格或租金标准，具有社会保障性质的住房。根据保障群体的收入情况，保障性住房分为廉租房、公租房、经济适用房、限价房和棚改房五种。根据可持续发展的要求，从保障代内公平的原则，在土地供给总量上，应满足城市低收入人群对住房的需求，使其能够实现基本的住有所居目标。由表 5-1 看出，尽管 2010~2012 年全国保障房供地完成率从 49.23%、62.10%逐步提升到 80.32%，但是 2009~2013 年，我国保障房建设总计划供地量占总住宅用地的比重在下降，即由 35.65%降至 27.56%。[①]

表 5-1　2009~2013 年全国保障房计划及实际供地情况

（单位：万公顷）

	2009 年	2010 年	2011 年	2012 年	2013 年
计划情况					
住房建设用地总量		18.47	21.80	15.93	15.08
廉租房用地		0.71	0.96	0.66	0.57
经济适用房用地		1.74	1.46	1.00	0.80
公共租赁房用地		0.08	0.61	0.63	0.58
限价商品房用地		0.40	0.74	0.38	0.40
棚改房用地		3.66	3.97	2.10	1.81
保障房建设总计划供地量	0	6.59	7.74	4.76	4.15
占总住宅用地百分比		35.65%	35.52%	29.89%	27.56%
实际情况					
住房建设用地总量	7.64	12.54	13.59	11.49	
廉租房用地	0.12	0.35	0.81	0.59	

---

① 我国保障性住房现状分析[EB/OL]. [2013-12-25]. http://www.askci.com.

	2009 年	2010 年	2011 年	2012 年	2013 年
实际情况					
经济适用房用地	0.97	1.24	1.09	1.07	
公共租赁房用地	0.00	0.02	0.45	0.49	
限价商品房用地	0.00	0.16	0.38	0.25	
棚改房用地	0.00	1.47	2.07	1.43	
保障房建设实际供地	1.10	3.24	4.81	3.83	
占住宅用地百分比	14.34%	25.86%	35.38%	33.29%	
住宅建设实际供地完成率情况	-	67.89%	62.34%	72.13%	
保障房实际供地完成率情况	-	49.23%	62.10%	80.32%	

资料来源：我国保障性住房现状分析[EB/OL]. [2013-12-25]. http://www. askci.com.

　　总的来说，一方面，社会民生的发展要求保持合理规模的保障性住宅用地、基础设施用地，从而倒逼商业用地、工业用地等土地供给的减少，促使其土地利用更加节约集约；另一方面，从土地资源结构合理性角度来看，保障性住宅用地、基础设施用地的合理供给有利于优化用地结构，提高城市建设用地的社会效益。

5.7　小结

　　综上所述，基于科学发展观的建设用地节约集约利用的临界点应该是：在以人为本，全面、协调、可持续发展的统领下，在生态环境、保护耕地、可持续代际利用约束下，以合理的用地结构为基础的建设用地节约集约度的最大化。

第6章 建设用地资源配置中政府作用的边界

资源的稀缺性要求人类在各种可相互替代的资源的方法使用中进行择优，即优化配置资源。一般资源优化配置的基本方式有市场和计划两种，在逐步建立和完善土地市场的过程中，选择哪种方式的问题的本质就是市场与政府在土地资源配置上的"边界"问题。本章从介绍资源配置的基本理论入手，首先分析了土地资源配置中的市场失灵、政府失灵的原因，以及中国土地市场的特点，从而明确了市场与政府在土地资源配置中的边界，确定政府在土地节约集约利用中的地位和作用。

6.1 资源配置方式及其选择

6.1.1 资源配置的基本方式

所有经济活动最根本的问题，就是如何有效地配置资源，即各种资源（包括人力、物力、财力）在各种不同的使用方向之间的分配。一般来说，资源配置有两种基本方式：市场和计划。资源配置的方式不同，配置效率也会不同。

6.1.1.1 资源的市场配置方式

资源的市场配置方式是指通过市场机制来调节资源的分配比例。市场配置方式系统的市场机制包括供求机制、价格机制和竞争机制三个基本方面，这三个方面相互联系、共同作用，通过市场价格信号的变动，自动调节供给和需求，实现对资源的配置与再配置。其主要的作用机理体现在，以利润为导向引导生产要素的流向和流量，以竞争为手段决定商品价格，以价格为杠杆调节供求关系，使社会总供给和总需求达到总体平衡。由于生产要素的价格、生产要素的投向、产品消费、利润实现、利益分配主要依靠市场通过价格交换来完成，所以资源配置能够以最低成本取得最大利益。因此，市场决定资源配置的本质要求，就是在经济活动中遵循和贯彻价值规律、竞争和供求规律。其实质就是让价值规律、竞争和供求规律等市场经济规律在资源配置中起决定性作用。[①]

6.1.1.2　资源的计划配置方式

资源的计划配置方式是指以计划配额、行政命令来统管资源和分配资源，即主要通过政府的行政权力、行政手段和行政机制来实现资源配置。计划配置资源中计划是经济运行的核心，根本特征就是否定和排斥市场作用，主要体现了政府的意图，是一个包含主观因素的人为决策过程。在一定条件下，这种方式有可能从整体利益上协调经济发展，有利于集中力量完成重点工程项目。但是，计划方式的配置过程中由于没有价格引导和竞争的作用，从而缺少引导资源有效配置和再配置的内在机制。因此，容易出现资源闲置或浪费的现象。改革开放以前，我国实行的就是高度集中的计划经济体制。

6.1.2　资源配置中市场机制与计划机制的关系

资源的稀缺性要求人类在各种可相互替代的资源的方法使用中进行择优，即优化配置资源。新古典经济学家认为，在所有的资源配置方式中，市场机制是最有效的资源配置方式，尤其是完全竞争性市场最能有效地引导社会资源的最优配置。亚当·斯密在《国民财富的性质和原因的研究》一书中，首次对市场机制对于资源配置的作用作了详细的阐述，亚当·斯密指出：在经济完全自由的条件下，经济系统

---

① 林兆木．使市场在资源配置中起决定性作用[EB/OL]．[2014-3-19]．http://www.hubeidrc.gov.cn/News.aspx?id=13010.

自然存在一种自由调节机制，在竞争的作用下，各个资源所有者都力求将资源用于产生最大利益之处，由此实现经济资源的有效配置。

然而，市场经济中的个体往往都是依据市场信号从自身利益出发来调节其个量的资源配置，不可能从国民经济全局来组织经济活动，市场调节的自发性、盲目性和滞后性，使得整个社会资源配置往往要通过反复多次的市场自发调节甚至于付出巨大的经济代价，才能实现供求总量的平衡和经济结构的合理化，有时还会带来过剩供给和虚假繁荣，而一旦支撑虚假繁荣的链条受到破坏，经济运行就会发生紊乱。历史的发展已经证明单纯市场机制难以实现资源配置的最优化。在资本主义市场经济早期，从 1825 年起，几乎每隔 10 年就发生一次周期性经济危机；1929 年世界性严重经济危机，更是导致了全球经济的大萧条。而在垄断条件下，垄断的存在会约束市场调节作用的发挥，进一步阻碍资源配置的优化。因此，第二次世界大战后，各市场经济国家在市场决定资源配置的同时，普遍加强了对资源配置的政府干预。

与此同时，市场机制的作用是有条件的，需要包括法律体系、竞争规则、宏观环境、社会保障等的支撑，这些条件的形成和完善都离不开政府的作用。因此，从根本上来说，政府对资源进行配置是由市场失灵引起的。由于市场的资源配置功能不全，无法达到帕累托最优，因而就需要政府利用计划机制、行政手段对资源配置加以调节，使社会资源按照有利于提高效率的方向重新组合。但是这并不意味着政府干预就是解决市场失灵的万能药，计划配置机制在其运行过程中有其自身的缺陷，也会出现政府失灵。政府在资源配置过程中需要获取大量信息，这会拉长政策时滞，造成资源浪费和配置效率低下。政府对某些企业或产业的扶植还会损害公平竞争的市场环境，诱发寻租行为。不适当的政府干预不仅无法调节市场失灵，还会加剧市场的缺陷。因此，市场机制和计划机制各有利弊，都是不完善的，因此在选择资源配置机制时，既依靠市场，又依靠国家宏观调控，往往需要二者的配合和补充。政府干预不是要弱化或取代市场作用，而是要弥补市场失灵，并为市场有效配置资源和经济有序运行创造良好环境。

6.2　土地资源配置中的市场失灵

　　市场机制在资源配置方面具有比较优势，在一定条件下市场是解决资源配置最有效率的途径。有限的自然资源、社会公共资源通过市场机制更容易实现公平配置。建设用地资源作为一种稀缺的自然资源也应该通过市场机制来配置，以达到土地利用效率最大化的目的。市场机制在城市土地资源配置中具有不可替代的决定性作用，但市场机制自身存在缺陷，并且土地的特殊属性使得这些缺陷更加明显，完全依靠市场机制很难使土地资源的配置达到最优状态。市场机制的这种缺陷主要表现在局限性失灵、缺陷性失灵和负面性失灵三个方面。

6.2.1　土地市场的局限性失灵

　　局限性的土地市场失灵是市场机制自身固有的功能缺陷表现出的对资源配置的失灵。在土地市场中主要表现为无法克服的外部性、无法提供足够的公共产品、无法解决信息不对称等问题。

6.2.1.1　发散型蛛网模型会使土地市场供求难以实现均衡

　　根据蛛网理论模型，在完全竞争市场条件下，某一商品的供求能否实现均衡，由该商品供给弹性和需求弹性决定[①]。在蛛网模型图中，P、Q、D、S 分别为价格、产量、需求曲线和供给曲线。此外，第一期商品价格 P_1 由供给量 Q_1 来决定，厂商按这个价格来决定第二期产量 Q_2；同时 Q_2 又决定了第二期的价格 P_2；在第三期，产量 Q_3 则由第二期价格 P_2 决定，依此类推。根据供给弹性与需求弹性的相对大小，市场供求趋势分为收敛型、发散型和封闭型三种情形。

　　如图 6-1 所示，当供给弹性小于需求弹性，即价格变动对供给量的影响小于对需求量的影响时，商品价格和产量的波动会逐步变小，最终会趋于均衡点 E，形成收敛型蛛网。然而当供给弹性大于需求弹性，即价格变动对供给量的影响大于对需求量的影响时，商品产量和

---

　　① 钱文荣. 中国城市土地资源配置中的市场失灵、政府缺陷与用地规模过度扩张[J]. 经济地理，2001（4）：456~460.

价格的波动逐步增强，越来越偏离均衡点 E，从而无法实现市场供求均衡。

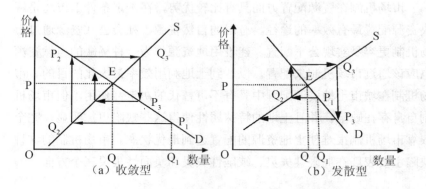

图 6-1   收敛型与发散型蛛网模型

资料来源：蒋殿春. 高级微观经济学[M]. 北京：北京大学出版社，2006：101.

在一定时期内，土地供给成本的变化是影响城市土地供给价格弹性的主要因素。若土地的供给量增加，成本也随之增加，那么城市土地价格增长的好处便会被成本因素抵消，相应减弱了对供给者的刺激，则供给弹性也随之下降。此时，城市土地市场更易出现收敛型蛛网模型，从而使土地市场趋向均衡。

对城市土地市场来说，影响土地需求价格弹性的因素主要有替代因素和收入因素。替代因素是指，从投资需求的角度来看，投资地产与投资实业、股票、期货之间是相互替代的，故而其他投资机会越多，土地的需求弹性也就越大，从而实现土地供求均衡的可能性也越高。收入因素是指，土地投入与非土地投入的构成比例不同，若其他因素不变，则土地投入比例越高，开发商对土地价格变动的反应就越敏感。伴随容积率上升，土地投入所占比例下降，相应的，开发商对土地的需求价格弹性就越小；同时，因房价中地价所占比重下降，消费者对房屋的需求价格弹性变小。这时，通过市场机制实现城市土地市场均衡的难度也就随之增大。总之，由于在城市土地供求中发散型蛛网模型的存在，即便在市场机制调节下，也可能发生城市土地供给和需求不断过度扩张的现象。[①]

6.2.1.2　外部性使资源配置偏离帕累托最优配置

当个人或厂商的一种行为直接影响到他人，却没有给予支付或得到补偿时，外部性就出现了。外部性在建设用地市场中十分明显，表现得尤为突出。土地开发利用中的正的外部性可以为土地所有者以外的人提供美或娱乐的享受，比如城市绿地的建设提高了空气质量、提供了休闲空间，新的道路的修建提供了出行便利等。另外一种是负的外部性，比较典型的就是土地各种用途之间的不可兼得，比如在城市扩张过程中，建设用地的过度增加造成耕地数量锐减，威胁了我国的粮食和生态安全，使吃饭、生态和建设之间的矛盾更加突出，对农业乃至整个国民经济可持续发展造成的不利影响。

当存在外部性时，人们就会产生一种逆向选择的行为。以负外部性为例，如图 6-2 所示：MPC 为企业使用土地的边际私人成本曲线，MSC 代表社会边际成本，由于企业生产过程中对周边的环境带来噪音、空气等污染，使得边际社会成本高于边际私人成本，产生了边际外部成本。在企业不承担生产对土地的污染成本时，使用土地的价格 P_1，土地的使用量为 Q_1；而在企业承担生产对周边土地的污染成本时，使用土地的价格 P_0，土地的使用量为 Q_0；$P_1 < P_0$，而土地利用量 $Q_1 > Q_0$，私人配置资源的最优结构和策略有悖于社会最优状态，负的外部性有鼓励过多产出的作用，市场决定的最优产量会高于社会最优产量。

---

① 钱文荣. 中国城市土地资源配置中的市场失灵、政府缺陷与用地规模过度扩张[J]. 经济地理，2001（4）：456~460.

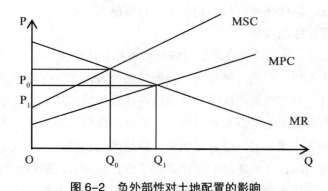

图 6-2　负外部性对土地配置的影响

资料来源：牛星，吴冠岑. 我国土地资源配置的"双失"问题及对策研究 [J]. 中国农业资源与区划，2010（31）：32~36.

相反，在存在正的外部性时，边际社会收益大于边际私人收益，此时的私人实际产出水平低于有效率的产出水平，正的外部性无法鼓励私人生产达到社会理想的水平，市场决定的最优产量就会低于社会最优产量。在这种情况下，城市绿地、公共道路、环保设施等具有正外部性的公共产品的提供就会少之又少，无法达到最优水平，而由于负的外部性鼓励过多的产出，城市中会有越来越多的土地用于商业或居住用途，建设用地大幅扩张，严重影响了耕地数量和生态环境。显然，这些矛盾和利益关系是不能由市场本身得到调节的，土地资源无法得到经济有效的配置。因此，外部性的存在会使资源配置偏离帕累托最优配置。

6.2.1.3　公共产品问题使得难以获得社会所需的最优配置

公共产品（Public Good）是与私人产品对称，具有消费或使用上的非竞争性和受益上的非排他性的产品。其特点是一些人对这一产品的消费不会影响另一些人对它的消费，具有非竞争性；某些人对这一产品的利用，不会排斥另一些人对它的利用，具有非排他性。

建设用地是各种用途用地的集合体，这些用地中既包括用于城市经济发展的生产经营性用地，也包括服务于居民的生活服务性用地，还包括为生产和生活提供基本条件的基础设施和公共设施用地。其中一部分用地以盈利为目的属于经营性用地；另一部分用地，包括教育、文化、卫生、体育用地，以及机关团体用地、社会福利用地、公共绿化用地和其他特殊用地等不以盈利为目的的用地，属于非经营性用地，或者说是公益性建设用地。

公益性建设用地所承载活动是公益性质的，不具有竞争性和排他性，因此，它实质上是一种公共物品。公共物品的存在会导致市场失灵，因为在消费公共物品时，理性的消费者会"搭便车"，低报或者隐瞒自己对公共物品的偏好，导致市场提供的公共物品通常低于最优数量。因此，适用于私人产品的市场供求法则、价格形成机制和资源配置原理并不适用于公共产品。公益性建设用地不可能依靠市场的自发作用来实现，城乡公共设施、绿地公园等具有"准公共产品"属性的用地，市场不愿或很少提供，只能通过政府干预来满足公共用地的需求。耕地、生态用地、自然和人文遗迹地等社会效益显著而经济效益相对低下的土地，市场机制也不会自动提供保护。但是这些公共产品的提供对城市其他用途的土地也会产生正外部性。此外，对于低收入人群的保障性住房，也带有准公共物品的性质，开发商因其商业利润较低而对其投资力度不足，从而出现保障房供给不足的问题。而且，由于公共服务用地大都没有直接收益，在土地竞争中缺乏竞争力。正因为如此，对具有"准公共产品"或公共资源属性的土地由政府提供供应和保护成为各国政府的基本职能之一。

此外，土地市场同样存在信息不对称的问题。土地市场上交易的不仅是土地实物，更是各种不同土地权利的交易，若需求方购买了并不属于供给方所有权的土地就会产生权属纠纷，最终将影响资源的最优配置。

6.2.2　缺陷性土地市场失灵

竞争性的土地市场需要清晰的产权、众多的买者和卖者，自由进出、完全信息和产品的相似性。缺陷性市场失灵是指由于现实市场条件正常偏离理想市场条件而产生的市场失灵，即"不完全竞争"条件的市场失灵[①]。正如前文所述，土地具有许多与一般商品不同的特点，如土地资源的不可再生性、位置的固定性、使用的永久性、土地资源的异质性等。这样完全竞争的严格假定条件，比如大量的买方和卖方、自由进入和退出市场、信息完全、产品同质、不存在不确定性和信息成本等。这些条件在现实生活中很难全部成立，和城市土地市场的现实都是不一致的。

第一，土地市场中商品是异质的。即使是同一城市的同一区域也很难找到两宗相同的房地产，在同一宗土地上的的房屋也存在单元、楼层、朝向的差别。第二，由于土地商品的差异性，对于某一宗土地来说，其供给者只有一个，城市土地市场是具有明显垄断性的市场。第三，土地资源的不可再生性决定了土地的绝对供给量是固定的，尽管其经济供给可以随社会经济发展、技术进步而增加，但土地的供给弹性较小，土地的财富性和稀缺性，人们往往把土地当成保值和增值的手段，妨碍了城市土地市场机制的有效运行，从而影响土地的高效配置和合理利用。第四，由于土地具有位置固定性，从而使现实的市场条件偏离了资源自由流动假定，土地市场成为一个地方市场，土地市场具有地域性，进而引起不同地区土地市场发展的不均衡。第五，土地是耐用品，价值量大，土地的购买者常常需要借助信贷来弥补自由资金的不足，同时也造成进入土地市场的门槛较高，只有拥有足够资金的人才有机会从事土地市场的交易，投资的外溢性也使得土地不仅有生产需求还存在投机需求。因此，城市土地市场基本是一个垄断市场。

土地市场具有不完全竞争性。即便在土地私有制条件下，由于土地位置的固定性，土地所有者依然对土地具有一定的垄断权，从而造成其实际市场价格高于应有的均衡价格，土地的供应量相应也会小于均衡土地量。具体情形如图 6-3 所示，在竞争性市场条件下，市场均衡条件为 P=AR=MC，决定了市场均衡点为 E，从而均衡价格为 P，

---

① 王文革. 城市土地市场失灵及其管制法律对策[J]. 国土资源，2005（3）：24~28.

均衡产量为 Q。与之不同，在垄断市场条件下，市场均衡由 MC=MR
来决定，由此垄断者会凭借所拥有的垄断优势，形成的市场价格 P_1>P，
这里，尽管土地供应量 Q_1<Q，但是偏离社会资源最优配置的要求，
从而影响市场机制自发调节经济的作用，降低了建设用地的配置效率。
正如日本东京大学的野口悠纪雄教授曾指出的：地价高涨并没有带来
土地的高度利用，反而造成土地的低度利用，人们"把土地作为资产
来保有，往往以空地或低度利用形式来保有，造成有效供给减少，从
而使地价进一步上涨，其结果是'市区区域内残存着大量农地，就连
已经被住宅化的土地，实际的容积率也不到城市计划所规定的容积率
的一半'"。[①]

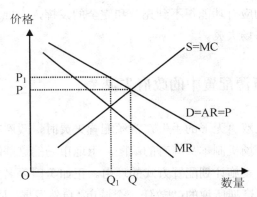

图 6-3　垄断市场条件下土地供给情形

资料来源：蒋殿春. 高级微观经济学[M]. 北京：北京大学出版社，2006：222.

6.2.3　负面性土地市场失灵

负面性市场失灵是指由于现实市场条件非正常偏离理想市场条件
而产生的市场失灵，即市场自身不发育或市场在运行过程中发生功能
障碍而导致的市场失灵。[②]

土地市场自身不发育造成的市场失灵，这种现象主要表现在市场

① 野口悠纪雄. 土地经济学[M]. 北京：商务印书馆，1997：57.
② 王文革. 城市土地市场失灵及其管制法律对策[J]. 国土资源，2005（3）：24~28.

经济体制建立的初期，如发展中国家和向市场经济转轨的社会主义国家。在发展中国家，由于市场的发育是和市场经济的发展程度密切联系在一起的，因而发展中国家的经济不发展必然导致市场的不发育，或者说市场不发育是发展中国家经济的基本特征。美国经济学家雷诺兹在其著作《经济学的三个世界》中分析发展中国家市场的不完全性时指出："在大多数欠发达国家，市场的重要性正在增强。但它们还远远没有达到教科书所说的标准，按照这一标准，应该形成完整而独立的市场网，市场上应有许许多多消息灵通的买者和卖者，价格应趋于一致，并可以灵活变动，从而为经济决策提供正确的信号。不发达的一个主要特征，就是缺少这样的机制。"[①] 土地市场的不发育必然导致土地市场的应有功能得不到充分和完全的发挥，表现出土地市场功能的弱化或市场失灵。

6.3　土地资源配置中的政府失灵

当市场这双"无形的手"在资源配置失灵时，政府有必要干预市场，以弥补市场机制本身固有的缺陷。土地市场的这些缺陷提供了引入政府干预、实施计划配置方式的理由。正如美国著名土地经济学专家伊利和莫尔豪斯所说的："放任一个城市'自然发展'是最不合算的，因为追求利润的没有节制的愿望往往使人目光短浅，为巨额利润打算的结果会造成一种不应有的贬值速度过快的趋势，补救的办法只有政府管制。"[②] 政府的适度干预能够提高资源配置的效率。刘等人的研究指出，中国香港通过政府的规划手段，将居住、商业和其他用地的土地有机整合在一起，促进了公共部门和私人部门的合作，提高了资源的配置效率。[③]

但市场失灵并不意味着政府干预必然有效。土地市场失灵仅仅是

① 雷诺兹. 经济学的三个世界[M]. 北京：商务印书馆，1990：96.
② 伊利·莫尔豪斯著. 土地经济学原理[M]. 滕维藻，译. 北京：商务印书馆，1982：28~30.
③ S S.Y.Lau, R.Girjdheran,S.Ganesen. Policys for Implementing Multiple Intensive Land Use in Hong Kong[J]. Journal of Housing and the Built Environment, 2003（18）:365-378.

政府管制建设用地的必要条件，而不是充分条件。正如英国古典经济学家亨利·西季威克所指出的："无论何时只要自由放任的市场失灵，政府干预就始终有利的论断并非成立：部分特殊场合，政府干预的必然缺陷可能导致比私人企业匮乏更坏的结果。"[①] 这也就是说，政府也有失灵的时候。

所谓政府失灵就是指政府干预经济不当，未能有效地克服市场失灵，反而阻碍和限制了市场功能的正常发挥，从而导致经济关系扭曲，市场缺陷和混乱更加严重，以致资源最优配置难以实现，甚至带来其他的问题。例如，有研究者认为中国香港政府采取的土地审批、建设密度控制等土地利用管制方式促进了房价的较大上涨。[②]

政府失灵包括政府自身内部因素造成的失灵和政府对外的公共政策的失灵，主要表现为公共政策失效、政府组织的低效率、寻租等。

6.3.1　公共政策的失效

由于政府机构与社会目标的偏差，政府对外的公共政策会失效。美国经济学家查尔斯·沃尔夫认为，一个政府机构刚建立时，都是为了实现一定的公共目标。但这一机构一旦成立，情况便会发生变化。政府机构和其他所有的组织一样，也有自己的运行标准，用以指导、规制和评估机构及其人员的行为。[③]这时，政府机构所追求的目标并不完全与公众的目标相一致。当政府的目的与社会目标出现偏差时，就可能造成公共利益无法实现，这时政府失灵造成的扭曲可能甚于市场失灵所造成的结果。例如，我国地方政府是介于中央政府与土地经营者之间的特殊机构，在财政压力和政绩冲动下，为了地方利益或政绩或是自身的私利，地方政府通过土地套现就可以获得政绩，增加财

① 贝尔纳·萨拉尼耶. 市场失灵的微观经济学[M]. 朱保华，方红生，译. 上海：上海财经大学出版社，2004：10.

② Eddie Chi-man Huile, Vivian Sze-mun Ho.Does the Planning System Affect Housing Prices? Theory and with Evidence from Hong Kong [J]. Habitat International, 2003（27）:339-359.

③ Alex Anas. General Equilibrium Models of Polycentric Urban Land Use with Endogenous Congestion and Job Agglomeration[J]. Journal of Urban Econmics，1996,40（2）：232-256.

政收入，这样就刺激了地方政府及其官员大搞"形象"工程、"政绩"工程，而忽视保护耕地、生态用地，导致建设用地短期化和功利化现象非常严重。

同时，政府在解决外部性问题的时候，"要知道邻近影响在什么时候大到足够的程度，以至值得为了克服它们而花费特殊费用是困难的"。因此，很难确定政府市场进入的程度和时机。政府在解决一种外部性问题的同时，有可能带来另一种外部性，即政府权力进入市场过程势必会造成对市场秩序的破坏。同时，公共政策的制定过程，实际上是一个涉及面很广、错综复杂的过程，而正确的决策必须以充分可靠的信息为依据。但由于这种信息分散在无数的微观个体行为者之中，政府很难全面掌握，加之没有像市场一样的价格机制来引导，增加了政府对信息分析处理的难度，政府很难找到确定公共物品最优量的衡量标准，很容易导致政府决策的失误。

6.3.2 寻租行为危害社会公平与效率

寻租活动是个人或团体为了争取自身经济利益而对政府决策施加影响，从政府官员那里获得某种垄断特权或者是政府机构及其官员直接凭借其垄断特权而取得的非生产性利润的活动。寻租是政府干预的产物，在有政府干预的地方就可能产生寻租现象。由于寻租排除竞争，造成经济上的特权，阻碍生产效率的提高，过度干预资源配置，可能使社会平均利润被少数生产者不公平地占有。同时寻租活动把本来可用于生产活动的资源浪费在无益于增加社会财富的活动上，实质上增加了全社会的非生产性支出，其存在直接带来了资源配置的无效率及分配不公。更值得注意的是，寻租活动扭曲了政府行为，如果政府官员接受了来自企业的特殊利益，就会使政府行为出现不公正，出现官员滥用权力的腐败现象。

政府寻租是我国土地资源配置和管理时产生失灵的重要原因。改革开放 30 年来，建设用地的需求不断增加，土地价值也在不断攀升，土地正日益成为中国寻租的温床，我国土地寻租案发比例一直高居不下。2009 年国土部批准用地比 2008 年增长了 21%，实际供地增长了 44%；同时严把土地关，核准违规用地达 20.5 万亩；全国共立案查处违法案件 4.2 万件，涉及耕地面积 20.8 万亩，同比分别下降了 31% 和 21%。全国一共有 719 名责任人受到行政处分，960 名责任人受到党纪处分，555 人被移送司法机关，其中 118 人被追究刑事责任。不难看出，土地寻租问题在我国已是日益严重的问题。①其结果是整个经济资源大量地耗费，危害了社会的公平与效率。

6.3.3　政府政策的低效率

首先，由于政府在提供公共物品的时候处于垄断地位，政府不但是公共物品的唯一提供者，而且政府中的各个部门也分别处于各类公共物品的垄断生产者地位，相互之间因为缺乏替代性而无竞争，这样政府各部门就缺乏降低成本、提高服务质量的压力。其次，由于政府官员花的是纳税人的钱，没有产权约束，在行政时往往不太考虑成本，而且本部门的年度财政节余不能自留，降低成本不能给本部门带来直接的收益，因此政府各部门都有扩大开支预算的倾向。再次，政府在提供公共物品和从事其他政府行为时，由于政府行为机制与市场机制的差异以及公共物品价格的非敏感性，衡量这些行为的社会成本和社会收益比确定市场行为的成本收益更加困难，政府在很多情况下很难利用"边际社会成本等于边际社会收益"的原则来判断自己的行为是否有效率。最后，由于民众与政府机构的地位不平等和信息不对称及监督力量薄弱，使得全社会缺乏对政府机构和官员的有效监督，从而不能很好地促进政府提高效率。

6.4　中国土地市场的市场失灵和政府失灵

在我国，改革开放前，土地资源的配置长期实行高度集中的计划

---

① 郭媛丹. 国土部：09 年全国土地违法案件 4.2 万件[EB/OL]. [2010-01-28]. http://www.cnstock. com/08fangdc/jrhot/201001/359444.htm.

体制，排斥市场机制的作用。人为地压制土地市场发育致使城市土地市场发育迟缓。

6.4.1　中国土地市场化的改革历程

新中国成立以前，我国的土地制度实行的是私有制，土地大多集中在官僚、地主、工商业者和外国人手中。新中国成立以后，1954 年以前，尽管当时价格机制的功能十分弱化，市场的作用十分有限且正逐步消亡，但我国对城市国有土地实行有偿使用，无论全民所有制单位还是集体所有制单位，只要使用城市国有土地，都必须向国家交纳租金和有关税费。1954 年以后，我国建立了高度集中统一的计划经济体制，与此相适应，1954 年财政司字 15 号文件和内务部的有关文件规定：国营企业、国家机关、部队、学校、团体及公私合营企业使用国有土地时一律由政府无偿拨给使用，均不再缴纳租金。集体所有制单位和个人使用国有土地，虽不是无偿划拨，但所交费用甚少，基本上也是无偿无限期使用。我国的土地市场逐渐消失，建设用地的配置体制如图 6-4 所示。

改革开放后，中国政府逐步开放土地市场，我国土地市场经历了从无到有、从初步建立到完善发展的历程。具体说来，土地市场可分为以下三个阶段：

第一，以征收土地使用费为标准的土地市场探索阶段（1978~1987年）。1982 年，广州、抚顺等城市开始对国有土地收取土地有偿使用费和场地占用费，特别是 1987 年，深圳市第一次协议出让国有土地使用权和第一次拍卖出让国有土地使用权，突破了国有土地使用权不允许转让的法律规定。

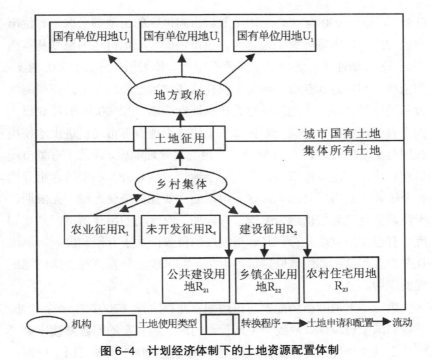

图 6-4　计划经济体制下的土地资源配置体制

资料来源：贾生华，张娟锋. 土地资源配置体制中的灰色土地市场分析[J].中国软科学，2006（3）：18.

第二，划拨制度与有偿使用制度并存的土地市场形成阶段（1988~2001 年）。1988 年，七届人大一次会议通过的《中华人民共和国宪法修正案》规定："土地使用权可以依照法律的规定转让。"这就从法律上确定了土地使用权有偿出让问题，使土地交易市场的形成有了法律依据。1998 年修订的《土地管理法》进一步明确规定：国家依法实行国有土地有偿使用制度，建设单位使用国有土地应当以出让等有偿方式取得。但"农民集体所有的土地的使用权不得出让、转让或者出租用于非农业建设；同时，符合土地利用总体规划并依法取得建设用地的企业，因破产、兼并等情形致使土地使用权依法发生转移的

除外"。^①到 1990 年末，全国多数城市和地区的土地都采取了有偿出
让的方式。以市场配置土地资源、由市场确定土地价格的原则基本确
立。广东、浙江等省还确立了经营性用地一律采用招标、拍卖的制度，
用招标、拍卖方式获得土地使用权在这些地区已经成为土地使用制度
改革的一种主流，土地市场建设轮廓逐渐清晰。^②2000 年 1 月 6 日，
国土资源部颁布了《国土资源部关于建立土地有形市场促进土地使用
权规范交易的通知》，建立健全了土地交易管理制度，规范了有型市场
运作程序。土地有形市场、土地基准地价、信息公开制度等，也开始
在全国许多县市建立起来。这一阶段的主要任务是变无偿、无限期、
无流动的行政划拨供地为有偿、有限期、有流动的出让供地，划拨制
度与有偿使用制度并存，且划拨制度的覆盖面大于有偿制度，协议出
让在很大程度上都由政府定价，价格机制未能充分发挥对土地资源配
置的作用。

第三，土地准市场配置与市场配置并存阶段（2002 年至今）。国
务院和国土资源部针对我国土地管理的现状和存在的问题陆续出台了
一些更具操作性的法律文件和规定，其中包括 2002 年 5 月国土资源部
11 号令《招标拍卖挂牌出让国有土地使用权规定》等。要求经营性用
地必须以招标、拍卖或者挂牌方式出让。2007 年开始实施的《中华人
民共和国物权法》第 137 条规定："工业、商业、旅游、娱乐和商品住
宅等经营性用地以及同一土地有两个以上意向用地者的，应当采取招
标、拍卖等公开竞价的方式出让。"公开出让土地的范围进一步扩大，
土地使用权"招拍挂"出让方式由国家政策上升到法律规定，其后的
国有土地、特别是国有经营性土地配置逐渐步入了以市场形成价格为
核心的市场配置轨道。这些措施都大大加速了城市土地出让的市场化
进程。^③

① 钱忠好，牟燕. 中国土地市场化水平：测度与分析[J]. 管理世界，2012，（7）：67~75.
② 杨红梅，刘卫东，刘红光. 土地市场发展对土地集约利用的影响[J]. 中国人口·资源与
环境，2011，21（12）：129~133.
③ 赵珂，石小平，曲福田. 我国土地市场发育程度测算与实证研究[J]. 经济地理，2008，
28（5）：821~825.

6.4.2　中国土地市场的特点和市场及政府失灵

土地市场，是指土地及其地上建筑物、其他附着物作为商品进行交换的总和，土地市场中交易的是土地使用权而非土地所有权。不同的土地所有权其土地市场的运行特点不同。根据所有权的不同，我国建设用地由农村集体建设用地和国有建设用地二者共同组成。其中，农村集体建设用地是指农村集体经济组织或个人（一般为本集体组织成员）为兴办乡镇企业、乡镇公用设施和公益事业以及村民建住宅等，经依法批准所使用的属于集体经济组织的土地，是经依法审批后由农用地转变而来。[①]主要分为三大类：农村居民宅基地（专指生活用房）、乡镇企业用地和公共公益事业建设用地。国有建设用地是指用于建造建筑物和构筑物的所有权为国家所有的上地，[②]主要由商服用地、工矿仓储用地、公共设施用地、公共建筑用地、住宅用地、交通运输用地、水利设施用地及特殊用地等 8 类构成。由这两大类的建设用地出发，我国的建设用地市场由农村集体建设用地市场和国有建设用地市场组成。经过 30 多年的改革，我国逐步形成了以下特点的建设用地市场，并对建设用地节约集约利用产生以下影响：

6.4.2.1　土地产权的不明晰与土地市场不健全

土地资源是一种特殊的资源和资产，附着其上的权利繁多，构成一个复杂的权利束。产权明晰是土地资源可以进行市场化配置的前提。产权权能缺失的情况下，市场机制将无法充分发挥作用。我国土地所有权与使用权是相互分离的。名义上，城市土地所有权属于国家，使用权则归属于个人或企业；农村土地所有权属于集体，使用权则归属于农户或乡镇企业。土地的买卖仅限于一定时期内土地使用权的交易。但实际上，国家拥有所有权的城市土地被掌握在城市政府手中，集体所有权的农村土地在"三级所有、队为基础"制度的路径依赖作用下，在实行家庭承包制以后，集体经济组织已经受到极大削弱，大部分地

---

①　廖洪乐. 中国农村土地制度六十年——回顾与展望[M]. 北京：中国财政经济出版社，2008：145.

②　百度百科：http://baike.baidu.com/view/3572428.htm.

区农民集体经济组织已经解体或名存实亡，土地所有权主体与成员之间的权益关系不清，集体土地所有权产权主体虚置，没有人格化的产权所有者。对于集体土地所有权的限制性规定明确具体，而保护性规定则相对模糊、抽象，在农地处置权上尤显欠缺。

按照产权经济学的观点，产权的明晰化有利于产权的交易，最终促使资源流向效用高的一方。中国建设用地市场的产权不明晰，特别是农村土地既有共有物品（社区集体所有）的属性，又具有私人物品（承包农民长期占有）的这种产权特征，这样在受巨大利益的诱惑时，导致一些人和单位的以权谋私，在土地的出让面积、价格、位置、开发强度、用途、使用年限的确定上往往随心所欲，低价出租土地。比较典型的是与外资的合作中，只要能够达到招商引资的目的，就可能以零地价甚至负地价出让土地，这样不仅导致国有财富土地收益的流失，扰乱了土地市场的正常秩序，而且严重地影响了建设用地市场化配置机制的有效形成，进而影响建设用地资源的配置效率，也促使了土地的低效率利用。

6.4.2.2　农村集体建设用地隐形市场化和灰色市场

我国建设用地中，农村集体建设用地在整个建设用地总量中占相当大的比例，统计数据显示，全国集体建设用地总量为1700万公顷，相当于全部城市建设用地的2.14倍。[①]但是，《中华人民共和国农村土地承包法》规定，家庭承包取得的土地承包经营权，可以依法采取转包、出租、互换、转让或者其他方式"流转"。允许民营企业和乡镇企业在经过正常的登记注册并交纳必要的税费后获得农村建设用地的使用权，但不允许农户自由地将农地转变为非农用地。因此，我国农村集体建设用地并未进行市场化配置，但是隐形市场却客观存在。农村集体以合约的形式按照家庭人数将农地分配给农户，由于农村集体建设用地的流动性受到国家严格限制，很少用于二次开发利用，当农民进入城市离开宅基地所在地时或者使其宅基地上的房屋闲置，就会形成空心村带来巨大的浪费，或者通过灰色土地市场进入建设用地市场。

---

① 高圣平，刘守英. 集体建设用地进入市场：现实与法律困境[J]. 管理世界，2007（3）：62.

低效利用与限制流转形成的不良循环致使农村集体存量建设用地资源或者配置效率低下。

国内学者认为灰色土地市场是相对于公开市场而言，主要指不具有可转让性的残缺土地产权的交易活动。[①]国外的学者将灰色土地市场界定为合法市场之外的土地非法开发、占有、交易和使用行为。[②]灰色土地市场是计划经济体制向市场经济体制过渡的产物，同时也是现有制度安排非均衡的结果。在我国目前土地公有制条件下，产权的不明晰与土地潜在的商品价值，容易使土地所有者产生诱致性制度变迁，从而形成超法律的制度安排——灰色土地市场。主要包括政府划拨土地转变为城市商业用地过程中土地的非法占用、出让和转让行为，农村集体土地转变为国有城市土地过程中土地的非法占用、出让和转让行为，以及农地转变为农村建设用地过程中土地的非法占用、出让和转让行为。依据《2013 中国国土资源公报》，2013 年全国共发现违法用地行为 8.3 万件，涉及土地面积 4.1 万公顷（耕地 1.2 万公顷），同比分别上升 35.0%、28.2%（14.4%）。[③]一般来说，一方面，土地灰色市场直接导致了土地供给的增加，缓解了建设用地的供求矛盾，促进了存量土地的流动；另一方面，它使得土地交易不规范以及土地市场秩序混乱，导致产权关系的混乱，造成国家收益的流失。[④]同时灰色土地市场上的土地交易价格往往低于土地市场上的价格，促使土地利用不经济行为。例如广州市花都区 15 宗 55.33 公顷参与流转的集体建设用地，其平均容积率仅为 0.35，最低的土地产出率仅为每公顷 210

---

① 王玉堂. 灰色土地市场的博弈分析：成因、对策与创新障碍[J]. 管理世界, 1999,（2）: 159~177.

② George C. S. L in and Samuel P. S. Ho. The Sate, Land System, and Land Development Processes in Contemporary China [J]. Annals of the Association of American Geographers, 2005, 95（2）: 411-436.

③ 2013 中国国土资源公报[EB/OL]. [2014-04-22]. http://test.cddc.mlr.gov.cn/zwgk/tjxx/201404/t20140422_1313358.htm.

④ 王玉堂. 灰色土地市场的博弈分析：成因、对策与创新障碍[J]. 管理世界, 1999,（2）: 159~177.

万元。[①]

中共十八届三中全会《中共中央关于全面深化改革若干重大问题的决定》中提出未来改革将"在符合规划和用途管制前提下，允许农村集体经营性建设用地出让、租赁、入股"入市，但这表明只有存量的乡镇企业用地可以入市，宅基地使用权要经过试点才能入市；集体的公共设施用地、公益性事业用地不能入市；农地更不能入市；小产权房应该说是典型的经营性建设用地，也不能入市。但现在存量的乡镇企业用地规模小、分散难以适应现代企业发展用地需求，城镇化后的公共服务用地、公益性事业用地过剩，农村小学关门迁址，都可能带来土地低效利用，是需要进一步研究的问题。

6.4.2.3　城乡建设用地市场的分割与政府的双垄断

统一的建设用地市场是高效资源配置的基础，但是我国国建设用地市场被人为地分为国有建设用地市场和农村建设用地市场。受城乡二元经济结构影响，我国土地市场也呈现出城乡二元结构。

我国城乡二元土地市场结构主要表现为：一是土地产权城乡二元，即城市土地属国家所有，农村土地属于农村集体所有，城市与农村的土地所有权和使用权之间不能自由转换；二是城乡土地用途二元，即城市土地用于城市建设，农村土地用于农业生产和农村居民点建设，农村土地变为城市建设用地必须通过国家的征地行为转换，城乡土地之间不能自由流转；三是土地价格二元，城市土地市场价格体系与农村市场价格体系是相互分割的；四是城乡土地规划和土地管理二元，即城市土地规划、管理与农村土地规划、管理分属于不同部门，导致政出多门，城乡割裂，如图6-5所示。这种市场的分割状况不仅严重扭曲了土地价格和市场运行机制，导致灰色土地市场的存在，使市场机制难以在土地配置中有效发挥作用；而且使得农地、农村建设用地在经济利益的诱导下被滥用，进而整个建设用地资源配置的效率损失。[②]

---

① 杨秀琴.农村集体建设用地公开流转势在必行——基于隐形流转与公开流转的效率差异分析[J].农村经济，2011（12）：47~50.
② 何格.城市土地市场失灵探讨[J].价格月刊，2008（4）：74~76.

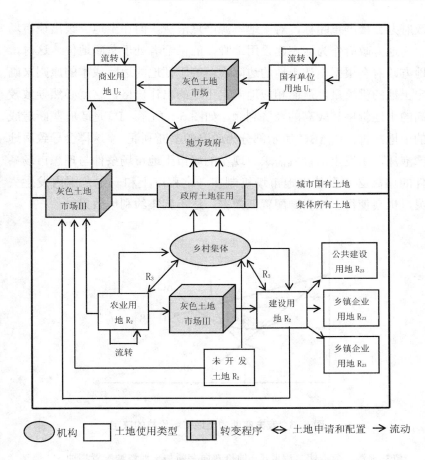

图 6-5　改革后的土地资源二元配置体制

资料来源：贾生华，张娟锋. 土地资源配置体制中的灰色土地市场分析[J].中国软科学，2006（3）：18.

　　这种二元配置的体制导致的是土地市场上的土地供给具有垄断性。而且土地的使用也受到土地规划、城市规划的严格约束，具有鲜明的垄断—竞争特征，即在征购市场和一级市场由国家垄断。具体来说，在国家垄断的征购市场，法律规定农村集体所有的土地只能由国家购买，地方政府通过买方垄断压低土地价格或征地成本，必然导致土地供给方的经济驱动力不足，激励土地购买者地方政府多占耕地，政府办公楼严重超标，对土地资源严重浪费。而在土地一级出让市场上，地方政府作为城市建设用地唯一的供给者处于垄断地位，这时，地方政府会根据出让土地的边际收益等于征地的边际成本的原则来确定土地的供给量，从而相应地确定土地的出让价格，这就必然导致较高的土地价格和较高的经济利润，如图 6-6 所示，P_m 是政府垄断造成的土地高价，P_mABC 所示部分为政府的垄断利润。[①]这样会导致房地产泡沫，引发土地投机需求。现实的城市土地市场条件与理想市场条件的偏离必然会使土地市场机制在一定程度上和一定范围内发生失灵，也会使得土地资源配置低效率，达不到集约利用效果。

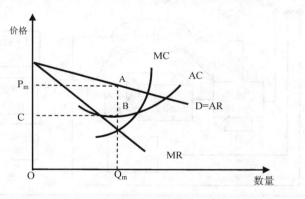

图 6-6　卖方垄断的土地市场价格的决定

资料来源：蔡继明，程世勇.地价双向垄断与土地资源配置扭曲[J].经济学动态，2010（11）：75~80.

《中共中央关于推进农村改革发展若干重大问题的决定》提出："逐步建立城乡统一的建设用地市场,对依法取得的农村集体经营性建设用地,必须通过统一有形的土地市场、以公开规范的方式转让土地使用权,在符合规划的前提下与国有土地享有平等权益。这将有利于消除这种双垄断所造成的土地低效利用。"

6.4.2.4　城市建设用地市场的不完善和出让方式多元化

---

① 蔡继明，程世勇.地价双向垄断与土地资源配置扭曲[J].经济学动态，2010（11）：75~80.

　　经过 30 多年的改革,我国城市建设用地市场的市场化程度逐步提高,形成了多元化、多层次的市场体系。

　　从层次来说,我国城市土地市场包括土地一级市场和土地二级市场,其中土地一级市场是指由国家作为土地所有权人,与经营者、使用者交易土地使用权的行为,是国家指定的政府部门将具备出让条件的国有建设用地(含新增建设用地和已收回可入市的存量建设用地),按照国家各项规划和指标,通过出让(招标、拍卖、挂牌)及划拨的方式,将土地使用权有偿让渡给土地使用者。土地二级市场是建设用地使用权的转让、出租和抵押,是土地使用权在土地使用者之间流动的市场。土地二级市场中,土地市场机制的作用较强。在这两级市场中,由于一级市场上的垄断——竞争特征,尽管我国土地二级市场基本形成了一个相对竞争性的市场,但从土地资源配置的初始阶段就容易带来土地的无效率分配。

　　我国城市建设用地市场还是一个非完全统一的多元化市场。目前我国城市建设用地根据其配置方式分为两大类:经营性建设用地和非经营性建设用地。经营性建设用地中获得国家出让土地使用权的方式又分为协议、挂牌、招标和拍卖等形式。通过市场出让方式获得的土地使用权可以在二级土地市场上进行自由转让、出租和抵押。对于非经营性建设用地,政府采取划拨方式以划拨价进行交易,在将土地使用权转让给商业使用者,必须补缴巨额土地出让金。2007 年 9 月 28 日,国土资源部发布《招标拍卖挂牌出让国有建设用地使用权规定》(〔2007〕39 号令),对国有建设用地使用权招、拍、挂出让范围、挂牌出让截止期限、缴纳出让价款和发放国有建设用地使用权证书等作出明确规定,以避免协议转让土地模式的制度损失。但实际上不同用地往往采取不同的出让方式,总体上商品住宅和商业用地以招标和拍卖为主,而工业用地出让实行"预申请"制度,出让条件"量身定做"比较普遍,招拍挂出让多以底价成交,工业用地价格明显偏低。2011 年第一季度,招拍挂出让的面积和价款占工业用地出让总量的比例分别是 92.1%和 93.6%,而同期房地产用地招拍挂出让的面积占房地产用地出让面积的比例为 92.9% 和 97.3%。①2013 年，工业用地价格的平均出让价仅为居住用地出让价的 13.7%。2014 年第一季度，全国主要监测城市地价总体水平为 3412 元／平方米，商服、住宅、工业地价分别为 6415 元／平方米、5139 元／平方米和 712 元／平方米，商业和住宅用地价格分别是工业用地价格的 9.0 倍和 7.2 倍，工业用地价格远低于商业和住宅用地价格。②

不同出让方式的市场参与程度差别很大，划拨几乎没有市场因素；协议属于作为供方的政府与需方之间的谈判定价形式；挂牌、招标和拍卖则属于市场参与较高的出让方式，符合条件的多个需求者通过市场竞价获得土地使用权。不同出让方式的价格也存在巨大的差异，通常划拨价要远远低于招、拍、挂的出让价。不同出让方式所导致的土地使用权的价格差异，为城市国有土地使用权在二级市场上非法交易提供了动力。同时低价获得的土地导致了土地利用的浪费和土地利用结构的不合理。全国省级以上开发区经国家批准规划土地面积共 2 万平方公里，而已开发面积仅占规划总面积的 13.51%。即便在 54 个国家级高新技术开发区，以建筑容积率表示的土地利用强度也只有 0.24。在开发区已经占用的土地中平均只有 57% 得到有效利用，闲置土地的比例高达 43%。③最近 10 年来每年新增供地中 40%~50% 的土地用于工业，而其他发展中国家在其工业化过程中工业用地也就占新增用地总量的 10%~15%，最多不超过 20%，从而导致了我国工业用地占比过高。

6.5 土地资源配置中政府的作用和职能

市场与计划是资源配置的两种方式，在一定程度上，二者可以相互替代。在逐步建立和完善土地市场的过程中，采用哪种方式资源的

① 吴琼，李树枝. 近年来工业用地供应情况分析[J]. 国土资源情报，2011（7）：40~42.
② 2014 年第一季度全国主要城市地价监测报告 [EB/OL]. http://www.landvalue.com.cn/TheContent.aspx?ContentID=19311&Menu_ID=13
③ 卢新海. 开发区土地资源的利用与管理[J]. 中国土地科学，2004（2）：40~44.

配置效率最高？是单独采用一种方式还是两种配合使用？这两种方式在多大程度上可以相互替代？这些问题的本质就是市场与政府在土地资源治理上的"边界"问题。只有界定政府在土地资源配置中的职能和作用，才能解决目前政府职责越位、缺位、不到位并存的问题。

在理论上，新制度经济学认为，市场和政府是两种不同的治理结构，如何选择取决于两者产生的交易费用大小。科斯第一定理认为在产权明确的情况下，如果交易成本为零或小得可以忽略不计，市场机制可以把外部效应内部化，使资源得到最优配置。与此有关的科斯第二定理认为，在产权明确的情况下，如果交易费用不为零或不可以忽略的情况下，政府可以利用自己在组织成本的优势，通过政府介入或者政府供给对市场供给的替代来节约或降低交易费用，从而使外部效应内在化达到优化资源配置的目的。这就需要合理界定政府供给与市场供给二者相互替代的最佳边界。可以通过比较边际市场交易成本和边际政府交易成本来决定市场与计划的边界。当边际政府交易成本大于边际市场交易成本时，则该项交易应由市场执行；当边际市场交易成本大于边际政府交易成本，则该项交易应由政府执行。

关于社会主义市场经济中政府和市场的关系和作用，我国一直处于探索之中。在党的十四大提出市场作用的定位之后，党的十六大提出"在更大程度上发挥市场在资源配置中的基础性作用"，同时删去了"在国家宏观调控下"的定语。党的十七大提出"从制度上更好发挥市场在资源配置中的基础性作用"。党的十八大进一步提出"更大程度更广范围发挥市场在资源配置中的基础性作用"。从党的十六大到十八大，在市场基础性作用前面所加的关键词虽有所不同，但都集中在强调改革取向是增强市场作用。中共十八届三中全会《中共中央关于全面深化改革若干重大问题的决定》（以下简称《决定》）更是提出"使市场在资源配置中起决定性作用"。在《决定》公布后，对于市场机制在土地资源配置中的作用展开了激烈的争论：一种观点认为，在土地资源配置中市场不能起决定性作用，而是规划和用途管制起决定性作用；另一种观点认为，只有过去的乡镇企业用地才算作经营性用地，才可以在符合规划和用途管制的前提下，进入城市的建设用地市场，享受和国有土地同等权利；其三，农民对宅基地只有使用权，建在宅基地上的住房才是农民的私有财产，土地则属于农民集体所有。①

《决定》中还明确指出："政府的职责和作用主要是保持宏观经济稳定，加强和优化公共服务，保障公平竞争，加强市场监管，维护市场秩序，推动可持续发展，促进共同富裕，弥补市场失灵。"经济体制改革的核心问题是"处理好政府与市场的关系，使市场在资源配置中起决定性作用和更好发挥政府作用"，这是我国深化经济体制改革的基本准则。

通过以上的分析我们可以看出，市场机制本质上是一种着眼于提高经济效率的机制，市场决定资源配置的优势在于可以引导资源配置使既有土地产生最大的净产出。这样配置下的土地节约集约水平也会达到最大的效率。但土地市场的不完全竞争性带来的土地低效率配置，发散型蛛网模型的存在引致城市土地的过度扩张，外部性问题和公共物品问题引起的土地市场失灵，加之我国特有的国家土地所有者代理人和土地行政管理者的双重身份，决定了政府对土地市场的必然参与和干预制度，以及城乡二元土地市场结构和灰色土地市场的存在，这些都表明了仅仅依赖市场机制难以实现土地资源的社会最优配置。土地市场存在的种种问题要求政府辅之以必要的规划和政策调控，政府利用计划手段干预土地资源的配置，能在一定程度上部分地纠正市场失灵，促进土地资源的可持续利用，但也存在寻租、低效等问题。从我国经济发展的实践要求看，改革开放30年来，我国绝大多数经济领域的资源配置已基本上通过市场进行。由于建设用地不仅仅是一种生产要素，还是人们赖以生存的空间，它所涉及的国家经济安全，包括江河、湖泊、森林、草地、沼泽等自然状态的保护和利用所涉及的生态安全等问题更加严峻，土地资源利用的外部性也可能更加显著，因此相对于其他资源，政府在校正土地市场失灵方面所发挥的作用可能更大，我国土地资源配置中违背价值规律要求导致资源低效配置乃至严重浪费的现象更加的严重。但把市场的基础性作用改为决定性作用，绝不是也绝不能否定或弱化政府作用。在市场经济中，市场和政府两者都不能偏废，为了弥补市场失灵而不至于限于政府失败的泥沼之中，关键是在政府与私人部门间寻找一个合适的平衡，否则过度的管制会压制私人部门的主动性，并限制城市土地市场的有效运行；而缺乏诸如土地登记、土地信息系统等的管制对土地市场的运行也是不利的。[①]国际上无论是土地紧缺的日本还是土地相对富裕的美国、加拿大，无论土地是私有还是公有的国家政府都对土地的利用实行严格的管理。

　　所谓在土地资源配置中发挥市场的决定性作用，应该是指在经济活动中遵循和贯彻价值规律，正如《决定》中指出的："必须积极稳妥从广度和深度上推进市场化改革，大幅度减少政府对资源的直接配置，推动资源配置依据市场规则、市场价格、市场竞争实现效益最大化和效率最优化。"其实质就是让价值规律、竞争和供求规律等市场经济规律起决定性作用。它不是对政府调节的排斥，而是对政府调节质量、政府调节效率的更高标准的要求。正如政府介入一般的资源配置仅仅是为了弥补市场的缺陷而不是取代市场的决定性作用一样，政府对土地市场的干预、对土地利用的管制，也仅仅是为了保证公共利益的实现，对土地市场配置产生的负的外部性加以限制，对正的外部性给予补偿，而绝不是从根本上取代市场在土地资源配置中的决定性作用。[②]同时对于市场的调节也只能通过宏观调控、履行经济调节、市场监管、社会管理、公共服务等职能，来影响和引导资源配置，而不可以直接配置土地资源。

　　由此，政府土地资源配置中的作用边界应该把握好以下的原则：一是只管那些市场机制作用所不及难以运作好的方面，发挥弥补市场失灵和克服市场缺陷的作用；二是按照市场经济的本质要求，遵循价值规律、供求规律来进行土地的规划管理，包括决定供应土地的数量、时机、土地出让权的方式、价格等；三是制定市场规则和维护市场秩序。将市场这只"无形的手"与计划这只"有形的手"结合起来，让

---

① David E.Dowall.The Role and Function of Urban of Land Markets in Market economics[J]. Land Economic,1998（15）:256-266.

② 蔡继明. 土地资源配置：市场同样要起决定性作用[N]. 光明日报，2014-05-14（15）.

二者各司其职，通过协调分工共同构成一个统一、完整的土地资源配置调控系统，以实现土地资源利用综合效益的最大化。具体的有以下几个方面：

第一，建设统一开放、竞争有序的市场体系，以充分运用价格杠杆，抑制多占、滥占和浪费土地现象。为了让市场机制更好地发挥作用，政府的基本任务是通过立法，制定和实施公平开放透明的交易规则和竞争规则，实行统一的市场准入制度，规范市场主体的行为，营造公平公开的市场环境，为市场和企业的规范运行提供保障。这首先需要的是土地产权的明晰化，使得现有公有的土地有一个实实在在的责任主体，使之不仅承担土地保值增值、提高利用率、实现合理配置的责任，而且享有其利益，这样才能保证其积极的利用市场机制来调配，并最大化的利用土地资源，而不是消极的利用法规来约束其对土地资源的利用，为市场机制的正常运行提供基础保障。其次，健全土地使用权招标拍卖规范化、制度化的运作机制，理顺地价、出让金、租金的关系，建立以基准地价为核心的地价体系，建立和完善城市房地产价格动态和指数系统，取缔土地交易的隐形市场，实现土地一、二级市场的联动发展。

第二，计划统筹和宏观调节。生态环境的破坏、物种消失、社会文化遗产与风貌的保护以及防灾等问题，显然无法依靠市场来解决，政府需要从社会的全局和长远利益出发，通过各级各类规划，特别是城市规划和土地利用总体规划，以及土地利用年度计划的实施，统筹兼顾各方面的关系，干预和调节土地利用的总量、结构和区域分布，推动形成人与自然和谐发展的现代化建设新格局，保护城市历史文脉和特色风貌，加强对城市建设用地的供应管理，保障土地资源的可持续发展。

第三，市场监管。依法对市场主体及其行为进行监督和管理，维护土地市场竞争的秩序，为经济运行提供正常的市场环境。为此，需要建立健全建设项目用地监管信息系统，全面掌握农用地转用、土地征收、土地出让、土地划拨、建设项目用地验收、变更登记等内容，严肃查处违法用地和闲置用地。

　　第四，合理配置公共服务和社会保障用地。通过提供非营利性的公共产品和服务，满足社会的基本需求，以提高人民物质文化生活水平为目标，努力使全体人民学有所教、劳有所得、病有所医、老有所养、住有所居，保障民生用地，弥补市场失灵。

　　土地资源配置中的政府干预可以采取法律的、行政的和经济的手段，这些手段的综合应用构成政府对城市土地市场进行调控的有力工具。其中立法是政府干预土地资源配置活动，规范、制约和引导政府土地干预行为的法律依据。规划和计划是世界各国比较普遍利用的对土地利用发挥宏观作用的干预手段，在各种干预手段中处于基础和综合地位。政府干预常用的经济手段是价格控制和税收控制。通过制定征地补偿费标准、经营性用地和工业用地最低出让价标准以及基准地价，对土地的取得、保有和转让等环节合理设置税种、课税标准和制定税收政策，来促进土地的节约集约利用，形成合理的土地收益分配机制。基于市场失灵产生的根本原因不同，只有根据不同原因采取不同的矫正途径与矫正措施，才能较好地解决市场失灵问题。而且政府干预的手段也应该尽可能的采取经济手段。

第7章 土地规划与管理对土地节约集约利用的作用与绩效

　　土地规划与管理是政府干预土地市场,调配土地资源的重要工具,本章在整体分析土地规划对于土地市场的影响,反思我国土地规划的内容及其手段的基础上,重点分析了建设用地总量控制、容积率管制和土地用途管制对于土地节约集约利用的作用和效果,以求为政府的土地管理改革提供理论支持。

7.1 规划在土地资源配置中的地位和作用

　　规划作为土地调控的龙头和基本手段,是统筹安排城乡发展建设空间布局和土地利用的重要依据,能够有效引导土地节约集约利用,在土地资源配置中具有举足轻重的地位和作用。

7.1.1 空间规划的含义及其构成

　　空间规划是以一定的经济体为主体,在特定空间地域范围内,为实行既定时期内的发展目标,调节和指导社会经济活动的计划。空间规划体系则是由不同层级、不同类别的规划所组成的相互影响、相互制约的有机整体①。

　　空间规划不仅为国民经济发展提供科学依据,通过合理的经济布局规划促进国民经济健康发展,而且也是实现土地资源合理配置,促

---

　　① 张可云,赵秋喜,王舒勃.关于我国未来规划体系的改进问题思考[J].岭南学刊,2004 (1):36~39.

进土地集约利用的重要政策工具。完善的空间规划体系，既是保障国土完全、满足社会经济发展的需要，又是土地资源合理开发和利用的需要，对于促进土地资源合理配置，提高土地集约利用水平具有积极意义。[①]

　　在国外，空间规划有近百年的历史，以英国、德国、美国、日本等国为典型。国外空间规划的实施和完善对于促进社会经济良性发展、产业部门之间科学布局、土地资源的合理配置，尤其是土地的集约利用起到了积极作用。

　　以德国为例，空间规划分为空间总体规划和部门规划。空间总体规划包括国家层、联邦州层和地方层三个层次。其中，国家层和联邦州层的规划被称为空间规划，地方层次的规划被称为城市土地利用规划。实质上，德国空间规划是以土地利用为核心逐渐发展变化的，其空间规划是建立在城市规划的基础上的，而城市规划的核心则是土地的利用与空间配置。20 世纪初，德国的城市总体规划超越城市界限，开始进行大城市与其郊区的统一规划和协调。目前，德国的空间规划，在微观上通过城市土地利用规划来具体计划和实施建造工作，在宏观上则通过计划基础设施布局、控制人口流动以及引导就业来维持区域土地利用结构的平衡。在近百年的发展历程中，德国空间规划在促进区域协调发展、优化土地资源配置、保护自然资源与景观等方面发挥了重要作用。[②]

　　目前，我国实行三级三类规划管理体系。一方面，以行政层级为标准，国民经济和社会发展规划可分为国家级规划、省（区、市）级规划、市县级规划，称为"三级规划"。另一方面，按对象和功能类别又可分为总体规划、专项规划、区域规划，称为"三类规划"。"十二五"规划明确提出，"以国民经济和社会发展总体规划为统领，以主体功能区规划为基础，以专项规划、国土规划和土地利用规划、区域规划、城市规划为支撑，形成各类规划定位清晰、功能互补、统一衔接

① 苏强，韩玲. 浅议国家空间规划体系[J]. 城乡规划，2010（2）：29~30.
② 赵坷. 空间规划体系建设重构国际经验及启示[J]. 改革，2008（1）：126~130.

的规划体系"①。

我国土地规划是对具有基础性地位的土地资源的一种宏观管理方式，新中国成立以来我国十分注重该方面的制度建设，特别是改革开放以来，土地规划都被严格置于政府的管控之下。其中，总体规划是国民经济和社会发展的战略性、纲领性、综合性规划，是编制本级和下级专项规划、区域规划以及制定有关政策和年度计划的依据，其他规划要符合总体规划的要求。专项规划是以国民经济和社会发展特定领域为对象编制的规划，是总体规划在特定领域的细化，具体包括土地利用规划、城市总体规划、环境保护规划、产业发展规划等。区域规划是以跨行政区的特定区域国民经济和社会发展为对象编制的规划，是总体规划在特定区域的细化和落实。此外，国家总体规划、省（区、市）级总体规划和区域规划的规划期一般为15年，可以展望到30年以上。市县级总体规划和各类专项规划的规划期可根据需要确定。②

在我国空间规划体系中，土地利用规划、城市规划是国民经济的物质化、空间化的投影，对土地资源配置以及土地集约利用具有直接影响。土地利用规划是对区域土地资源未来利用的超前性和预见性的合理计划和安排，是根据区域社会经济发展及其土地的自然条件，而对区域有限土地资源在一定时期内空间上的科学计划和配置，它不仅直接调整城乡之间的土地资源配置，而且调整农业用地、建设用地、未利用地内部的配置和使用。而城市规划又称城市总体规划，主要内容包括城市的发展目标、城市规模、城市空间布局等，但其核心内容是对城市内部的各类用地的组成和布局进行合理组织，即确定城市各项用地的使用性质、功能分区、数量比例、开发强度等，对城市土地资源的空间配置、土地集约利用具有导向意义。在城市总体规划之下，还包括控制性详细规划和修建性详细规划。其中，控制性详细规划以城市总体规划为基础，用来控制建设用地的性质、使用强度和空间环

---

① 文辉，江洪. 我国规划体系发展的新动向[J]. 宏观经济管理，2012（7）：30~31.

② 国务院. 国务院关于加强国民经济和社会发展规划编制工作的若干意见国发〔2005〕33号[R]. 2005-10-22.

境；修建性详细规划则以城市总体规划和控制性详细规划为依据，是用来指导各项建筑和工程设施的设计和施工的规划设计。

除此之外，在我国空间规划体系中，总体规划和区域规划也通过促进社会经济协调均衡发展提高单位土地经济产出，间接起到了促进土地集约利用的作用。

7.1.2　规划对土地市场及土地节约集约利用的影响

空间规划是对土地资源如何配置在时间和空间上所作的计划和安排，对于实现土地资源合理配置以及土地集约利用具有重要影响。在空间规划体系中，又以土地利用规划和城市规划对土地资源配置、土地集约利用影响最为直接。

以土地利用规划和城市规划为例，运用市场供给—需求的分析方法，可以清晰地看出规划对土地节约集约利用的影响。城市规划、土地规划的有无，城市规划与土地规划是否协调一致，是否得到严格执行，都会对城市土地供给形成实质影响。这里，分为两种经济情形来讨论，一种是城市规划、土地规划政策宽松的情形，另一种则是城市规划、土地规划政策紧缩的情形。

这里，城市规划、土地规划政策宽松是指某一国家或地区缺少城市规划、土地规划，或者即使制定城市规划、土地规划也难以有效执行，或者城市规划与土地规划不一致，从而导致城市土地供给不受或较少受城市规划和土地规划的约束，而这三种情形均会导致城市土地供给曲线变得平缓，即富有弹性。如图 7-1（a）所示，当城市土地供给曲线富有弹性时，城市土地供给受到的限制较少，因而城市土地供给曲线形状较为平缓，此时城市土地需求由 D_1 增加至 D_2，导致城市土地均衡使用量增加$\triangle Q_1$。

相应的，城市规划、土地规划政策紧缩是指在某一国家或地区内，城市规划与城市土地规划并存且协调一致，从而对城市土地供给形成实质性紧的约束，因此城市土地供给曲线会变得更为陡峭，即缺乏弹性。如图 7-1（b）所示，当城市土地供给曲线缺乏弹性时，城市土地供给受到严格限制，因而土地供给曲线较为陡峭，此时同样等量土地需求的增加（D_1增加至D_2），仅使城市土地均衡使用量增加$\triangle Q_2$。显然，科学且严格执行的城市规划和土地规划带来的土地使用增量$\triangle Q_2$，小于规划不合理或者执行不力情况下的土地使用增量$\triangle Q_1$。因此，科学合理且得到严格执行的空间规划有利于促进城市土地的节约集约利用。

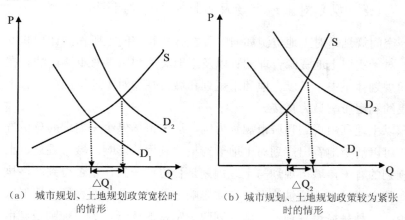

（a）城市规划、土地规划政策宽松时的情形　　（b）城市规划、土地规划政策较为紧张时的情形

图 7-1　城市规划、土地规划政策对城市土地供给曲线形状的影响

7.1.3　规划对于土地资源配置的引导和约束作用

在我国现有的空间规划体系中，总体规划、主体功能区规划、产业发展规划、环境保护规划等从不同领域对土地资源配置、土地集约利用起到约束和引导作用。总体规划对国民经济的协调可持续发展、国土资源均衡布局与合理利用，发挥着整体引导作用；主体功能区规划则根据资源禀赋、生态条件、社会经济状况等将全国划分为不同的发展类型，即优化开发区、重点开发区、限制开发区和禁止开发区，有利于因地制宜地发展不同区域的社会经济，促进土地资源的合理配置；产业发展规划和环境保护规划，则分别从产业空间合理布局、生态环境保护的角度对不同空间上的土地资源配置加以引导和约束，间接促进了土地的节约集约利用。

除总体规划、主体功能区规划、产业发展规划、环境保护规划对土地资源配置、土地集约利用发挥着间接约束和引导作用外，土地利用规划和城市规划对土地利用的约束和引导作用最为直接和显著。

7.1.3.1　规划控制对城市发展生态效益和社会效益的保障

对土地利用规划来说，其对土地利用的约束作用可以从土地利用规划控制的内容来理解。概括来讲，目前我国土地利用规划控制的内容可以从规划控制的作用与规划控制的方式两方面来分析。

从规划控制的作用来看，土地规划控制的内容主要有：

（1）土地利用的总量控制，即对各类土地的供应总量进行指标控制，保证全国或区域的土地总供给与总需求实现平衡，以促进国民经济的协调发展。总量控制有利于促进土地资源在各行业和各地区之间实现合理分配，优化土地资源配置，以土地总供应约束来促进土地的集约利用。

（2）公益性目标的控制，即对代表社会公共利益的土地利用，如为保证粮食安全而实施的耕地保护，交通、水利及其他基础设施的用地，草地、林地及自然保护区的用地等，通过规划合理安排其用地数量与用地范围，以克服市场机制在公共资源配置中的失灵。

（3）土地用途的控制，即通过规划来合理地确定各区域、各地段的土地用途，用地者严格按照土地利用规划规定的土地用途对土地加以利用。值得一提的是，土地用途控制是土地利用控制的核心。

（4）土地利用微观行为的控制，即通过细分土地用途和制定详细的土地使用规则来规范土地使用者行为，从而规避单个土地利用之间的相互干扰和土地利用的负外部性影响，进而促进土地的集约利用。

从规划控制的方式来看，土地规划控制的内容有：

（1）定性控制，即通过规划对土地利用的目标、方向、土地利用功能及土地使用条件等加以控制，它规定了土地的用途、使用的标准、要求和限制等。

（2）定量控制。定量控制包括总量控制和个量控制。其中，总量控制是对土地利用活动总体数量的控制，如耕地保有量指标、城镇用地规模控制指标、建设用地供应总量控制指标等；个量控制是对个别土地利用行为的定量约束，如城镇人均用地指标、人均耕地拥有量指标、容积率、建筑密度、单位产值占地率等。

（3）定位控制，即对不同土地利用活动空间位置的规定，它限定了各种土地利用活动必须在特定的空间范围内进行，从而保证了土地用途在空间中的确定性，如基本农田保护区界线的规定、村庄用地范围的确定、城镇用地范围的确定、工业小区范围的确定、自然保护区界线的划定和水源保护地的确定等。

（4）定序控制，就是对各种土地利用活动的时序安排。在土地利用规划中，应根据区域土地资源状况和社会经济发展需要，对不同的土地利用活动在时序上作出合理安排。尤其是，要按照土地利用供需平衡的要求，依据各时间段土地后备资源开发的可能性和可行性，在做到耕地增减平衡的基础上，合理地确定各时间段的土地开发量和建设用地量。[①]

城市规划对城市建设用地的资源配置以及节约集约利用发挥着重要作用。如前所述，城市总体规划之下还包括控制性详细规划和修建性详细规划，它们规定了城市不同区位、不同功能用地的用途、性质、使用范围、利用强度等，从不同方面对城市用地起到了约束和引导作用。

与土地利用规划类似，城市规划控制的内容也包括了定性控制、定量控制和定位控制：

（1）定性控制是对城市功能、城市空间主要使用功能的控制，它规定了城市的主要职能，限制了城市空间的活动用途。对城市性质的确定不仅有助于明确城市的主导职能，突出城市特色，而且为控制城市用地，明确各种公共设施规模和水平等提供了可靠的经济依据。

（2）定量控制，即根据城市建设和发展活动的规模、结构等所进行的量化技术经济要求的控制，如人口用地规模控制、用地比例控制、开发强度控制等。

---

① 欧名豪. 论土地利用规划控制的内容与特性[J]. 南京农业大学学报（社会科学版），2001（1）：59~64.

（3）定位控制，即对不同城市活动在城市空间中具体位置的规定。它使城市不同的建设活动限定在特定空间范围内进行，保证了不同功能、不同用途在用地空间上的确定性，如建设项目用地界线规定、规划区范围划定以及建筑保护区界线规定等。[①]

7.1.3.2　规划引导对土地价值的影响

城市规划和土地规划作为统筹安排城乡发展建设空间布局的重要依据和手段，在促进城市要素的聚集、结构的优化、系统的高效运转方面发挥着重要作用，好的规划能够有效引导土地合理利用，提升土地价值，促进土地节约集约利用。规划对于土地价值的提升主要通过两个方面来发挥作用：

（1）通过合理布局，使土地地尽其用，提高土地利用效率。博弈之道，在于布阵。一般说来，任何城市土地都有多种潜在的用途，但不同的厂商和居民使用同一用地的产出是不同的。合理的布局体现地尽其用，将潜在的区位收益转化为现实的城市经济效益。例如，在天津市华明新市镇建设中，通过规划集中建设安置村民，引导人口、居住、产业集中发展，将分散的农村居民点用地集中建设，节约了耕地，如表 7-1 所示。

表 7-1　天津华明镇土地占补平衡情况

建设规划			整理规划		平衡情况
总占地面积	新增建设用地面积	占用耕地面积	村庄建设总用地	整理后耕地净增面积	整理后减去建设规划占用耕地
561.81	448.95	314.19	426.79	362.77	+48.58

资料来源：孟广文，盖盛男，王洪玲等. 天津市华明镇土地开发整理模式研究[J]. 经济地理，2012（4）：146～147.

（2）利用公共物品的建设和布局，特别是交通条件的改善，引导城市高密度的发展。目前在规划中广泛采用的交通导向性的发展模式，

---

① 王国恩. 市场经济下城市规划控制与引导作用[J]. 城市规划汇刊，1996（1）：5~9.

构建了以轨道交通为骨干、常规公交为主体、各种交通方式协调发展的一体化交通体系，促进公共交通和站点附近的高密度开发，实现城市空间立体化发展，提升土地利用效益。如英国伦敦地铁 Jubilee 延长线，总投资 35 亿英镑，给周边土地带来的增值效益达到 13 亿英镑，是地铁投资的 37%。[①]日本 Joban 新干线建于 20 世纪 90 年代，总投资约 7 万亿日元，给周边 69332.80 公顷土地带来的增值达到了 17.77~24.59 万亿日元，是轨道交通投资的 2.5~3.5 倍。[②]

7.1.4　规划对于土地资源配置的局限性及改革方向

按照第 6 章我们对于政府在土地资源配置中应把握的边界来分析，我们认为对于土地资源配置中的控制是必要的。例如，以国家和各省市主体功能区规划和土地利用规划中，严格控制建设用地增长边界，划定基本生态控制线，通过政府规章控制不可建设地区，将水源保护、基本农田等也划入生态线，将建设行为限制在基本生态控制线范围外，这样从制度上遏止了对生态用地侵占，保证了区域的可持续发展实现土地节约集约利用。然而目前规划也存在控制内容过宽和过泛的现象。由于随着分工的不断细化，现代城市发展的问题日益复杂，社会经济发展变化多端，不确定性增加，任何高明的规划师和政府都不可能完全掌握城市社会经济发展以及土地供需变化的信息，不能准确预测未来城市发展的走势，也就很难编制出"科学"的规划来实现土地资源的优化配置，这是计划经济的特点所决定的。靠增加规划的"弹性"来提高规划对于市场经济的适应度，既影响了规划法律的严肃性，也削弱了规划约束性和引导性的作用。城市规划和土地规划的改革应该减少规划的内容，加强规划的刚性约束条件的研究，尽可能地减少约束的内容，让土地资源的配置在保障城市生态效益和社会效益

---

① Don Riley. Taken for a Ride: Trains, Taxpayers, and the Treasury. Center for Land Policy Studies, UK, 2001.

② M. –Y. Pior, E. Shimizu. GIS-aided Evaluation System for Infrastructure Improvements: Focusing on Simple Hedonic and Rosen's Two-step Approaches. Computers, Environment and Urban Systems, 2001（25）: 223-246.

的前提下，由市场来决定资源的配置。

7.2　建设用地的总量控制与土地节约集约利用

建设用地总量控制是我国土地管理中国家为防止建设项目乱占农用地而对建设项目用地进行一定程度的限制，即从总量上对建设用地的规模进行控制。我国一直高度重视对建设用地总量的控制。1998 年修订后的《中华人民共和国土地管理法》最早出现"实行建设用地总量控制"的规定。2001 年 5 月，国务院《关于加强国有土地资产管理的通知》中又明确提出要"严格控制建设用地供应总量"。2004 年修订的《中华人民共和国土地管理法》，规定"各级人民政府应当加强土地利用计划管理，实行建设用地总量控制"；同时在土地用途管理制度方面规定"严格限制农用地转为建设用地，控制建设用地总量，对耕地实行特殊保护"。2004 年 10 月，国土资源部关于《土地利用年度计划管理办法》，对土地利用年度计划管理规定："严格依据土地利用总体规划，控制建设用地总量，保护耕地。"2007 年 12 月，国务院办公厅《关于严格执行有关农村集体建设用地法律和政策的通知》中，对农村建设用地规模提出"地方各级人民政府要依据土地利用总体规划和乡（镇）、村规划，对农村集体建设用地实行总量控制"。 2008 年制定的《中华人民共和国循环经济促进法》，也对建设用地总量控制进行了原则性规定。2014 年 6 月，国土资源部颁布的《节约集约利用土地规定》（国土资源部〔2014〕61 号）中规定"国家通过土地利用总体规划，确定建设用地的规模、布局、结构和时序安排，对建设用地实行总量控制"。

7.2.1　我国建设用地总量控制的必要性及其实施策略

对建设用地实行总量控制是我国实现经济社会可持续发展与促进土地高效集约利用的关键手段之一。

由于建设用地的总量来源于农用地和未利用土地，因此，建设用地的增加必然会影响到耕地数量和生态保护用地。从资源承载角度看，虽然我国耕地资源总量很大（20.27 亿亩），但与庞大的人口总量相比，人均耕地资源却仅有 1.5 亩，仅为世界平均水平 3.6 亩的 42%。加之建设用地的不合理使用和扩张，耕地资源呈现不断减少趋势，[①]因此想要保护耕地资源、实现我国粮食安全，就要对建设用地实行总量控制。良好的生态环境是社会经济发展的基本前提，对生态用地的保护是生态环境保护在用地方面的具体体现。此外，改革开放以来，伴随我国经济的迅速发展、城市化的快速推进，城市空间的扩张呈现无序蔓延的趋势，导致城市用地大量挤占农用地、生态用地，建设用地资源浪费、粗放利用问题较为突出。[②]由于耕地与生态用地的社会效益和生态效益无法使其在土地资源配置的市场竞争中得到有效的保护。因此，为了保护耕地资源、生态用地以及遏制城市无序蔓延，有必要对建设用地实行总量控制。客观来说，在我国人多地少、土地资源匮乏的背景之下，对建设用地实行总量控制有利于制止建设项目过度占用土地、耕地资源流失的现象。

我国对于建设用地的总量控制的落实重点通过两个方面来实施：

第一，国家通过国家、省、市等各级规划明确各区域建设用地的总量，使得控制目标清晰。例如，《全国土地利用总体规划纲要（2006~2020 年）》，我国以严格保护耕地为前提，实行优先保护生态价值用地的政策，并提出生态用地与生产、生活用地并行，在城镇用地中提高生态用地的比重，更加突出了耕地保护、生态用地保护的重要性。对建设用地总量的控制不仅表现在建设用地总面积的控制，同时还对新增建设用地面积、耕地保有量、农用地面积进行控制，希望以此达到既控制建设用地总量，又保护耕地，且主要通过存量挖潜和开发未利用地（荒草地、裸土地、盐碱地等）和废弃地来扩大建设用地的目的。

---

① 王洛忠，秦颖. 产量"十连增"背景下我国粮食安全问题研究[J]. 中共中央党校学报，2014（1）：77~83.

② 王家庭，张俊韬. 我国城市蔓延测度：基于 35 个大中城市面板数据的实证研究[J]. 经济学家，2010（10）：56~63.

第二，实施土地利用年度计划，有计划地供给建设用地，落实建设用地的控制指标。按照《土地利用年度计划管理办法》，各级政府要严格执行土地利用的计划管理，根据土地利用总体规划和土地利用年度确定的供应指标，确定建设用地的供给。在土地利用年度计划中，明确每年新增建设用地计划指标，包括新增建设用地总量和新增建设占用农用地及耕地指标。

第三，严格农用地的转用管理，非农业建设经批准占用耕地的，按照"占多少、补多少"的原则，由补充耕地的责任单位负责开垦与所占用耕地的数量和质量相当的耕地，或按国家规定标准缴纳耕地开垦费。

应该说这些措施在一定程度上有效地遏制了建设用地的过快增长的趋势，但是近年来我国建设用地增长速度仍然大大超过城镇人口的增长速度，一些大城市的外围用地也出现了不同程度的"蔓延"现象，并同时产生了诸如耕地损失、绿带蚕食、土地低效、交通拥堵、环境恶化等问题，有鉴于此，2006 年我国住房和城乡建设部与国土资源部先后在相关法案和条例中提出研究和实施"城市增长边界管理"的要求，以谋求将对建设用地总量控制的目标落到实处。

7.2.2 建设用地总量控制对土地节约集约利用的作用机理

在社会主义市场经济条件下，建设用地总量控制对建设用地节约集约利用的影响可分为短期影响和长期影响。在短期内，主要是通过价格机制影响土地供求平衡，来实现土地的节约集约利用。在城市土地利用中，土地供应的总量控制直接影响到城市土地价格，紧缩的土地总量控制使土地供应减少，相应土地价格抬高，城市土地需求也随之减少，最终均衡的城市土地规模趋于下降。如图 7-2 所示，在城市土地总需求 D 不变的条件下，总量控制使土地供应面临紧的约束，土地供给规模由 S_1 减少至 S_2，市场供求均衡点由 E_1 变为 E_2，土地价格由 P_1 上升为 P_2，相应的城市土地规模由 Q_1 减少至 Q_2，由此实现了土地的节约集约利用。

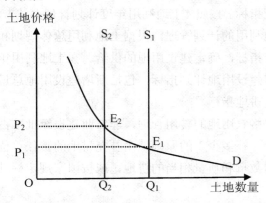

图7-2   建设用地总量控制实现土地集约利用的作用机理

从长期来看，建设用地总量控制还起到增加建设用地经济供给的作用。由于实行建设用地总量控制，建设用地的供给总量在一定时期内保持不变或仅保持有限的增长，这样可供开发利用的建设用地量就非常有限。短期内这当然会导致土地价格的上涨，而在长期因土地价格上涨带来的土地利用成本上升，又会促使开发商通过提高容积率、增强使用强度等手段来增加土地的经济供给，而建设用地经济供给的增加意味着单位土地上产出的增加，也就是说，建设用地的利用更加集约，如图7-3所示。

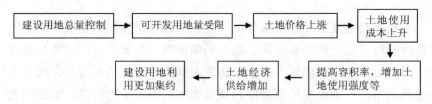

图7-3   建设用地总量控制促进建设用地经济供给增加示意图

然而，我们应该看到，这种控制的最大问题之一是人为地剥夺了没有划入建设用地范围的土地拥有者将土地出卖给开发商并从中获取相应的经济回报的可能性，以及其享受城市化和工业化进程带来的土地升值的权益，由此引发城乡矛盾。另外，由于限制土地开发供给，因而负面地影响厂商和居民的支付能力。

7.2.3　建设用地总量控制的国际经验——城市增长边界

7.2.3.1　城市增长边界的含义

划定城市增长边界是西方国家在对城市蔓延式发展反思过程中提出的一种技术解决措施和空间政策响应，当前已成为美国控制城市蔓延发展最成功的技术手段和政策工具之一。[①]第二次世界大战结束以后，随着家庭汽车的普及和居民可支配收入的增长美国城市蔓延的状况日益加剧。1970~1990 年芝加哥都市人口增长 1%，土地消费增长 24%；圣路易斯都市人口增长 3%，土地增长 58%；费城人口增长 5%，土地消费增长 55%。[②]鉴于此，美国塞勒姆市（Salem）最早提出了城市增长边界（Urban Growth Boundary，简称 UGB）的概念。1958 年，美国肯塔基州（Kentucky）列克星敦（Lexington）首次划定城市增长边界。1973 年，俄勒冈州（Oregon）首次通过州法，要求所有的城市都要在城市总体规划中划定城市增长边界。此外，在澳大利亚、韩国等国也正在逐渐的推广和实践城市增长边界管理的这一做法。

城市增长边界是新城市主义和精明增长的核心概念，它包括城市边界与郊区边界两重概念。城市边界是指在城市周围形成一道独立、连续的界限来限制城市的增长；郊区边界则是划定一定界限来保护郊区的用地不被侵犯，两条边界可以重合也可以分开。[③]其本质是确定城市建设用地与农村用地、林地及其他用地的分界线。在新城市主义看来，城市增长边界是一种用于控制城市蔓延并引导合理增长的途径。[④]

确定城市增长边界的主要影响因素有：（1）根据土地分类标准保留农业用地；（2）使城市对土地的使用与附近的农业活动和谐一致；（3）满足城市人口增长的需要；（4）满足住房、就业机会和生活质量

---

① 张庭伟. 控制城市用地蔓延：一个全球的问题[J]. 城市规划，1999，（8）：44~48.

② 丁成日. 城市增长边界的理论模型[J]. 规划师，2012（3）：5~11.

③ 黄明华，田晓晴. 关于新版《城市规划编制办法》中城市增长边界的思考[J]. 规划师，2008（6）：13~15.

④ John Hasse. A Geospatial Approach to Measuring New Development Tracts for Characteristics of Sprawl [J]. Landscape Journal，2004，23（1）：52-67.

的需要；（5）最高效地利用现有城区以内和边缘地区的土地；（6）通过经济手段提供公共设施和服务；（7）关注开发活动对环境、能源、经济和社会的影响。具体的做法是：城市政府与周边城镇签订城市增长管理协议，然后根据对城市预期规模的预测来划定城市增长边界，进而采取一系列的政策措施来提高城市内部的开发强度，提高城市土地的利用率。[①]由此我们可以看出划定城市增长边界的主要目的是保护生态资源（农田、林地、水域、空气），保护农地和林地免于被城市蔓延发展吞噬，鼓励城市增长边界以内土地利用、公共设施和服务的有效利用，[②]为城市未来的潜在发展提供合理的疏导，将城市增长空间引向最适合开发的地区。[③]

7.2.3.2   城市增长边界的实施策略和工具——城市增长管理

国外落实城市增长边界的控制工具或措施是城市增长管理，具体的政策可以分为三大类：抑制增长类、引导增长类和保护土地类。其中，抑制增长类有划定城市增长边界、颁发建筑物许可证与开发限制、提供足量公共设施条例、开展社区影响报告和环境影响评价；引导增长类设计的有城市服务边界、开发影响费、公交导向型开发、激励机制与城市开发公司；保护土地类包括预留开敞空间与农田专区、转让开发权、公共征购土地与购买开发权。

（1）城市服务边界

在以控制城市蔓延、保护开放空间和塑造城市空间增长形态为目标的边界控制手段中，对于城市边界的确定经历了单纯控制到逐步引导控制的过程。绿带是早期用来控制城市与乡村发展边界的办法，一般设置于城市周围、城市组团之间或相连城市之间。英国著名社会学家、城市学家霍华德（Ebenezer Howard）在其田园城市模式中提出，公园、农田等组成的绿带用以将城市中的公共活动区与住宅区、母城与卫星城镇等分开。城市绿带不仅将城市与乡村分割，而且可以保护

---

① 黄明华，田晓晴. 关于新版《城市规划编制办法》中城市增长边界的思考[J]. 规划师，2008（6）：13~15.

② 丁成日. 城市增长边界的理论模型[J]. 规划师，2012（3）：5~11.

③ 张学勇，沈体艳，周小虎. 城市空间增长边界形成机制研究[J]. 规划师，2012（3）：28~34.

自然环境，提高城市的生态环境质量。伦敦于 20 世纪 30 年代末就开始实施绿带政策，是世界上第一个实行绿带的大城市。我国北京、天津都曾经实施过以绿带来约束城市发展边界的策略，但这种强制性的约束在城市发展的过度需求中常常被挤占，使绿带完整性遭到破坏。相对于绿带这种主要通过禁止行为将城市增长限制在开放空间、重要农业用地以及生态敏感用地之外的方式，城市增长管理中的城市服务边界（Urban Service Boundary，简称 USB）则通过限制服务设施建设的范围，即在此边界外不提供公共基金建设城市服务和基础设施，采用"拉力"将城市增长"吸引"到边界之内，来引导城市发展。相对于绿带建设来说，城市服务边界更具灵活性，引导作用更强，应用范围也更为广泛。

（2）开发权管理

开发权购买和开发权转移是城市空间增长管理中常被采用的产权控制方式。在城市空间增长管理中，通过开发权的购买和转移来保障土地所有者的权益，并减少规划实施的阻力，从而将城市发展和高强度开发引导至规划设定的区域内，以保障规划中的边界控制得到有效实施。

土地开发权购买（Purchasing Development Rights）是由政府或非营利组织从土地拥有者那里购买土地开发权，出售土地开发权后的土地拥有者可以继续从事目前的使用，也可以交易其他的土地权属，但是不允许改变土地用途或增加开发强度。美国大约有 2 百万英亩耕地是通过开发权购买来保护的。州政府和地方政府花费了 15 亿美元购买开发权。①显然，这种保护耕地和生态用地的方法需要雄厚的资金来加以支持。开发权转让（Transfer of Development Rights）是一种自愿的、基于市场机制的土地利用管理机制，通过将土地开发引向更适合土地开发的地区来推动保护具有高农业价值的土地，保护环境敏感

① 丁成日. 美国土地开发权转让制度及其对中国耕地保护的启示[J]. 中国土地科学，2008（3）:74~80.

区和保护战略地位的开放空间。①土地开发权转移活动主要由两个部分构成：土地开发权转移的发送区（Sending Area），即土地开发权转移的供给方；土地开发权转移的接受区（Receiving Area），即土地开发权转移的需求方。

实践证明，土地开发权的转让具有多方面优势：对政府而言，土地开发权转让基本上是零成本地保护了土地或耕地，而且基于市场机制的土地保护政策能够最大限度地减少或避免刚性的行政命令式的土地保护带来的社会福利损失和经济效率的降低，减少土地拥有者寻租行为的经济动力，从而有助于土地长期的保护目标；对开发商而言，尽管土地开发权转让价格增加土地开发成本，但是由于可以提高土地开发密度和强度，开发商可以实现利用建设的经济规模效益来获得更高的土地开发利润；对于土地发送区的土地拥有者在自愿而不是强制性的政策下，可以继续从事目前的土地上的活动（如耕种、放牧等），并且能够得到补偿，并避免因开发带来的环境和城市问题，因此他们会支持土地开发权转让政策。

（3）税收调节

税收调节是与边界设定相配套实施的城市空间增长管理另一个手段。通过对边界内外不同用途的房地产开发和保有设定不同的税收种类、方式和税率，将城市扩展引导至边界内区域，并减少和控制边界外的开发行为，从而保障城市空间增长管理中空间控制目标的实现。

开发影响税或者改良税以及不动产转移税都被用于支持落实城市空间边界的控制中。税收政策主要针对已经被提议的用以促进城市地区填充和再开发的地区，政府采取经济鼓励措施，对建筑物的改良价值课以较低的税率，从而降低土地集约利用（如公寓）的税负，以引导开发，提高土地利用效率。

（4）公共交通导向模式

公共交通导向（Transit Oriented Development，简称 TOD），是一

---

①丁成日. 美国土地开发权转让制度及其对中国耕地保护的启示[J]. 中国土地科学，2008（3）:74~80.

种为解决城市无序蔓延而采取的以公共交通为中枢、综合发展的城市社区开发模式。其中，公共交通包括巴士干线和地铁、轻轨等轨道交通，进而形成以公交站点为中心、以 400~800 米为半径的集商业、居住、教育、文化、工作等于一体的城市社区。①美国华盛顿特区阿灵顿县的 R-B（Rosslyn-Ballston 的简写）走廊是公共交通导向开发模式的典范。R-B 走廊强调土地开发与轨道交通建设相协调，鼓励商业、居住、办公集中于车站附近，以便居民使用城铁出行。R-B 走廊沿线土地利用模型具有紧凑开发、功能混合的特点，公交站点 5 分钟步行圈范围内实行高密度开发，超出该范围后土地开发强度逐步降低②。公共交通导向模式充分利用交通对于土地价值的促进作用，基于市场机制引导土地开发利用，既大大促进了城市的紧凑发展和土地的集约利用，又满足了大运量交通客流的需要，提升了公共产品的服务效率。

7.2.3.3　城市增长边界政策的绩效

针对实施城市增长边界政策效果的分析国外已经有大量的研究，代表性的有怀特劳、科纳普及纳尔逊等人的研究成果，他们的研究集中在以下几方面：

（1）城市增长边界对土地价值、土地集约利用的影响

大多数研究结果表明，城市增长控制政策能够提高控制区内城市土地价格。怀特劳认为，城市增长边界对城市土地供应形成一种潜在的约束，在城市增长边界有效且其他因素不变时，城市增长边界内的土地价值高于城市增长边界外的土地价值。③科纳普以波特兰市为对象研究发现，在设置城市增长边界以前，城市地价随着离开中心区的距离呈递减趋势；在设置城市增长边界以后，城市增长边界以内的地价保持不变，而在城市增长边界以外的地价会出现下降，如图 7-4 所

---

① 张磊，华晨，鲍培培. 公共交通导向式土地开发——可持续性的城市发展模式[J]. 现代城市研究，2004（4）：46-48.

② 王伊丽，陈学武，李萌. TOD 交通走廊形成机理分析及经验借鉴——以美国阿灵顿县 R-B 走廊为例[J]. 交通运输工程与信息学报，2008（2）：85-90，101.

③ 冯科，吴次芳，韦仕川等. 城市增长边界的理论探讨与应用[J]. 经济地理，2008（3）：425-429.

示。[①]纳尔逊则从土地开发模式角度出发，指出城市增长边界附近的地理位置特点会通过影响资本化过程对土地价值产生影响，若其他因素不变，城市地区靠近农村的土地价值将较高，而农村地区靠近城市的土地价值将较低。[②]另一方面，随着城市增长边界内土地价值的上升（土地价格上涨），势必带来土地使用成本的增加，相应地促使开发商提高容积率、增加使用强度、土地多功能混合利用等，从而带来单位土地产出的增加，亦即土地利用更为集约化。美国波特兰市的发展证明，在城市增长边界划定的最初 10 年，城市人口增长 14%，城市土地仅增长 11%。20 世纪 80 年代新增的郊区人口，密度为每平方英里 4500 人，是美国一般新郊区人口密度的 3 倍。[③]在 1990 年后的 20 年内，有 25%的土地供给来自增长边界内的再开发项目，其中很大一部分位于波特兰市中心地区，实现了"增长而不越界"的目标。[④]

（2）城市增长边界对控制城市蔓延、保护农业用地和城市交通的影响

城市增长边界通过建立生态走廊和划定禁建区、限建区在一定时期内对城市扩张范围形成有效限制和约束，从而有效遏制了城市无序蔓延和扩张。生态走廊、开敞空间的划定则成为城市与乡村的鲜明分界，对既定范围内的农用地形成有效保护，同时也利于城市生态环境的保护。此外，城市增长边界所实施的公共交通导向模式，不仅有利于形成合理的城市空间布局，而且构成城市内便捷的交通网络。2005年波特兰被评为全美十大宜居城市之一；2007 年波特兰的环境保护意识、公园和公共空间、步行友好性以及公共交通的便利性等方面，在

① Knaap G J. The Price Effects of Urban Growth Boundaries in Metropolitan Portland Oregon[J]. Land Economics，1995（1）：26-35.

② Brueckner J K. Urban Growth Boundaries：an Effective Second-Best Remedy for Unpriced Traffic Congestion [J]. Journal of Housing Economics，2007，16（3/4）263-273.

③ David Rusk，Inside Game Outside Game: Winning Strategies for Saving Urban America[M]. Washington，D. C. : Brookings Institution Press，1999:168.

④ Calthorpe and Fulton，The Regional City: Planning for the End of Sprawl[M].Washington，D. C:Island Press，2001:125.

《旅游与休闲》排名中位居首位。①

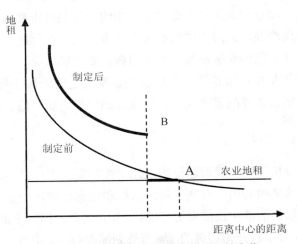

图 7-4　城市增长边界设置前后地租的变化

资料来源：Arthur O'Sullivan. Urban Economics（8th edition）[M]. 北京：中国人民大学出版社，2013：219.

（3）城市增长边界的负面效应

城市增长边界在土地节约集约利用上的效果是明显的，但是在城市交通阻塞、住宅供应等方面可能还会造成一些负面影响。托马斯（Kolakowski、Machemer 和 Thomas）等人对密歇根城市增长边界政策效应的研究中发现，城市增长边界政策的实施会拉大城市房地产的价格差距，增高城市增长边界内的土地价格，降低城市增长边界外的土地价格，提高整体的住房花费。②相关研究也表明：城市增长边界的划定，在提高城市内部住宅聚集性的同时减少了边界外住宅的开发，

① 转引自：王思元，荣文卓. 美国城市边缘区绿色空间保护对策研究[C] //中国风景园林学会 2013 年会论文论文集. 武汉：中国风景园林学会 2013 年会，2013:670~673.

② Kolakowski K, Patricial, Machemer, etl. Urban Growth Boundaries: a Policy Brief for the Michigan Legislature[R]. Michigan State University Applied Public Policy Research Grant, 2000.

但城市增长边界外乡村地区的低密度开发、土地粗放利用却日益严重。[①]另一方面，城市增长边界在促进土地集约、控制城市蔓延的同时，由于开发密度增强、人口密度增加又会带来交通拥挤问题。因此，城市增长边界并不能彻底解决城市蔓延问题，如市场失灵、交通外在拥挤等，这些都是城市增长边界与经济快速发展之间矛盾所导致的。[②]而影响城市增长边界的要素众多，很难准确地界定城市增长的边界。

7.2.4 小结

以上分析表明，我国建设用地总量控制制度十分必要，而且有利于土地节约集约利用，有利于耕地保护和生态环境，但是如何将这一制度加以很好的落实还需要更多的研究，并要借鉴国际上的成功经验。2006 年 4 月 1 日开始实施的《城市规划编制办法》中首次提及"城市增长边界"概念，将其作为城市增长管理的有效工具。其中，明确要求在城市总体规划和中心城区规划中划定城市增长边界，以此来划定城市的建设范围，并限制城市的发展规模。[③]2008 年 1 月 1 日开始实施的《中华人民共和国城乡规划法》又明确赋予规划城镇建设用地以控制城市增长的法律地位。

由此可见，城市增长边界政策日益受到重视。从实践来看，我国城市规划已对城市增长边界政策展开许多有益的尝试。具体来说，中国香港于 1991 年制定的《2030 年规划远景与策略》中，就划定出部分禁止建设区，以保护那些具有生态和观赏价值的区域。重庆市自1998 年起在主城区划定了两批绿地保护区，分别设定为绝对禁建区与控制建设区，通过对建设用地项目加以控制来保护城区内的园林和绿地。北京市在《北京市总体规划（2004~2020 年）》中对城市限制建设

---

① 蒋芳，刘盛和，袁弘. 北京城市蔓延的测度与分析[J]. 地理学报， 2007，62（6）：649~658.

② 吴箐，钟式玉. 城市增长边界研究进展及其中国化探析[J]. 热带地理，2011（4）：409~415.

③ 黄明华，田晓晴. 关于新版《城市规划编制办法》中城市增长边界的思考[J]. 规划师，2008（6）：13~15.

区作出了具体安排，从而设定了主城区扩展的刚性边界与弹性边界。①
除此之外，在全国大中城市新一轮总体规划中，如《天津市总体规划
（2004~2020 年）》《济南市总体规划（2006~2020 年）》《合肥市总体规
划（2006~2020 年）》《南京市总体规划（2007~2020 年）》和《武汉市
城市总体规划（2010~2020 年）》中，均从生态保护、历史文化遗址保
护的角度划定出生态廊道、禁止建设区、限制建设区等，这些都是对
城市增长边界的有益尝试。创新规划的方法，正确地划定建设用地的
边界和范围是贯彻落实建设用地总量控制的基础，但是落实这一制度
仅靠行政措施是不够的，还需要相关的政策配套，引入市场机制。

7.3　容积率管制与土地集约利用

　　容积率是以美国、英国为代表的西方国家在 20 世纪初实行城市土
地区划管理制度中所采用的一项重要管制指标。在我国，20 世纪 80
年代以前采用"建筑面积密度"作为详细规划中测度开发强度的主要
技术指标，自 20 世纪 80 年代初城市规划中增加控制性详细规划内容
以来，为了限制城市开发密度、保护相邻权、保障周边土地价值，容
积率便成为控制性详细规划中的核心定量控制指标之一。20 世纪 90
年代，《城市居住区规划设计规范》（GB 50180-93）中正式引入了容积
率作为技术指标，是土地利用规划管理中的重要内容。住房城乡建设
部 2012 年 2 月 17 日颁布的《建设用地容积率管理办法》中明确规定：
"以出让方式提供国有土地使用权的，在国有土地使用权出让前，城市、
县人民政府城乡规划主管部门应当依据控制性详细规划，提出容积率
等规划条件，作为国有土地使用权出让合同的组成部分。未确定容积
率等规划条件的地块，不得出让国有土地使用权。容积率等规划条件
未纳入土地使用权出让合同的，土地使用权出让合同无效。"但在实施
过程中，容积率控制指标屡屡被突破，容积率成为寻租的"代名词"

---

① 龙瀛，何永，刘欣等. 北京市限建区规划：制订城市扩展的边界[J]. 城市规划，2006（12）：
20~26.

和滋生腐败现象的"温床"。根据住房城乡建设部和监察部对我国 2007 年 1 月 1 日至 2009 年 3 月 31 日期间领取规划许可的房地产开发项目进行梳理清查，截至 2009 年 12 月 31 日，除西藏外，全国 30 个省（区、市）共自查房地产项目 73139 个，其中存在变更规划、调整容积率项目 8235 个，通过自查自纠共补交土地出让金等 124.06 亿元，撤销规划许可 57 项。另外，共受理群众举报案件 888 件，查实 241 件，给予党政纪处分 178 人。①

7.3.1　容积率分类及内涵

根据我国《城市规划基本术语标准》，容积率是指在一定地块内，总建筑面积与建筑用地面积的比值，即容积率=总建筑面积/土地面积。其中，土地面积是规划地块用地面积，即建筑物规划红线范围内的占地面积，而在项目占地范围内配套的市政、道路、绿化、公共设施用地等则不包括在内。在美国、日本等国，容积率被称为 Floor Area Ratio，简称 FAR；而在英国、中国香港则称之为 Plot Ratio，简称 PR。

为了适应不同层次的规划管理，按由总到分的顺序，容积率分为分区容积率、控制容积率和项目容积率三个级别：分区容积率对应于总体规划，是整个城市或某个分区的均值型指标；控制容积率对应于控制性详规，是在总体规划或分区规划容积率指标控制下，充分考虑区位特征、城市美学特性的适度土地使用强度指标；项目容积率对应于项目开发，反映的是开发用地中所能容许的最大的土地开发强度。

从表层含义来看，容积率与建筑密度、建筑高度一样，是反映土地使用强度的一项指标，直接与土地的集约利用水平相关。但从深层次含义来看，容积率还包括丰富的社会内涵、经济内涵和环境内涵。

7.3.1.1　容积率的经济性

从经济内涵来看，容积率的经济性表现了容积率与土地价格、地块用地面积、楼面地价之间的关系。

---

① 住房城乡建设部和监察部发出通报治理房地产项目违规调整容积率[N].人民日报，2010-05-04（2）.

楼面地价：$P_f = \dfrac{S_L \times P_l}{S_C} = \dfrac{P_l}{F}$ （7.1）

式中，P_f 为单位建筑面积平均分摊的土地价格，S_C 为规划地块内总建筑面积，S_L 为地块地面积，P_l 为单位土地出让价格，F 为容积率。当单位土地出让价格一定时，容积率越高，意味着建筑面积平均分摊的土地价格越低。开发商通过增加容积率来增加建筑面积，起到稀释地价的作用，即减少楼面地价、降低开发成本。

2005 年，赵奎涛等给出了容积率与经济收益间的计算公式和模拟曲线。2007 年，咸宝林对此曲线进行了修正，[①]从学者的研究成果来看，容积率的经济效益（利润或利润率）曲线均为倒 U 形。[②]由边际收益递减可知，在容积率增加的同时，利润虽在增长，但边际收益却呈下降趋势，边际成本则在逐渐增加，当边际成本（MC）与边际收益（MR）相等时，容积率达到最佳值，即 R_{max}。

7.3.1.2 容积率的社会性

从社会内涵来看，纳入人口指标的容积率公式为：

$$FAR = \frac{S_C}{S_L} = \frac{P \times R_P}{S_L} = D_p \times R_P \qquad (7.2)$$

其中，P 为总人口；S_C 为总建筑面积；S_L 为地块面积；R_P 为人均建筑面积；D_p 为人口密度。

公式（7.2）表明，在人均建筑面积不变时，容积率与人口密度 D_p 成正比。因此，容积率还代表了城市或地段容纳人口的状况。居住地块的高容积率意味着单位土地面积内人口承载数量的增加，也就是随着容积率的提高，会导致人口的高度聚集，造成交通、基础设施不足等问题，也意味着居住环境的舒适度下降。

7.3.1.3 容积率的环境性

从环境内涵来看，纳入包含环境质量的相关指标，容积率公式变为：

---

① 咸宝林，陈晓键. 合理容积率确定方法探讨[J]. 规划师，2008（11）：60~65.

② 冷炳荣，杨永春，韦玲霞等. 转型期中国城市容积率与地价关系研究———以兰州市为例[J]. 城市发展研究，2010，17（4）：116~122.

$$FAR = \frac{S_C}{S_L} = \frac{S_b \times N}{S_L} = D_C \times N = (1 - D_G - D_P - D_S) \times N \quad (7.3)$$

式中，S_b 为建筑基底面积总和；N 为平均层数；D_C 为建筑密度；D_G 为绿地率；D_P 为停车场覆盖率；D_S 为其他用地比率（车行、人行道等）。

由公式（7.3）可以看出，在项目总土地面积给定或不变的前提下，容积率大小与建筑密度和建筑层数密切相关，即加大建筑密度或增加建筑层数都可以提高容积率。

在层数不变的情况下，容积率的增加，意味着建筑密度[1]的增加，公共绿地以及其他用地比例的减少，最终有可能超过自然环境容量要求开敞空间，由此影响城市用地的环境质量。

在建筑密度一定的情况下，容积率越高，意味着建筑层数越多，形成"高容积、低密度"格局。众多高层建筑容易形成高层楼群风，过高的高层建筑使人产生压抑感和不舒适感。高层建筑为热与污染物传输及疾病传播提供快捷的途径，这已经为相关的研究所证实。例如，2003 年春的非典型肺炎（SARS），在短时间内就在中国造成了非常严重的后果——确诊病例 5327 例，死亡 349 例，经济损失超过 100 亿美元。[2]SARS 在人口高密度的社区爆发和近距离接触传染的事实，例如香港淘大花园的大规模社区感染则是居住密度极高的住区，引起人们对于城市建筑密度、人口密度与 SARS 传染关系的研究。研究者等指出 SARS 病毒通过空气传播，病毒颗粒经房间窗户或卫生间和厨房的排风扇进入采光天井，然后在浮升力和风力共同驱动下自下而上扩散是导致高层住户被感染的主要原因。[3]高乃平等利用实验和数值方法研究了在浮升力作用下 SARS 的传播途径，发现约有 5% 的下层排风

---

① 建筑密度是单位面积土地上建筑占地面积数。城市规划一般要求建筑物四周要留有空地，作为绿化和交通等，满足建筑的采光、日照、消防间距等要求。

② 屈代亮. SARS 与人类行为模式——反思现代建筑[J]. 新建筑，2003（S1）：53~54.

③ Li Y G, Duan S, Yu I T S, et al. Multi-zone Modeling of Problems SARS Virus Transmission by Airflow between Flats in Block E Amoy Gardens[J]. Indoor Air，2004，15（2）：96-111.

通过窗户进入到上层房间。[1]长期居住在这种环境中会影响人们的身心健康。此外，风灾已成威胁上海城市安全的"隐形杀手"，其中摩天大厦聚集所造成的楼群风杀伤力远胜台风"麦莎"。建筑专家解释：在楼群底层的过道里，瞬间风速能达到外围环境风的 3 至 4 倍，如果当时风力 5 级，楼道中可能出现瞬间就将人吹走的狂风。而飑线风瞬间产生的风速甚至高达 12 级以上，其最强的杀伤高度是 50~80 米[2]。工业区容积率过高带来的环境污染也是显而易见的。过高容积率在带来更多工业产出的同时，也意味着将产生更多的大气污染、水污染、固体废弃物污染等，这势必对城市环境治理带来更多的压力。对于住宅区和商贸区来说，虽不会像工业区那样产生严重的环境污染，但高容积率所带来高人口密度，城市居民产生的垃圾也是城市污染的重要来源之一。此外，过高容积率会加剧城市中心的热岛效应，由此也会带来城市环境质量的下降。

容积率丰富的社会、经济、环境内涵意味着要在土地开发利用的社会性、集约性与环境质量间实现平衡和协调，容积率的增加应以不损害环境质量为前提。

7.3.2 容积率管制的必要性及与土地集约利用水平

容积率作为评价城市土地合理利用与衡量土地利用强度的一项重要指标，其大小代表着地块开发强度的高低，直接影响土地使用者使用该地块所能获得的经济效益大小，是反映城市土地集约利用情况及其经济性的技术经济指标，一般说来容积率越高，对土地的使用就越集约，因此，对容积率的管制必然会导致土地集约利用水平的下降。这样，是否有必要对容积率进行管制？管制的内容和范围有多大？是值得人们再深思的问题。

7.3.2.1 容积率、地价和土地集约集约利用水平

---

① 高乃平，贺登峰，牛建磊，等. 高层建筑垂直方向污染物传播的实验与模拟研究[J]. 建筑科学，2008，24（10）：47~54.

② 上海楼群成"隐形杀手"楼间风力之大超麦莎[EB/OL]．[2006-05-07]．http://big5. xinhuanet. com/gate/big5/news.xinhuanet.com/house/2006-05/07/content_4517317.htm.

在第 3 章中我们分析了两种可变投入土地节约集约利用路径。分析表明，当土地价格上涨时，开发商会往往选择用资本替代土地，增加建筑层数，增加建筑成本，减少土地使用成本，通过建筑高层建筑来实现获得同样建筑空间的目的。土地价格越高，非土地要素对土地要素的替代程度就越深。房屋开发商对于土地的开发强度将由土地价格与房屋建筑的成本价格比来决定。由此我们也可以从反方向推论，容积率的大小会影响到土地价格的高低。

对于容积率与地价和房地产开发利润的关系已经有众多学者进行了研究，并提出了合理容积率、最佳容积率和经济容积率等概念。林坚较早地从房地产开发入手，分析地价与容积率之间的关系，得出"过度的容积率控制难以发挥土地的经济效益"和"城市规划的控制可能引发地价曲线的变化"的结论。[①]欧阳安蛟较早地研究了容积率影响地价的作用机制，其中针对收益机制与收益—供求机制两种条件下容积率对地价的影响作了定性的描述，其中的收益机制为决定性的机制，市场供求关系使地价相对于经济剩余量产生波动，使地价的变化趋于复杂化。[②]

从收益机制上看，在单位面积售价和建造成本保持不变的情况下（如多层的住宅开发项目），容积率与地价成正比例增长的关系，容积率的增大，获得更多的经济剩余，地价上升；反之，容积率降低，土地开发收益降低，地价下降。但在中高层建设情况下，随着容积率的增加，建筑层数增加，对结构和材料的要求越高，由于地基加固等处理费用的增加，电梯、消防、供水、空调等基础设施和设备安装费用，使建筑造价增加，层数越高，建设周期越长，从而使得投资风险也加大。单位面积工程造价（边际成本）在达到一定值后，单位面积的工程造价由下降转为上升。由边际收益递减可知，在容积率增加的同时，利润虽在增长，但边际收益却呈下降趋势，边际成本则在逐渐增加，容积率对地价的影响呈现一个倒 U 型的状况，如图 7-5 所示。当边际

① 林坚. 地价 容积率 城市规划[J]. 北京规划建设, 1994（4）: 39~42.

② 欧阳安蛟. 容积率影响地价的规律及修正系数确定法[J]. 经济地理, 1996, 16（1）: 97~101.

成本（MC）与边际收益（MR）相等时，容积率达到了最佳值，这时的土地集约利用水平最优。

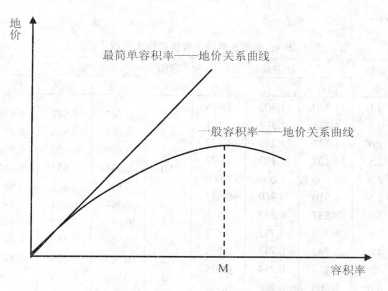

图 7-5　收益机制下容积率—地价变化曲线图

资料来源：欧阳安蛟. 容积率影响地价的规律及修正系数确定法[J]. 经济地理，1996（16）：97～101.

不仅如此，由于土地位置的固定性，容积率对地价的影响还会随区域的变化而变化。因此，目前我国使用最多的城镇地价评估方法——基准地价系数修正法中，根据《城镇土地估价规程》（GB/T 18508-2001），在对已公布的基准地价进行系数修正时，基本公式为：

$$R=R_{1b} \times (1 \pm \Sigma K_i) \times K_j \tag{7.4}$$

式中，R 为土地价格；R_{1b} 为某一用途土地在某一土地级别上的基准地价；ΣK_i 为宗地地价修正系数；K_j 为容积率、估价期日、土地使用年期等其他修正系数。其中的容积率是基准地价修正的重中之重，它的变化可导致地价成倍上升或下降。据上海虹桥经济开发区土地出让资料计算，容积率每提高 0.1，每平方米的地价将提高 43 美元。[①]
为此，许多城市专门编制了城市基准地价容积率修正系数表，如表 7-2
所示。[②]

表 7-2　北京市基准地价容积率修正系数（部分）

容积率	修正系数			容积率	修正系数		
	商业	综合	居住		商业	综合	居住
0.1	1.500	1.500	1.418	5.5	0.687	0.687	0.898
0.5	1.374	1.374	1.301	6.0	0.668	0.668	0.887
1.0	1.232	1.232	1.177	6.5	0.650	0.650	0.876
1.5	1.107	1.107	1.077	7.0	0.631	0.631	0.865
2.0	1.000	1.000	1.000	7.5	0.612	0.612	0.854
2.5	0.910	0.910	0.947	8.0	0.594	0.594	0.843
3.0	0.837	0.837	0.918	8.5	0.575	0.575	0.832
3.5	0.782	0.782	0.912	9.0	0.556	0.556	0.821
4.0	0.743	0.743	0.931	9.5	0.538	0.538	0.810
4.5	0.724	0.724	0.919	10	0.519	0.519	0.799
5.0	0.706	0.706	0.909				

资料来源：鲍振洪，李朝奎. 城市建筑容积率研究进展[J]. 地理科学进展，
2010（29）：396~402.

7.3.2.2　容积率的环境约束和社会利益约束性

容积率过高导致的环境质量问题已在前面表述，因此，我们在进
行地块开发时，既要保证土地资源得到充分合理的利用，同时又要避
免因过分注重经济效益对地块进行高强度开发而给周边环境带来负面
影响。据此，构成了对于土地开发强度的约束，也形成了极限容积率
的概念，即同时满足地块内部环境容量与外部环境容量的容积率区间。

约束一个地块及其周边土地的开发强度大小的因素有多种，其中
城市交通与基础设施容量是地块开发建设强度的重要限制性条件。容

---

① 欧阳安蛟. 容积率影响地价的规律及修正系数确定法[J]. 经济地理，1996，16（1）：97~101.
② 上海市房地产估价师协会. 在上海地区用基准地价系数修正法评估地价需谨慎[EB/OL].
[2003-08-13]. http://www.valuer.org.cn/info/info03-08-13.htm.

积率高会要求城市提供的基础设施容量大。建筑规模和建筑容量是确定城市基础设施供给量的基础。当城市基础设施按规划建成之后，其供给规模继续扩大时，基础设施运行将达到其供应的临界点，并引发一系列问题。[①]对于住宅区来说，过高容积率意味着高密度的居住人口，由此对住宅小区内的水电设备、健身场所、娱乐中心以及消防通道等形成较大压力。一方面，过高容积率降低了公共设施配套的应有标准；另一方面，高密度人口使公共设施利用过于频繁，势必加快其老化。[②]对于工业区来说，容积率过高会对城市的能源供应、电力供应以及用水供应产生过多的负荷，势必造成这些基础设施供应不足，反过来又会制约城市工业的发展。对商贸区来说，容积率过高同样会产生公共设施供应的不足，影响城市商贸业的发展。这里，基础设施的容量主要指给排水、供电、供气以及教育、医疗卫生、文化体育、商业服务、金融邮电、社区服务、市政公用和行政管理等公共设施的服务能力。但是交通与基础设施条件对地块的这种限制作用只是相对的、动态的，基础设施水平越高，对容积率的限制作用越小。同时基础设施的发展与开发强度的提升是一个循环上升的过程，基础设施水平的提升，放松了对开发强度的约束力，而开发强度的增大也会促进基础设施的改善，而且技术的发展、生活水平的提高，也会对基础设施的水平和内容提出新的要求，故而不宜作为最大容积率的约束条件。

　　阳光具有杀菌、消毒、保卫生的重要作用，与人们的身心健康息息相关，日照、通风、卫生及防灾等因素是约束开发强度的另一限制条件。因此，为了保证建筑物能有一个良好的室内外空间环境，既满足室内的日照、采光要求，又要保证室内人活动的安全性和通风卫生条件。同时，从建筑群体考虑，还要满足工程管线埋设和城市设计空间环境要求，我国建筑设计规范中规定了建筑物间消防间距和日照间距，其中住宅消防间距规定比较明确，多层建筑之间的消防间距为 6 米，低层、多层与高层住宅之间的间距为 9 米，高层之间的间距为 13

---

① 翟国强. 关于确定居住用地容积率的几点思考[J]. 规划师, 2006（12）: 74~76.
② 马明. 关于容积率的认识与思考[J]. 住宅科技, 2011（6）: 21~24.

米。关于日照间距，根据日照计算，我国大部分城市的日照间距约为 1.0~1.7 倍前排房屋高度。但不同的城市根据其环境条件会提出的不同的要求。例如：自 2009 年 3 月 1 日起施行《天津市城市规划管理技术规定》（天津市人民政府〔2009〕16 号）第一百二十四条对多、低层建筑与被遮挡居住建筑平行布置时的间距作出了如下规定：朝向为正南、南偏东或者南偏西小于等于 15 度的，与北侧居住建筑的计算间距不得小于多、低层建筑高度的 1.61 倍；属于旧区改建的，建设项目内的新建住宅计算间距不得小于多、低层建筑高度的 1.58 倍，且均不得小于 6 米；朝向为其他方向的，与被遮挡居住建筑的计算间距应当按照标准表不同方位间距折减系数换算。《上海市城市规划管理技术规定》中，除了保证空间质量和避免视线干扰，还提出了消防、日照、退界以外的住宅间距规定。按照朱晓光[①]推导出的保证住户日照、通风条件和必要的防灾、防震要求所对应的最高临界容积率公式如下：

$$FAR = n/(1+\frac{H\varepsilon}{b})(1+\frac{d}{L}) \qquad (7.5)$$

式中，n 为楼层数；H 为住宅的高度；ε 为房屋高距比；b 为住宅进深；d 为住宅侧向间距，一般为 0.4~0.5H；L 为住宅长度。显然，符合日照标准、建筑防火、防灾等技术规范的容积率的约束作用具有刚性特征。

此外，城市发展是一个历史的累积过程，在长期的发展过程中留下了无数历史建筑和区域，这些历史性建筑和地段不仅承担一些经济功能，更重要的是代表着城市或区域的历史、文化和传统的延续，其历史、文化、传统等价值远远大于其经济价值，保护这些建筑和地段是城市发展中义不容辞的责任,体现了城市可持续发展中的代际公平。因此必须通过对建筑密度、高度及绿化指标的控制来控制容积率，保护其原有的历史风貌，城市开放空间、历史文化建筑的保护成为容积率管制的重要部分。

7.3.2.3   城市管制中的政策容积率及其绩效

---

① 朱晓光. 控制性详细规划的指标确定[J]. 城市规划汇刊，1992（1）：31~37.

我国土地的稀缺性促使国家高度重视土地的集约利用，由此衍生出了政策容积率的概念。政策容积率是城市政府在城市管理中对于一定区域或地段的城市土地开发强度提出的密度控制指标，是政府用来实施城市的整体规划和控制城市未来走向的策略。政策容积率一般从两个角度规定容积率：一方面从保证国民经济和社会长远的发展不会被土地短缺所制约，为了满足可持续发展的要求，促进城市紧凑发展，政府结合特定的时空条件，对土地开发中规定的容积率下限，即最低容积率。另一方面，为了保护城市生态环境和社会环境，对土地开发制定的容积率上限。

对于制定容积率上限的情况，若土地利用者追求的经济容积率不超过城市出于生态环境或社会环境所制定的政策容积率时，对于容积率的管制则对开发商没有影响，这里管制没有意义；相反如果人为的管制，可能会由于这些地方的发展强度比市场要求的高度低，会扭曲城市资源的分配，导致地价与房价的攀升，建设用地总的建筑面积供给不足，促使地区建设用地外延式地扩张发展，造成土地和资本利用的浪费和低效率。[①] 但若土地利用者追求的经济容积率超过政策容积率时，则无法通过市场来实现其环境和社会的约束作用，需要通过规划控制其开发强度。

对于规定容积率下限的情况下，其目的是为了防止低密度的城市蔓延，减少土地的浪费，但通过行政管理的方式，可能难以实现其目标，显然不如通过价格杠杆的方式更加的直接、可行。如图 7-6 所示，F 代表行业平均利润，在整个曲线中，只有当容积率位于 A 点和 E 点之间时，开发商的收入才能大于开发商的投入，利润才能为正，但 AB 和 DE 之间的利润低于行业平均利润，开发商会因为利润低而不愿意进行项目开发。只有当容积率位于 BD 之间时，此时开发商的利润超过行业平均利润，开发行为才能变得可行。2000 年，李等人对1980~1995 年东京市实行容积率管制实施效果的分析也表明，最低容

---

① 丁成日. 城市密度及其形成机制：城市发展静态和动态模型[J]. 国外城市规划, 2005（4）：7~10.

积率限制对提高土地使用强度影响不大，有效途径是增加基础设施的
容量和质量。[①]

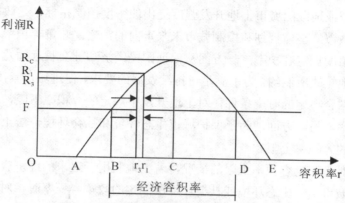

图7-6 容积率与开发商利润关系曲线图

资料来源：于成. 住宅开发项目容积率的三方博弈研究[D]. 西安：西安建筑
科技大学，2012：12.

7.3.3 容积率管制的方法和手段

对于容积率的管制除了限制其开发强度外，国外更多地采取奖励
制度。"容积率奖励"是土地开发管理部门对开发商提供的一种土地开
发政策激励，即在土地所有者提供一定公共空间或公益性设施的条件
下，对土地所有者给予一定的建筑面积奖励。采取的方式如：美国的
广场奖励制度（Plaza Bonus）、开发权转移或空权转移制度（Transfer of
Development Rights）和日本的综合设计制度等。

在美国，由于综合规划和城市设计都不具备法定约束力，因此对
于容积率的管制包含在区划条例中。对于容积率的控制按照土地用途
规定容积率指标。其中的广场奖励制度是美国纽约市在对其土地开发

---

① Myeconghun Lee，Loichi Ishizaka，Kenjiro Omura. Research on the Change of Floor Area and Floor Area Ration in 1980-95:A Case of Central 6 Wards in Tokyo[J]. 日本建筑学会计画论文集 Vol．No.535.2000：197-202.

分区控制制度的修改条例中创立的，旨在鼓励营造更多的适宜于市民休憩和散步的公共空间，从而改善城市环境的制度。具体方法是：对于一定区域范围内的各个土地开发建设项目，如果愿意在设计上尽量降低建筑覆盖率，并将节约的空地用于供广大市民自由享用的公共广场，则可以对该项目给予一定的容积率指标上的奖励。如图 7-7 所示，假设城市中一块用地面积为 12000 平方米的 D 地块，在容积率为 1.8 的规划许可条件下设计的 A 方案总建筑面积为 21600 平方米，如果开发商按照城市公共开放空间政策的奖励标准，增加了 E 面积（1200 平方米）的公共开放空间，则可以获得 C 面积（2400 平方米）的建筑面积奖励。这项制度主要针对城市中心高密度区的环境特点来设置的。与单纯的控制制度相比，该制度增加了土地开发者对开发开发模式的可选性，即这项制度是非强制性的。这一制度的实行，使得纽约尤其是在街道狭窄的下曼哈顿区（Lower Manhattan）为城市增加了更多的公共开敞活动空间，城市环境得到了显著的改善。

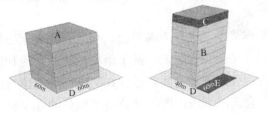

A-原规划许可建设状态；B-奖励后的许可建设状态；C-奖励部分的建筑空间；D-原规划所能提供的公共开放空间；E-所提供的公共开放空间

图 7-7　提供开放空间的容积率奖励示意

资料来源：许跃东. 旧城改造中居住用地容积率的确定方法研究[D]. 合肥：合肥工业大学，2012：45.

　　日本 1970 年在对《建筑基准法》的修改中设立了与纽约广场奖励制度类似的综合设计制度。具体内容也是对在其地块内愿意设置一定规模的对一般市民开放的"公开空地"的开发建设项目，根据其具体情况给予一定的容积率指标的奖励或放宽在建筑高度方面的限制。

1970 年至 1986 年，仅大阪和神户利用该优惠所新增的"公开空地"就达 200 多块，使土地资源有限的日本实现了土地的集约高效利用。①

容积率开发权转移制度最典型、最成功的应用实例是美国纽约市中央大车站（Grand Central Terminal）。建于 1919 年的中央大车站因其富有古典风格的建筑形式而成为纽约市的标志。然而，在 20 世纪 60 年代中期，业主从商业利益出发，希望利用其地块上未完全利用的容积率，在中央大车站的上部加建一座 55 层的办公楼，由此使得业主的商业利益与城市设计方面考虑的容积率发生矛盾。为此纽约市规划委员会于 1968 年修改了土地分区管制法规，在业主承诺对其地块上的标志性建筑进行良好的保护和维修保养的前提下，允许他将地块上未能充分利用的容积率转移到其持有的邻近地块上或转让给其他持有邻近地块的业主或开发商。这一措施不仅使中央大车站得以完整地保存下来，也使得业主的商业利益得到保障，还使得市政府不用为此而增加支出。符合开发商追求最大利益的要求，也兼顾了特殊、重要地段的规划管制要求。

国外容积率奖励制度作为调节公私利益、提高土地集约利用的一种政策性导则，是一种自愿的、基于市场机制的土地利用管理机制。政府以提供规定外的开放空间为条件来奖励额外的建筑面积，既满足了开发商对高利润的需求，同时又获得了额外的开发空间，从而有效解决了城市交通、生态保护、历史文化保护等问题。该手段主要用于城市中心区中有特殊要求的重要地段，如标志性建筑、历史建筑、独特的自然形态等区域，它在默认每块土地平等地拥有开发权的前提下，充分利用市场经济规律及其机制，将土地开发行为引向更适合土地发展的地区，达到在保护环境敏感区和历史文化保护等具有战略地位的土地，维护和改善城市环境目的的前提下，促进土地集约利用的目的，是值得我们借鉴和利用的方法。

目前，国内一些城市，如北京、上海、南京等，已对容积率奖励

---

① 运迎霞，吴静雯. 容积率奖励及开发权转让的国际比较[J]. 天津大学学报（社会科学版），2007（2）：181~185.

机制进行了初步的尝试。例如，上海中心城旧区在满足管理部门对开放空间技术规定基础上，给予相应的建筑面积奖励，如表 7-3 所示。其中，董家渡地区是上海旧区改造的重点，它西托老城厢，蕴含着丰富的历史文化内涵。在其更新开发中，政府采取容积率奖励机制，通过容积率转移、高容积率用地带动周边低密度旧区改造的办法，既实现了城市土地的集约利用，又较好解决了旧区改造和保护的问题。①

表 7-3　上海市容积率奖励标准规定

核定建筑容积率　FAR	奖励的建筑面积/平方米
FAR <2	1.0
4>FAR≥2	1.5
6>FAR≥4	2.0
FAR≥6	2.5

资料来源：运迎霞，吴静雯. 容积率奖励及开发权转让的国际比较[J]. 天津大学学报（社会科学版），2007（2）：181~185.

7.3.4　小结

综上所述，对于历史建筑、风貌地段、自然风景保护区，存在地质灾害地区等特殊地区进行城市开发强度的控制不仅是合理的也是必需的。但是对于一般的区域来说控制建设用地的开发强度可能会带来众多的负面效应，不利于建设用地的节约集约利用，因此建议：

第一，尽可能的减少容积率控制的区域，对于一般的区域，其建设在满足消防、日照、卫生等刚性条件下，应尽可能地通过市场价格杠杆调节其开发的强度。

第二，为优化城市功能与布局，保护历史文化遗产，适应工程地质条件和自然条件，考虑城市安全的需要，对于历史文化保护区、特色风貌保护区、风景名胜区、城市生态保护区、机场净空保护区等一些特殊区域，应当结合各类区域的特点，确定其控制容积率，并严格

---

① 运迎霞，吴静雯. 容积率奖励及开发权转让的国际比较[J]. 天津大学学报（社会科学版），2007（2）：181~185.

地执行。

第三，对容积率的管制应该利用市场手段，在开发建设活动的环境效益和经济效益之间寻找一个平衡点，这样在开发建设过程中追求环境效益的同时也保证了基本的经济效益。

7.4 用途管制与土地集约利用

土地用途管制是国家为了保证土地资源的社会效益和环境效益，通过编制土地利用规划、依法划定土地用途分区，规定土地使用限制条件，对土地利用的用途进行管制的一项强制性管理制度。土地用途管制制度的主要内容是土地用途分区。世界各国的分区管制包括排斥性分区、财政分区、功能分区等多种类型，我国土地用途分区类型主要是根据土地利用规划对土地进行功能分区，土地用途管制是保障建设用地总量控制的有效手段之一。

7.4.1 土地用途管制的必要性、含义及内容

耕地资源的保护、生态保护、发展公平性以及城市空间结构的优化，决定了我国实行土地用途管制制度。如前所述，耕地资源的稀缺性、生态用地的重要性决定了生态用地、耕地保护具有优先重要性，因此对农用地向建设用地、生态用地向建设用地的转换有了严格限制。另外，在城市建设用地开发和利用过程中，除了要考虑经济发展的需要，还要兼顾城市社会发展的公平性。其中，基本公共服务设施（如公共交通、卫生、医疗、教育等）是保证城市社会经济功能运行的基本前提条件，而住宅建设中的公共住房则满足了低收入人群的住宅需求，有利于保障住房的公平性。此外，城市内部为了避免一些企业的发展对于地区的发展产生负面效应，也会利用区划限制土地的用途。因此，基于耕地保护、生态保护的因素，我国对农用地、未利用地（含生态用地）向建设用地的转换实行严格管制；在城市内部，基于社会经济发展公平性，避免城市各类用地间发生干扰，对绿地、基础设施

等各类用地的用途也实行严格的管制。

　　土地用途管制是国外一些国家普遍采用的一种土地管理方式。土地用途管制在日本、美国、加拿大等国被称为"土地使用分区管制"，在英国被称为"土地规划许可制"，在法国、韩国等国被称为"建设开发许可制"，等等。尽管称谓有所不同，但其内容是基本一致的，即土地主管部门经过深入调研，采取科学方法规划土地用途，先把区内土地划分为各种使用区，再把使用区内土地逐宗编定为各种使用地，进而依法采取各种土地管制措施，利用有限的土地资源来满足社会经济发展的需要。[①]

　　从法学角度来讲，土地用途管制是国家为了对土地利用实行严格控制，设立的一项具有财产所有权性质的法律制度。[②]从经济学角度来讲，用途管制的必要性在于市场失灵使资源配置失衡，社会消费的公正原则遭到破坏，因此政府采取法制、行政、规章等手段，对土地利用活动所实施的管制。从管理学角度来讲，土地在公有制国家属于公共物品，土地用途管制是国家管理公共物品（土地）的重要措施，即政府为促进社会经济协调发展，采取各种方式对土地利用活动进行调节控制的过程。[③]

　　在 1998 年修订的《中华人民共和国土地管理法》（简称《土地管理法》）中，我国确立了土地用途管制制度，取代了之前的土地分级限额审批制。根据《土地管理法》第四条规定，"国家实行土地用途管制制度，国家编制土地利用总体规划，规定土地用途，将土地分为农用地、建设用地和未利用地，严格限制农用地转为建设用地，控制建设用地总量，对耕地实行特殊保护"，并规定"使用土地的单位和个人必须严格按照土地利用总体规划确定的用途使用土地"。由此可见，土地用途管制是依据《土地管理法》对土地利用总体规划所确定的土地用途实行强制性管理的制度。具体来说，土地用途管制是国家为了促进社会经济协调发展，保障土地资源合理利用，通过编制土地利用总体

① 程久苗. 试论土地用途管制[J]. 中国农村经济, 2000（7）：22~25, 30.
② 沈守愚. 浅议土地用途管制的有关法律问题[J]. 中国土地, 1998（1）：27~29.
③ 王万茂. 土地用途管制的实施及其效益的理性分析[J]. 中国土地科学, 1999（3）：9~12.

规划，划定土地用途区，确定土地利用的限制条件，土地所有者、使用者都必须严格按照规划确定的用途使用土地的制度。[1]除了对农用地、未利用地向建设用地转换实行严格限制外，我国对城市建设用地内部如工业用地、住宅用地、商业用地、公共用地的布局、规模、比例也有严格限制。

在我国，土地用途管制主要由土地利用规划、土地利用计划和土地用途变更管制组成。其中，土地利用规划主要以土地利用总体规划确定土地用途分区作为土地用途管制的基础；土地利用计划则是对近期或年度土地利用活动所进行的具体部署和安排，它是建设用地审批的直接依据；此外，土地用途变更管制是目前我国土地用途管制的核心，它以农用地转用审批为重点，由《土地管理法》《基本农田保护条例》等相关法律构成。[2]

土地用途管制的目标是：严格限制农用地转为建设用地，控制建设用地总量，严格保护耕地，确保耕地总量不减少；控制城市建设用地内部工业用地、住宅用地、商业用地、公共用地等功能用地的规模、比例和布局，严格限制各类功能用地的转换。土地用途管制的手段是编制土地利用总体规划，规定土地用途，划分土地利用区，实行分区管制。具体来说，将土地分为农用地、建设用地和未利用地，城市建设用地内部则分为工业用地、商业用地、住宅用地、公共用地等；与此同时，制订土地利用年度计划，实施农用地转用审批制度。此外，在各土地利用区内制定土地使用规则，限制土地用途。[3]

土地用途管制的客体是已确定用途、数量、质量和位置的土地。用途管制的内容则不仅包括土地利用方向和土地用途转用，还包括对土地利用程度和效益的管制。[4]土地用途管制的内容如表7-4所示。

① 周建晶. 对土地用途管制下农地非法流转现象的理性思考[J]. 安徽农学通报，2010，16（19）：1~2，14.

② 袁枫朝，严金明，燕新程. 管理视角下我国土地用途管制缺陷及对策[J]. 广西社会科学，2008（11）：58~61.

③ 王万茂. 土地用途管制的实施及其效益的理性分析[J]. 中国土地科学，1999（3）：9~12.

④ 程久苗. 试论土地用途管制[J]. 中国农村经济，2000（7）：22~25，30.

表 7-4　土地用途管制内容

内　容	途　径	目　标
土地利用方向管制	划分土地用途区、确定土地使用条件、土地登记、土地监察等	按规划确定的用途利用土地
土地用途转用管制	按程序申请、报批；建立土地利用规划许可制、建筑许可制、农用地转用许可制等	满足土地利用结构调整及社会经济发展、市场需求等
土地利用程度管制	挖掘原有建设用地利用潜力；进行土地整理、土地复垦和土地开发	提高土地集约利用率
土地利用效益管制	对土地的社会、经济、生态效益进行分析、评估与管制	土地利用综合效益最优化

资料来源：程久苗. 试论土地用途管制[J]. 中国农村经济，2000（7）：22~25，30.

7.4.2　土地用途管制促进土地集约利用的机理

土地用途管制促进了建设用地的节约集约利用。

王万茂的研究提出，在实施土地用途管制后，建设用地的供给、需求以及地价均有明显影响。[1]如图 7-8 所示，D_0D_0 为建设用地的需求曲线，未经管制的建设用地供给曲线为 S_0S_0。当实施土地用途管制后，建设用地供给为 $L_1^xS_1^x$，即在一定时期保持一定水平不变。在未实施用途管制时，建设用地价格为 P_0；而在 $L_1^xS_1^x$ 的供给量下，当建设用地需求量增加至 D_1D_1 时，建设用地价格升为 P_1^x，而未实施用途管制下建设用地价格仅为 P_1。因此，土地用途控制带来建设用地的价格上升效应。建设用地价格的上升使得资本、劳动等要素成本相对下降，经济主体不断加强资本、劳动等要素投入，从而在既定规模用地上带来更多的产值，带来土地的集约利用效应。

---

[1] 王万茂. 土地用途管制的实施及其效益的理性分析[J]. 中国土地科学，1999（3）：9~12.

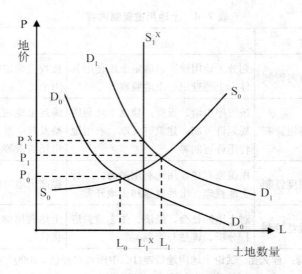

图7-8 用途管制下的土地供给与需求

资料来源：王万茂. 土地用途管制的实施及其效益的理性分析[J]. 中国土地科学，1999（3）：9~12.

图 7-8 也可以用来解释建设用地内部各功能用地的节约集约利用，即以 D_0D_0 来代表商业用地的的需求曲线，而 S_0S_0 代表未经管制的商业用地供给曲线。对商业用地与其他功能用地实施用途管制之后，商业用地的供给曲线变为 $L_1^xS_1^x$，即商业用地供给量在一定时期内保持不变。在未实施用途管制时，建设用地价格为 P_0；而在 $L_1^xS_1^x$ 的供给量下，当商业用地需求量增加至 D_1D_1 时，商业用地价格升为 P_1^x，而未实施用途管制下商业用地价格仅为 P_1。相应的，用途控制带来商业用地的价格上升效应。类似于建设用地，商业用地价格的上升也会使其他要素如资本、劳动、技术等相对成本下降，商业用地经营主体不断加大其他要素投入，既定用地规模上商业产出增加，由此也带来土地集约利用效应。

7.4.3   我国土地用途管制的绩效评价

从国外实施土地用途管制的实践来看，土地用途管制对于控制城市无序蔓延、保护农地、保障合理的开敞空间具有显著效果。通过规定城市边界内外的用途，城市边界之外的农地、绿地、园林等得以完好的保留下来，而城市内部则是高密度的开发地带，从而促使城市土地利用更为集约。此外，在城市内部，通过对生态用地、历史文化遗迹等用途区实施严格管制和保护，有利于为城市保留合理的绿地、历史文化区；另一方面，在工业用地、住宅用地、商业用地等功能用地之间实行严格的分区，或对混合功能区加以严格的用途约束，并以容积率、开发权转移等方式调节其开发强度，不仅有利于城市土地的集约利用，而且有利于城市空间布局的优化。

对于我国土地用途管制政策的实践，可分别从时间维度、空间维度、土地管制政策与社会经济发展水平的协调度来评价。从时间维度来看，我国土地用途管制绩效在短期内效果显著，长期内效果逐渐减弱，这说明土地用途管制的长效机制尚需完善，如土地法规的完善、规划协调性的提高等。从空间维度来看，管制制度绩效评价好的省份大部分属于粮食主产区，而执行效果相对较差的省份基本上都是粮食主销区，这一方面表明我国严格的耕地保护制度确实发挥了效应，另一方面也反映出土地管制政策执行的区域性差异。从土地政策与社会经济发展的协调度的来看，许多经济滞后的省份在政策执行强度提高的条件下，地区的社会经济发展水平显著落后于政策执行的效果，导致协调度指数大幅下降；对于经济发达地区，在强化土地管制政策的条件下，多数地区达到了高度协调水平。这种土地管制政策与社会经济水平的协调度的区域性差异，不利于土地管制政策的有效实施以及社会经济的可持续发展。①

---

① 曹瑞芬，蔡银莺，张安录，张雄. 中国土地用途管制绩效的时空差异性分析[J]. 资源科学，2013（6）：1125~1133.

第8章 结 论

本书通过对于土地市场机制和计划机制中土地资源配置机理的研究，得出以下主要结论：

（1）建设用地节约是指土地使用者因生产和生活的需要，在利用土地的过程中，节省或限制使用土地，避免或者减少浪费土地的一种土地利用方式。建设用地节约利用主要体现在对新增土地量的控制上，但也涉及对建设用地存量土地的复垦，将建设用地变为非建设用地。节约用地不仅在于尽可能地减少土地占用量，也包括尽量少占或不占耕地（尤其是优质耕地）。节约的本质是在经济社会运行中对资源需求进行减量化，即在生产、流通、分配、消费的各个环节中以最少的消耗创造更多的社会财富，获得最大的经济和社会效益，从而实现社会经济的可持续的发展。因此，建设用地节约的意义不仅在于少利用土地资源，更在于发展和增效。节约是提高劳动等要素生产率的重要措施。

（2）建设用地集约利用与粗放利用相对，它是以提高土地的容积率为基本途径，通过用地结构的合理配置、要素（资本、技术、人力）投入的增加，来达到提高土地的利用效率、增加经济效益的目的，是一种土地开发经营和利用管理模式。建设用地集约利用是一个动态发展的概念和过程。建设用地利用最佳集约度不是一个僵化的和固定数量的概念。研究土地集约利用，必须关注区位的研究。不应该简单地用同样的指标、同样的合理值来确定土地是否达到了集约利用。由于建设用地外部性的特点，建设用地的集约性不仅可以来源于集约要素的直接投入，也有可能形成于集约要素的间接性投入。

（3）建设用地集约利用与节约利用之间存在既相互联系又互相独

立的关系。两者之间的主要区别体现在四个方面：首先，节约用地是针对节省土地的"用地量"而言的，侧重的是用地的效果；而集约利用关注的是土地利用效率和经济效率的提高，侧重的是土地利用的方式。其次，节约是针对浪费而言，集约是针对粗放而言。因此，在建设利用过程中，节约利用的目标体现在以减量化的土地资源投入，产生尽可能多的经济、社会效益，获得土地资源利用的高效率。集约利用的目标体现为集中资本、劳动力等生产力要素，使单位面积的城市土地产出最大。再次，节约利用以理性确定城市范围为前提，集约利用以城市土地结构和布局合理化为前提。最后，集约用地重在提高存量用地的利用效率，建设用地节约利用重在增量土地的控制和利用上。建设用地集约利用与节约利用两者的联系在于，集约用地是节约用地的基础。

（4）对于建设用地节约水平的衡量，可以用城乡建设用地人口密度来反映一个区域节约用地状况的核心指标，用单位人口增长消耗新增城乡建设用地量、单位地区生产总值耗地下降率反映基准年后区域节约用地工作的成效。对建设用地集约利用评价的指标可以从集约利用的水平和集约利用的合理度两个方面来考察。其中，对集约利用水平又可以从对土地投入和土地产出效益两个角度来测度，对集约利用的合理度可以从土地利用结构合理度、土地利用布局合理度、土地后备资源供应量等方面来测度。

（5）建设用地供给是土地利用的一种用地类型，属于土地经济供给中的一部分。建设用地的供给主要受土地自然供给量、建设条件、技术发展水平、农业发展水平和政策因素的影响。建设用地的需求是一种引致需求或者说是一种派生需求，可以分为作为生产要素的土地需求、作为投资的土地需求和混合性土地需求三种。由于房地产空间的不可移动性，决定了建设用地需求具有地区性强的特点，建设用地市场基本上是一个地方市场。

（6）建设用地的地租是居民和厂商为了建筑住宅、工厂、商店、银行等建筑物和构筑物，租用建设用地而交付给土地所有者的地租。与农业地租相比，建设用地地租来源于平均利润形成之前的扣除，其形成更多地依赖于社会条件，往往与其地上的构筑物和建筑物租金融为一体，难以分割。农业地租是建设用地绝对地租的基础，建设用地级差地租 I 不表现为土地肥力的大小，而表现为所处区位的差异，建设用地的级差地租 II，追加投资的土地收益变化既可能存在土地投入与土地收益地块相一致的情况，也可能出现土地投入与土地收益地块不一致的情况。

（7）建设用地是一种特殊的商品，其价格形式和本质有着与一般商品价格不同的特点。建设用地的价格是为购买建设用地而支付的用货币表示的交换价值，它一般包含土地物质价格和土地资本价格两个部分。由于土地的自然供给数量有限，建设用地价格主要由需求量所决定，价格变动主要受需求因素变动的影响。建设用地的土地价格具有唯一性，一块土地一个价格，且差别较大。而且，随着区域社会经济发展和基础设施的不断完善，建设用地不仅没有折旧现象，而且一般会逐渐升高。

（8）建设用地的价格在土地资源的配置中主要发挥三种作用：一是传递信息，引导土地资源的供应者和使用者决定土地资源的供应量和使用量；二是调节供需矛盾，实现建设用地资源的供需平衡；三是决定资源的分配结构和规模，促使要素流入能够发挥最大效能的使用者手中。同时，由土地价格决定的土地资源的用途配置，使整个社会对要素的使用效率得以提高，区域建设用地的整体效益最大化。构成建设用地价格的绝对地租和级差地租在建设用地资源的配置中分别发挥着不同的作用。绝对地租促使建设用地高度集约利用；级差地租调节建设用地的合理布局，从级差地租 I 到级差地租 II 的过程是土地利用从粗放到集约的过程。

（9）市场竞争中主要可以通过三种路径实现建设用地的节约集约利用：一是在非土地要素一种可变投入下，通过不断增加非土地要素，使得可变投入和不变投入的比例接近最佳比例，提高单位土地上的产出效率，这可以视为获取建设用地级差地租 II 的过程，也是对存量土地的挖潜；二是在两种可变投入条件下，通过要素间的替代效应，增强土地的开发强度，提高土地的经济供给量，由土地要素与非土地要素的价格比率关系决定土地的开发利用强度；三是从低效益用途向高效益用途转换，由较不稀缺的用途转换为严重稀缺的用途，这样伴随着用途转换实际上是土地经济供给潜力，即级差效益的挖潜过程。

（10）由最高竞标地租曲线构成的市场均衡地租曲线，实际上也就是各种用地的集约边际曲线，它既反映了城市土地利用的空间分布结构，也反映了城市土地集约利用的程度。在城市土地均衡地租被确定的同时，城市土地的利用结构和集约利用的程度也同时被确定下来。在完全竞争的条件下，市场均衡租金曲线与农业用地竞标地租曲线的交点，决定了城市建设用地规模，因此，在均衡竞标地租确定的同时，城市土地利用结构、城市土地利用集约程度和建设用地的规模被同时确定下来。

（11）在土地投入规模可变、土地利用技术可控的短期内，加大土地供给面积确实可以加快经济的增长速度；从长期来看，决定经济总产出增长率的不是土地供给数量而是土地的利用效率水平，在土地规模存在极值的情形下，我们如果想保持经济的长期快速可持续发展，就应该致力于优化资源配置，提高土地的利用效率。从对土地弹性的分析来看，经济增长对土地的依赖性越大，经济的长期增长率就会越低。随着经济的不断发展，城镇化进程的加快，人类可以利用的土地资源越来越少，这就迫使经济发展方式由粗放向集约转变。

（12）城市产业结构与城市土地利用结构是一个事物的两个方面，产业结构的合理化和高级化必定会促进城市土地结构的高级化，使得城市集约利用水平提高，商业和办公楼的用地面积会随着城市第三产业比重的上升而不断上升，而工业用地会不断地被排挤到城市中心地区以外空间，其用地比重也会不断下降。与此同时，城市土地利用结构的优化也为城市产业结构的优化提供基础。

（13）居住用地是城市建设用地的重要组成部分，其节约集约利用水平对整个城市节约集约利用具有重大影响，城市人均居住用地的面积与城市规模成反比，同时随着城市规模的扩大，城市功能增加，职能多样化，城市居住用地在城市建设用地中的比例下降。当居民家庭由于城市产业技术进步、管理水平提高等原因，获得更高的收入水平时，相应的土地集约利用水平呈下降的趋势。基于土地需求是引致需求的思路，房价上涨直接引领地价上涨，房价上涨是引起地价上涨的原因，由地价上涨会提升土地节约集约利用的水平。

（14）伴随着城市空间的不断扩展，城市原有已开发土地的地租水平不断提高，在土地地租与土地资本密度正相关关系规律的作用下，部分已开发建设用地将被重新开发以获取更高的收益。城市建设用地再开发需要满足的条件是：再开发后的建设用地收益大于再开发前的建设用地收益加上再开发所需要的成本，建设用地再开发的强度取决于其地租水平。城市建设用地再开发最直接地表现为原有建设用地开发强度的提高，包括容积率、建筑密度和建筑高度等方面，这意味着城市土地经济供给量的增加。

（15）建设用地的节约集约利用存在着一个合理的限度，过度的土地节约集约利用将可能造成要素投入的不经济，带来区域社会效益与环境效益的下降，不利于城市与区域的可持续发展。节约集约利用土地，不是寻找最高集约度，而是要寻找最优集约度或最佳集约度，即如何使建设用地的经济效益与区域环境效益和社会效益都能够同时得到提高。把建设用地节约集约的程度作为衡量一个国家和地区土地配置合理的核心指标，势必会导致社会效益和生态环境效益损失，造成全社会福利的损失。

（16）一方面，科学发展中的人本思想摈弃了以往土地利用中经济利益最大化片面性，实现科学的节约集约，在土地减量化使用、经济集约化的基础上更为注重土地的社会效益和生态效益，以经济发展、社会民生发展、生态环境保护的协调均衡发展，促进建设用地经济、社会、生态效益的全面发展。另一方面，科学发展强调建设用地利用的区域统筹，促进城乡建设用地、区域建设用地空间布局更为合理。具体的有四大基本目标，一是安全性目标，即土地资源的配置要切实保障人民生活用地安全、经济社会发展用地安全以及生态与环境用地安全；二是高效性目标，即土地资源配置要有利于土地资源的高效利用、有利于节约利用和集约利用发展方式的形成，这就需要从区域社会经济整体发展最大化的角度做好区域发展的结构效率问题；三是公平性目标，要促进社会公平性的维护；四是可持续性目标，即土地资源配置要以自然系统的承载能力为基础，要维护好代际用地，以及附加在用地上的社会经济发展资源的公平等。

（17）生态安全是可持续发展的基石，土地生态安全是生态安全的核心基础，是土地生态环境良性发展的立足之本。将生态安全作为土地利用规划以及土地资源配置的前提和目标是实现区域土地资源可持续利用的有效途径。生态红线的强制性从数量上构成了建设用地自然供给的上限，绿环、绿楔、河流等绿色生态体系布局将从空间上约束建设用地的分布格局。生态承载力的约束体现了生态系统的价值，也表明了土地经济供给的最大值，建设用地的开发利用必须控制在生态系统的承载能力之内。

（18）按照城乡统筹的要求对于土地资源配置，是以提高城乡经济社会组织化程度为核心，根据土地质量特性及区位特征，全方位统筹安排农用地和建设用地、城市居民点用地和乡村居民点建设用地的结构和布局。其中，农业生产的耕地保护对建设用地规模与布局形成一种约束，提高农村居民点用地的节约集约水平，并将农村用地节约与城市建设用地的增加相结合是提高建设用地节约集约利用水平的有效途径，也是维护耕地安全的保障。

（19）可持续土地利用中，重点要把握好两个方面的问题：一方面，以代际公平为原则的土地可持续利用，要求土地的利用要控制在资源环境的生态承载力内，这实际上也就约束了建设用地开发利用的集约度；另一方面，可持续发展强调后代人与当代人有享有同等利用资源的权利，这种资源不仅仅限于自然资源，还包括历史、文化等各类资源，土地资源的利用中历史文化的保护是其要考虑的重要问题之一。显然，对于历史文化遗产的保护限制了土地的再开发利用，约束了建设用地的经济供给。

（20）实现土地资源配置的综合效益最大化不仅要求集约度的不断上升，还需要以合理的土地利用结构做基础，而且随着城市的发展，城市产业结构的高级化，城市用地结构也需要高级化。建设用地结构的合理化表现在生产用地与生活用地、生产用地内部结构和生活用地内部结构的比例协调。建设用地的配置中还需要关注为中低收入居民提供社会保障用地及相关配套设施的建设用地。

（21）基于科学发展观的建设用地节约集约利用的临界点应该是：在以人为本，全面、协调、可持续发展的统领下，在生态环境、保护耕地、可持续代际利用约束下，以合理的用地结构为基础的建设用地节约集约度的最大化。

（22）计划和市场是资源配置的两种方式，市场机制本质上是一种着眼于提高经济效率的机制，充分发挥市场机制可以使既有土地产生最大的净产出，市场在土地资源配置中的决定性作用。但是由于市场失灵和政府失灵的存在，政府在土地资源配置中应该把握好以下的原则：一是只管那些市场机制作用所不及的、难以运作好的方面，发挥弥补市场失灵和克服市场缺陷的作用；二是按照市场经济的本质要求，遵循价值规律、供求规律来进行土地的规划管理，包括决定供应土地的数量、时机、土地出让权的方式和价格等；三是制定市场规则和维护市场秩序。土地资源的配置最终需要将市场这只"无形的手"与计划这只"有形的手"结合起来，通过协调分工来实现土地资源利用综合效益的最大化。

（23）对于土地资源配置中的控制是必要的，然而目前我国规划也存在控制内容过宽和过泛的现象。由于随着分工的不断细化，现代城市发展的问题日益复杂，社会经济发展变化多端，不确定性增加，任何高明的规划师和政府都不可能完全掌握城市社会经济发展以及土地供需变化的信息，不能准确预测未来城市发展的走势，也就很难编制出"科学"的规划来实现土地资源的优化配置，这是计划经济的特点所决定的，靠增加规划的"弹性"来提高规划对于市场经济的适应度，既影响了规划法律的严肃性，也削弱了规划约束性和引导性的作用。城市规划和土地规划的改革应该减少规划的内容，加强规划的刚性约束条件的研究，让土地资源的配置在保障城市生态效益和社会效益的前提下，由市场来决定资源的配置。

（24）我国建设用地总量控制制度十分必要，而且有利于土地节约集约利用，有利于耕地保护和生态环境，但是如何将这一制度加以很好的落实还需要更多的研究，借鉴国际上的成功经验。正确的划定建设用地的边界和范围是贯彻落实建设用地总量控制的基础，但是落实这一制度仅靠行政措施是不够的，还需要相关的政策配套，引入市场机制。

（25）对于历史建筑、风貌地段、自然风景保护区，存在地质灾害地区等特殊地区进行城市开发强度的控制不仅是合理的也是必需的。但是对于一般的区域来说控制建设用地的开发强度可能会带来众多的负面效应，不利于建设用地的节约集约利用，因此建议尽可能减少容积率控制的区域。对于一般的区域，其建设在满足消防、日照、卫生等刚性条件下，应尽可能通过市场价格杠杆调节其开发的强度。对容积率的管制也应该利用市场手段，在开发建设活动的环境效益和经济效益之间寻找一个平衡点，这样在开发建设过程中追求环境效益的同时也保证了基本的经济效益。

参 考 文 献

1.英文文献

[1] Alterman Rachelle. The Challenge of Farmland Preservation: Lessons from a Six-nation Comparison [J]. Journal of the American Planning Association, 1997 (63): 220-243.

[2] Brain J. L. Berry. Internal Structure of the City [J]. Law and Contemporary Problems, 1965, 30 (1): 111-119.

[3] Christopher J. Mayera, C. Tsuriel Somervilleb. Residential Construction: Using the Urban Growth Model to Estimate Housing Supply [J]. Journal of Urban Economics, 2000 (1): 85–109.

[4] Christopher J. Mayera, C. Tsuriel Somerville. Land Use Regulation and New Construction [J]. Regional Science and Urban Economics, 2000 (6): 639–662.

[5] Deng Xiangzheng, Huang Jikun, Rozelle Scott, Uchida Emi. Cultivated Land Conversion and Potential Agricultural Productivity in China [J]. Land Use Policy, 2006 (23): 372-384.

[6] Dennis R. Capozza, Robert W. Helsley. The Fundamentals of Land Prices and Urban Growth [J]. Journal of Urban Economics, 1982 (3): 295–306.

[7] Ding Chengri. Land Policy Reform in China: Assessment and Prospects [J]. Land Use Policy, 2003 (20): 109-120.

[8] Esteban Rossi-Hansberg. Optimal Urban Land Use and Zoning [J]. Review of Economic Dynamics, 2004, 7 (1): 69–106.

[9] Fischel William A. The Urbanization of Agricultural Land: A Review of the National Agricultural Lands Study [J]. Land Economics, 1982, 58（2）: 236-259.

[10] Gardner B. Delworth. The Economics of Agricultural Land Preservation [J]. American Journal of Agricultural Economics, 1977, 59（5）: 1027-1036.

[11] Guo Xiaolin. Land Expropriation and Rural Conflicts in China [J]. The China Quarterly, 2001: 422-439.

[12] Harvey, D. The Urban Process under Capitalism: A Framework for Analysis [J]. International Journal of Urban and Regional Research, 1978（2）: 101–131.

[13] Kuminoff Nicolai V., Sokolow Alvin D., Sumner Daniel A. Farmland Conversion: Perceptions and Realities [J]. Agricultural Issues Center, 2001（16）: 1-8.

[14] Liang Like, Chang Jiang, Wu Ci-fang, Borchard K. A Study on Land System Innovations in the Construction of Small Towns in China [J]. Chinese Geographical Science, 2002, 12（1）: 80-85.

[15] Lin George C. S., Ho Samuel P. S. China's Land Resources and Land-use Change: Insights from the 1996 Land Survey [J]. Land Use Policy, 2003（20）: 87-107.

[16] Michael P. Devereuxa, Rachel Griffithb, Helen Simpsonc. Firm Location Decisions, Regional Grants and Agglomeration Externalities [J]. Journal of Urban Economics, 2007（3-4）: 413–435.

[17] Neil Smith. Toward a Theory of Gentrification: A Back to the City Movement by Capital, not People [J]. Journal of the American Planning Association, 1979, 45（4）: 538-548.

[18] Paul van de Coeveringa, Tim Schwanenb. Re-evaluating the Impact of Urban Form on Travel Patternsin Europe and North-America [J]. Transport Policy, 2006（3）: 229–239.

[19] Peter F. Colwella, Henry J. Munnekeb. The Structure of Urban

Land Prices [J]. Journal of Urban Economics, 1997 (3): 321–336.

[20] Plaut Thomas R. Urban Expansion and the Loss of Farmland in the United States: Implications for the Future [J]. American Journal of Agricultural Economics, 1980, 62 (3): 537-542.

[21] Qu Futian, Heerink Nico, Wang Wanmao. Land Administration Reform in China: Its Impact on Land Allocation and Economic Development [J]. Land Use Policy, 1995, 12 (3): 193-203.

[22] Robert E. Lucas Jr. Externalities and Cities [J]. Review of Economic Dynamics, 2001, 4 (2): 245–274.

[23] Roberto Camagnia, Maria Cristina Gibellib, Paolo Rigamontic. Urban Mobility and Urban Form: the Social and Environmental Costs of Different Patterns of Urban Expansion [J]. Ecological Economics, 2002 (2): 199–216.

[24] Seto Karen C., Kaufmann Robert K. Modeling the Drivers of Urban Land Use Change in the Pearl River Delta——China: Integrating Remote Sensing with Socioeconomic Data [J]. Land Economics, 2003, 79 (1): 106-121.

[25] Skinner Mark W., KuhnRichard G., Joseph Alun E. Agricultural Land Protection in China: a Case Study of Local Governance in Zhejiang Province [J]. Land Use Policy, 2001 (18): 329-340.

[26] Stuart S. Rosenthal, Robert W. Helsley. Redevelopment and the Urban Land Price Gradient [J]. Journal of Urban Economics, 1994 (2): 182–200.

[27] Vibhooti Shukla, Paul Waddell. Firm Location and Land Use in Discrete Urban Space: A Study of the Spatial Structure of Dallas-Fort Worth [J]. Regional Science and Urban Economics, 1991 (2): 225–253.

[28] Wei Yehua. Urban Land Use Transformation and Determinants of Urban Land Use Size in China [J]. GeoJournal, 1993, 30(4): 435-440.

[29] William C. Wheaton. Urban Residential Growth under Perfect Foresight [J]. Journal of Urban Economics, 1982 (1): 1-12.

[30] William J. Stull．Land Use and Zoning in an Urban Economy [J]．The American Economic Review，1974，64（3）：337-347．

[31] Yan Yan，Zhao Jingzhu，Deng Hongbing，Luo Qishan．Predicting China's Cultivated Land Resources and Supporting Capacity in the Twenty-first Century [J]．International Journal of Sustainable Development & World Ecology，2006（13）：229-241．

[32] Yang Hong，Li Xiubin．Cultivated Land and Food Supply in China[J]．Land Use Policy，2000（17）：73-88．

[33] Yeates，M. H. Some Factors Affecting the Spatial Distribution of Chicago Land Values：1910–1960 [J]．Economic Geography，1965，41（1）：57-70．

[34] Zhang Tingwei．Land Market Forces and Government's Role in Sprawl the Case of China[J]．Cities，2000（2）：123-135．

2.中文文献

[1] 大卫•李嘉图著．政治经济学及赋税原理[M]．郭大力，王亚南，译．北京：商务印书馆，2013．

[2] 丹尼尔•W. 布罗姆利著．经济利益与经济制度——公共政策的理论的基础[M]．陈郁，郭宇峰，汪春，译．上海：上海三联书店，2006．

[3] 道格拉斯•C. 诺斯著．经济史中的结构与变迁[M]．陈郁，罗华平，译．上海：上海人民出版社，1994．

[4] G. 阿尔伯斯著．城市规划理论与实践概论[M]．吴唯佳，译．北京：科学出版社，2000．

[5] 杰克•哈维，厄尼•乔赛著．城市土地经济学（第6版）[M]．夏业良，译．福州：福建人民出版社，2012．

[6] 理查德•T. 伊利，爱德华•W. 莫尔豪斯著．土地经济学原理[M]．滕维藻，译．北京：商务印书馆，1982．

[7] 罗伯特•D. 亚罗，托尼•西斯著．危机挑战区域发展：纽约、

新泽西、康涅狄格三州大都市区第三次区域规划[M]．蔡瀛，徐永健，译．北京：商务印书馆，2010．

[8] 罗莎琳德•格林斯坦，耶西姆•松古-埃耶尔马兹著．循环城市：城市土地利用与再利用[M]．丁成日，周扬，孙芮，译．北京：商务印书馆，2007．

[9] M. 歌德伯戈，P. 钦洛依著．城市土地经济学[M]．国家土地管理局科技宣教司，译．北京：中国人民大学出版社，1990．

[10] 马克思著．资本论（第 1 卷）[M]．中共中央马克思恩格斯列宁斯大林著作编译局，译．北京：人民出版社，2004．

[11] 马克思著．资本论（第 3 卷）[M]．中共中央马克思恩格斯列宁斯大林著作编译局，译．北京：人民出版社，2004．

[12] 迈克尔•詹克斯，伊丽莎白•波顿等著．紧缩城市———一种可持续发展的城市形态[M]．周玉鹏，龙洋，楚先锋，译．北京：中国建筑工业出版社，2004．

[13] 斯皮罗•科斯托夫著．城市的形成：历史进程中城市的模式和城市的意义[M]．单皓，译．北京：中国建筑工业出版社，2005．

[14] 特里•S. 索尔德，阿曼多•卡伯内尔著．理性增长：形式与后果[M]．丁成日等，译．北京：商务印书馆，2007．

[15] 威廉•阿朗索著．区位和土地利用——地租的一般理论[M]．梁进社，李平，王大伟，译．北京：商务印书馆，2007．

[16] 野口悠纪雄著．土地经济学（第 1 版）[M]．汪斌，译．北京：商务印书馆，1997．

[17] 约翰•冯•杜能著．孤立国同农业与国民经济的关系[M]．吴衡康，译．北京：商务印书馆，1986．

[18] 约翰•M. 利维著．现代城市规划[M]．张景秋，译．北京：中国人民大学出版社，2003．

[19] 毕宝德．土地经济学（第 5 版）[M]．北京：中国人民大学出版社，2006．

[20] 陈明．农地产权制度创新与农民土地财产权利保护[M]．武汉：湖北人民出版社，2006．

[21] 丁成日．城市空间规划：理论方法与实践[M]．北京：高等教育出版社，2007．

[22] 丁成日．城市经济与城市政策[M]．北京：商务印书馆，2008．

[23] 丁成日．城市增长与对策：国际视角与中国发展[M]．北京：高等教育出版社，2009．

[24] 韩冰华．农地资源合理配置的制度经济学分析[M]．北京：中国农业出版社，2005．

[25] 何芳．城市土地集约利用及其潜力评价[M]．上海：同济大学出版社，2003．

[26] 蒋殿春．高级微观经济学[M]．北京：经济管理出版社，2006．

[27] 林坚．中国城乡建设用地增长研究[M]．北京：商务印书馆，2009．

[28] 刘荣增等．中国城乡统筹：城市增长管理视角[M]．北京：科学出版社，2013．

[29] 马克伟．土地大辞典[M]．长春：长春出版社．1991．

[30] 孙文盛．节约集约用地知识读本[M]．北京：中国大地出版社，2006．

[31] 徐霞．城市土地集约利用经济学分析[M]．北京：化学工业出版社，2012．

[32] 钟水映，李魁．中国工业化和城市化过程中的农地非农化[M]．济南：山东人民出版社，2009．

[33] 周诚．土地经济学原理[M]．北京：商务印书馆，2003．

[34] 周京奎．城市土地经济学[M]．北京：北京大学出版社，2007．

[35] 毕凌岚，黄光宇．对现行城市土地利用规划的生态反思[J]．城市规划汇刊，2003（5）：52~58．

[36] 曹秋实．城市土地的集约利用与可持续利用之关系[J]．国土资源，2009（7）：54~55．

[37] 曹银贵，袁春等．基于主成分分析的全国建设用地集约度评价[J]．生态环境，2008（4）：1657~1661．

[38] 曾晖，朱永明等．城镇用地潜力研究[J]．河北农业大学学报，

2002（4）：116~121.

[39] 陈擎，汪耀兵．低碳化视角下的城市土地利用研究[J]．当代经济，2010（20）：88~89.

[40] 陈双．美国促进建设用地集约利用政策之启示[J]．湖北大学学报（哲学社会科学版），2006（6）：742~745.

[41] 陈祖开．现代化国际城市建设与土地经营机制研究[J]．城市开发，2004（16）：67~71.

[42] 程佳，孔祥斌，赵晶等．基于主体功能区的大都市区域建设用地集约利用评价——以北京市为例[J]．中国农业大学学报，2013（6）：207~215.

[43] 范辉，刘卫东，周颖．基于结构—功能关系的城市土地集约利用评价——以武汉市中心城区为例[J]．经济地理，2013（10）：145~150，187.

[44] 冯科，吴次芳，韦仕川等．城市增长边界的理论探讨与应用[J]．经济地理，2008（3）：425~429.

[45] 冯科，郑娟尔等．GIS 和 PSR 框架下城市土地集约利用空间差异的实证研究——以浙江省为例[J]．经济地理，2007（5）：811~814.

[46] 高进田．可持续发展理念下的城市土地利用合理调控[J]．中国发展，2003（2）：36~39.

[47] 郭艳红，李红兵，孙文彪等．城乡统筹视角下城市土地集约利用评价研究——以山东省胶南市为例[J]．城市发展研究，2011（11）：1~4.

[48] 何芳，魏静．城市化与城市土地集约利用[J]．中国土地，2001（3）：24~26.

[49] 洪增林，薛惠锋．城市土地集约利用潜力评价指标体系[J]．地球科学与环境学报，2006（1）：106~110.

[50] 黄继辉，张绍良等．城市土地节约利用与集约利用概念辨析[J]．国土资源导刊，2006（6）：17~19.

[51] 黄继辉，张绍良，侯湖平．城市土地集约利用驱动力系统分析[J]．广东土地科学，2007（1）：21~24.

[52] 贾智海，郝晋珉. 对于模糊综合评价的城市土地集约利用评价研究——以长治市为例[J]. 中国人口、资源与环境，2011（S2）：129~134.

[53] 孔伟，郭杰等. 不同经济发展水平下的建设用地集约利用及区域差别化管控[J]. 中国人口、资源与环境，2014（4）：100~106.

[54] 李名峰. 土地要素对广东省经济增长贡献的岭回归分析（1996～2008）[J]. 经济问题，2010（10）：118~121，129.

[55] 李雅兰. 基于可持续发展的城市土地集约利用综合评价指标体系研究[J]. 广东土地科学，2009（10）：9~12.

[56] 黎孔清，陈银蓉. 怎样有效控制城市蔓延——美国新城市主义的理念与实践[J]. 中国土地，2010（1）：51~53.

[57] 梁湖清. 循环经济与城市土地可持续利用[J]. 学术研究，2004（7）：37~40.

[58] 林坚，陈祁晖，晋璟瑶. 土地应该怎么用——城市土地集约利用的内涵与指标评价[J]. 中国土地，2004（11）：4~7.

[59] 刘虹吾，蔡为民，张磊. 天津市城市建设用地集约利用空间差异研究——基于天津市外环线内外的差异分析[J]. 东南大学学报（哲学社会科学版），2013（S2）：86~91.

[60] 刘辉，谢天文. 城市扩展特征下的城市土地集约利用研究——以福州市为例[J]. 福州大学学报（自然科学版），2014（2）：290~298.

[61] 刘盛和. 城市土地利用扩展的空间模式与动力机制[J]. 地理科学进展，2002（1）：43~50.

[62] 刘勇，李仙. 我国建设用地可持续发展战略研究[J]. 经济纵横，2013（9）：24~31.

[63] 马涛. 产业规划：城市产业用地集约利用实现途径及其经济机理分析——基于土地空间特性的视角[J]. 上海交通大学学报（哲学社会科学版），2008（6）：75~80，88.

[64] 潘永强，张敏. 马克思地租理论与我国城市建设用地[J]. 社会科学研究，2012（4）：19~22.

[65] 钱文荣. 中国城市土地资源配置中的市场失灵、政府缺陷与

用地规模过度扩张[J]. 经济地理，2001（4）：456~460.

[66] 钱忠好，牟燕. 中国土地市场化水平：测度与分析[J]. 管理世界，2012（7）：67~75.

[67] 曲福田，吴郁玲. 土地市场发育与土地利用集约度的理论与实证研究——以江苏省开发区为例[J]. 自然资源学报，2007，22（3）：445~454.

[68] 渠丽萍，张丽琴. 城市土地集约利用变化的动力机制分析[J]. 国土资源科技管理，2009（5）：44~48.

[69] 唐鹏，李建强. 土地市场化程度的地区差异分析[J]. 资源与产业，2010，12（6）：161~166.

[70] 王刚，刘杰. 城市土地集约利用内涵分析[J]. 国土资源，2008（S1）：22~23.

[71] 王海燕，濮励杰，张健等. 城镇建设用地经济密度时空分异的实证分析[J]. 中国土地科学，2012（4）：47~53.

[72] 王家庭，季凯文. 城市土地集约利用动力机制研究[J]. 城市问题，2008（8）：9~13，39.

[73] 王家庭，季凯文. 城市土地价格效应对城市土地集约利用的影响机理研究[J]. 城市，2009（1）：7~11.

[74] 王家庭，张换兆. 工业化、城市化条件下我国城市土地供求均衡分析[J]. 财经问题研究，2008（9）：125~129.

[75] 王良健，黄露赟. 中国土地市场化程度及其影响因素分析[J]. 中国土地科学，2011，25（8）：35~41.

[76] 王青，陈志刚. 中国土地市场化进程的时空特征分析[J]. 资源科学，2007，29（1）：43~47.

[77] 王慎刚，夏明月. 城镇化中集约用地的影响因素研究[J]. 中国国土资源经济，2007（1）：29~32.

[78] 王万茂. 土地用途管制的实施及其效益的理性分析[J]. 中国土地科学，1999（3）：9~12.

[79] 王文革. 论节地配额交易制度[J]. 湖北社会科学，2009（6）：102~106.

[80] 王中亚，傅利平等. 中国城市土地集约利用评价与实证分析——以三大城市群为例[J]. 经济问题探索，2010（11）：95~99.

[81] 汪波，王伟华. 城市土地集约利用的内涵及对策研究[J]. 重庆大学学报（社会科学版），2005（5）：16~18.

[82] 汪秀莲，张建平. 土地用途分区管制国际比较[J]. 中国土地科学，2001（4）：16~21.

[83] 汪友结，吴次芳，罗文斌，吴泽斌. 基于循环经济的城市土地利用评价研究[J]. 中国土地科学，2008（4）：25~31.

[84] 韦东，陈常优，等. 影响城市土地集约利用的因素研究——以我国 30 个特大城市为例[J]. 国土资源科技管理，2007（2）：12~16.

[85] 魏莉华. 美国土地用途管制制度及其借鉴[J]. 中国土地科学，1998（3）：42~46.

[86] 吴次芳，陆张维等. 中国城市化与建设用地增长动态关系的计量研究[J]. 中国土地科学，2009（2）：18~23.

[87] 吴郁玲. 基于土地市场发育的土地集约利用机制研究——以开发区为例[D]. 南京：南京农业大学，2007：69~71.

[88] 吴郁玲，曲福田. 中国城市土地集约利用的影响机理：理论与实证研究[J]. 资源科学，2007（6）：106~113.

[89] 吴郁玲，曲福田，周勇. 城市土地市场发育与土地集约利用分析及对策[J]. 资源科学，2009，31（2）：303~309.

[90] 吴壮金，周兴等. 城市土地集约利用的内涵及其评价体系的构建[J]. 安徽农业科学，2009（13）：6120~6122.

[91] 吴壮金，祝丽丽，周兴. 城市土地利用循环经济发展评价——以南宁市为例[J]. 中国国土资源经济，2009（11）：29~31.

[92] 解安宁，黄唯，陈利根. 江苏省城市土地集约利用及其协调机制研究[J]. 统计与决策，2013（10）：108~110.

[93] 谢敏，郝晋珉等. 城市土地集约利用内涵及其评价指标体系研究[J]. 中国农业大学学报，2006（5）：117~120.

[94] 许实，王庆日. 中国土地市场化程度的时空差异特征研究

[J]. 中国土地科学，2012，26（12）：28~34.

[95] 徐超平，夏斌. 资源型城市土地利用变化及其对生态系统服务价值的影响[J]. 生态环境学报，2010（12）：2887~2891.

[96] 徐春堂. 生态城市土地利用系统的系统动力学分析[J]. 中国土地科学，2008（8）：18~23.

[97] 徐霞. 论产业结构优化与城市土地资源集约利用[J]. 安徽农业科学，2006（24）：6593~6594.

[98] 燕新程. 宏观调控体系下的城市土地节约集约利用[J]. 北京规划建设，2008（3）：14~15.

[99] 杨红梅，刘卫东，刘红光. 土地市场发展对土地集约利用的影响[J]. 中国人口·资源与环境，2011，21（12）：129~133.

[100] 杨崴，曾坚，郭凤平. 可持续的城市居住用地开发强度[J]. 天津大学学报（社会科学版），2009（3）：247~252.

[101] 杨志荣，尹奇，靳相木. 基于委托—代理模型的中国城市土地集约利用的分析[J]. 四川农业大学学报，2008（3）：293~296.

[102] 运迎霞，吴静雯. 容积率奖励及开发权转让的国际比较[J]. 天津大学学报（社会科学版），2007（2）：181~185.

[103] 张富刚，郝晋珉等. 中国城市土地利用集约度时空变异分析[J]. 中国土地科学，2005（1）：23~29.

[104] 张红星. 城市土地集约利用与城市经济增长关系研究[J]. 城市问题，2013（11）：19~25.

[105] 张雪靓，孔祥斌，赵晶，程佳. 我国建设用地集约利用水平时空变化规律[J]. 中国农业大学学报，2013（5）：156~165.

[106] 张忠国，高军. 从经济效益和生态效益来探索城市土地利用的合理模式[J]. 中国人口、资源与环境，2004（2）：104~107.

[107] 赵珂，石小平，曲福田. 我国土地市场发育程度测算与实证研究[J]. 经济地理，2008，28（5）：821~825.

[108] 郑斌，黄丽娜，卢新海. 论城市土地集约利用中的全面可持续观——国内外研究比较与评述[J]. 中国土地科学，2010（3）：75~80.

[109] 郑曦，韩立达. 我国城市土地集约与合理利用的制度经济

学分析[J]．国土资源科技管理，2007（2）：56~60．

[110] 周伟，曹银贵，乔陆印．2000~2007 年中国东部地区城市土地集约利用分析[J]．地理科学进展，2011（9）：1187~1192．

[111] 朱天明，杨桂山，万荣荣．城市土地集约利用国内外研究进展[J]．经济地理，2009（6）：977~983．

后　记

　　人地矛盾是中国社会经济发展中一直存在的问题，进入 21 世纪后，随着我国经济的高速增长、人口不断增加以及城市化进程加快，土地资源紧约束和需求日增的矛盾更为凸显。为此，党中央和国务院高度重视节约集约用地的问题，陆续发布了一系列的通知、条例和法规。然而，建立一个良好的促进建设用地节约集约利用的机制是土地管理工作者和研究者面对的新任务，为此，迫切需要我们深入分析建设用地节约集约利用的机理，为土地改革提供理论支撑。正因为如此，在课题研究中，我们希望通过对建设用地在竞争市场运用过程的考察，探讨建设用地节约集约利用的动因和机理，拓展我国土地经济学的研究领域，并对促进我国建设用地节约集约利用发展政策的制定提供参考。

　　我们诚恳地希望这本书可以起到抛砖引玉的作用，能够为促进中国建设用地的节约集约利用作出一点贡献，也欢迎广大读者朋友提出意见与建议，与我们交流探讨，共同拓展、深化这一研究领域。

　　本书的写作参阅了大量的国内外文献资料，在文中大多加了页下注释，并在书后的附录中对主要参考书目和文献进行了说明。在此向这些著作的作者表示衷心的感谢。对于由于本人疏忽而未加说明者，也在此表示深深的歉意。

　　全书由天津市国土资源和房屋管理研究中心与南开大学经济学院江曼琦教授共同设计研究内容与研究框架，并进行了主要章节的写作和全书的统稿、校对，除了三位主要作者，参与本书部分章节写作的人员还有：刘天慧（第 2 章，第 3 章第 3 节）、谢姗（第 3 章第 1 节，第 4 章第 1、3 节）、张振芳（第 3 章第 2 节）、王叶军（第 1 章，第 5

章，第 6 章第 2、3、4 节，第 7 章）、刘晨诗（第 6 章第 1 节）、胡顺路（第 4 章第 5 节）、王友伟（第 4 章第 2 节）。

　　本书能够顺利出版，还得益于市局和相关单位领导、专家的帮助、支持以及南开大学出版社的精心组织，谨在此表达真诚的谢意！

南开大学出版社网址：http://www.nkup.com.cn

投稿电话及邮箱：　022-23504636　　QQ：1760493289
　　　　　　　　　　　　　　　　　　QQ：2046170045(对外合作)
邮购部：　　　　　022-23507092
发行部：　　　　　022-23508339　　Fax：022-23508542

南开教育云：http://www.nkcloud.org

App：南开书店 app

　　　南开教育云由南开大学出版社、国家数字出版基地、天津市多
媒体教育技术研究会共同开发，主要包括数字出版、数字书店、数
字图书馆、数字课堂及数字虚拟校园等内容平台。数字书店提供图
书、电子音像产品的在线销售；虚拟校园提供 360 校园实景；数字
课堂提供网络多媒体课程及课件、远程双向互动教室和网络会议系
统。在线购书可免费使用学习平台，视频教室等扩展功能。